조선·동아일보의 탄생

조선·동아일보의 탄생 — 언론에서 기업으로

초판 1쇄 인쇄 2021년 1월 22일
초판 1쇄 발행 2021년 1월 28일

지은이 장신
펴낸이 정순구
책임편집 조수정 조소영
기획편집 조원식 정윤경
마케팅 황주영

출력 블루엔
용지 한서지업사
인쇄 한영문화사
제본 한영제책사

펴낸곳 (주) 역사비평사
등록 제300-2007-139호 (2007.9.20)
주소 10497 : 경기도 고양시 덕양구 화중로 100(비전타워21) 506호
전화 02-741-6123~5
팩스 02-741-6126
홈페이지 www.yukbi.com
이메일 yukbi88@naver.com

이 도서는 한국출판문화산업진흥원의 '2020년 출판콘텐츠 창작 지원 사업'의 일환으로 국민체육진흥기금을 지원받아 제작되었습니다.

조선·동아일보의 탄생

언론에서 기업으로

정진 지음

커뮤니케이션북스

책머리에

우선 이 책이 나오기까지의 경과를 설명해야겠다. 1997년 3월 무렵 한국역사연구회에 '동아일보 사설 강독반'이 만들어졌다. 석사학위 논문을 준비하는 후배들과 함께 1925년부터 1928년까지의 사설을 읽었다. 후배들이 원하는 주제를 먼저 정하고 아무도 관심 없는 국제 관련 사설을 내가 맡았다. 대략 6개월 치를 꾸준히 읽으니 무엇인가 기존의 연구와 다른 이야기를 할 수 있을 것 같았다. '동아일보의 자치론과 자치운동'이란 논문을 구상하는데, 동아일보의 사설을 특정 세력의 글로 단정할 수 있는지를 확인하는 작업이 필요했다. 구체적으로는 논설반원에 대한 확인 작업이고 그들에게 김성수와 송진우의 영향력이 어떻게 미치는가 하는 문제였다. 흔히 동아일보를 '(부르주아) 민족주의 우파' 세력의 기관지로 당연하게 간주할 때였다. 나는 그것이 확실한지 알고 싶었다.

선행 연구도 없고 자료도 보이지 않았다. 배경을 쓰지 못하니 논문 진도를 나갈 수 없었다. 그 사이에 문제의식은 언론학의 오랜 과제인 '경영권과 편집권', 달리 말해 편집권의 독립 문제로 확산되었다. 고민을 하다 보니 두 번의 기회가 찾아왔다.

첫 번째는 2000년에 국사편찬위원회가 추진한 한국역사정보통합시스템 구축 사업에 참여할 때였다. 나도 공정관리자로서 매일 출근하였다. 여러 명이 사용하던 사무실의 벽에 철제 캐비닛이 있었다. 그 속에는 나중에 경성지방법원 검사국 문서로 알려진 문서철 원본이 있었다. 무심히 뒤적이다가 1924년 4월부터 10월까지 '동아일보 개혁운동' 과정을 매일 보고한 종로경찰서의 보고문서를 발견했다.

두 번째는 2001년인가 이기훈 선생의 소개로 국문학자인 권보드래 선생과 함께 동아일보사가 운영하는 신문박물관의 도록 작업에 참여할 때였다. 소장품에 캡션만 넣으면 될 일을, 학예사 손애리 선생과 의기투합하는 바람에 거창한 도록의 집필을 꿈꾸었다. 그 탓에 작업 기간은 길어지고, 그 덕에 박물관 소장품인 『취체역회결의록』(부록 1)과 『주식대장』, 『퇴사원록』 등의 내부 자료를 열람·복사할 수 있었다. 자치론 논문의 배경이 독립된 논문으로 확장되는 순간이었다.

주제도 선명하고 논증할 자료도 확보했지만 논문을 바로 완성하지 못했다. 언론사 논문으로는 손색없는데 역사학 논문으로 인정받을 수 있는가 하는 문제였다. 지금 생각하면 어이없지만 당시만 해도 심사 과정에서 학제 간의 벽을 넘기가 쉽지 않았다. 오랜 고민 끝에 개혁운동을 동아일보사 내부의 문제로 한정하지 않고 사회주의운동의 확산 과정에서 나타난 사건으로 자리매김하고, 또 언론계의 재편과 국내 민족운동이 밀접하게 관련 있음을 설명하는 것으로 논문을 마무리했다. 논문은 한국연구재단의 지원을 받아 2006년 『역사비평』 제75호에 「1924년 동아일보 개혁운동과 언론계의 재편」으로 발표했다. 이 책의 2장에 실었다.

그런데 내게 최초의 언론사 논문은 정작 따로 있었다. 2004년 무렵

『역사비평』은 동아일보와 조선일보 폐간을 둘러싼 논쟁을 연재하였다. 그 연장선에서 내게 원고를 청탁했다. 언론사에 관심을 가진 한국 근대사 연구자가 거의 없던 때였다. 나는 폐간 논쟁을 직접 언급하는 대신에 1937년부터 두 신문이 『매일신보』와 같은 지면 구성, 왜 소위 '친일'로 나아갔는가를 밝히고 싶었다. 마침 국사편찬위원회의 한국사데이터베이스에 「조선일보사의 비국민적 행위에 관한 건」이란 문서가 공개되었다. 이 문서를 바탕으로 하고 '일장기 말소 사건'을 계기로 삼아 논문을 구성했다.

나는 이 논문을 쓰면서 기존의 친일과 항일(또는 민족) 신문이라는 프레임을 철저히 배제했다. 당시는 1990년대 후반 안티조선운동의 여진이 계속될 때였다. 학계에서는 두 신문의 사사社史가 여전히 권위를 지녔고, 시민사회운동은 두 신문을 뼛속 깊은 '친일의 역사'로 규정했다. 친일이라는 결과에서 과거 친일의 요소를 찾기보다는 두 신문의 다양한 가능성 속에서 무엇이 친일로 이끌었는가를 알고 싶었다. 다행히 기존의 언론사 연구는 그 배경으로 상업화 또는 기업화를 제시했다. 일장기 말소 사건의 해결 과정에서 나타난 동아일보와 조선일보, 『조선중앙일보』의 입장을 상업화와 연결시켜 설명했다. 언론사 연구의 성과를 이 논문에 적극 수용하였을 뿐 아니라 이후 나의 언론사 연구의 기본 틀로 삼았다. 이를 정리하여 2005년 2월 『역사비평』 제70호에 「1930년대 언론의 상업화와 조선·동아일보의 선택」으로 실었다. 이 책의 5장이다.

두 편을 썼지만 언론사는 여전히 나의 주 연구 과제가 아니었다. 세 번째 글을 발표하면서 비로소 언론사를 깊게 연구할 생각을 가졌다. 2005년 7월부터 2007년 10월까지 친일반민족행위 진상규명위원회에 근무했다. 이때 잠깐 국내 친일단체의 조사팀장을 맡았는데 팀 내에서 대정친목회의 성격을 두고 이견이 생겼다. 나는 대정친목회의 내선융화운동이 친일행위였음을 증명하기 위해 조사 작업을 넘어서 「대정친목회와 내선융화운동」(『대동문화연구』 제60집, 2007)이란 논문으로 발표했다.

이 글을 쓰고 나니 종래 가졌던 의문을 풀고 싶었다. '친일단체가 만든 신문사의 항일 기사'라는 아이러니였다. 안티조선운동을 심하게 겪었던 조선일보사는 2000년에 나온 '80년사'(『朝鮮日報80年史 上』)를 즈음해서 외부의 비판에 적극 대응하였다. 신간회 시기의 항일운동을 적극 내세우고 사장 방응모의 희생양으로 서춘을 내세우는 한편, 설립 주체인 대정친목회와의 관계를 부정하였다. 나아가 창간 초기 두 번의 정간과 압수 기사를 내세워 항일 신문이었음을 주장하였다.

논박은 어렵지 않았다. 대정친목회가 조선일보의 신문 발행권을 얻고 경영했다는 증거를 쉽게 찾아냈다. '80년사'에서는 조선일보 설립 발기인 중 대정친목회원이 11명뿐이라고 주장했지만, 분명히 확인할 수 있는 사람만도 32명이었다. 그 밖에도 조선일보가 좋아하는 '광적 신문'의 배경에는 판매(또는 영업) 전략이 있었음을 증명하였다. 또한 조선총독부를 향한 조선일보의 거친 표현은 추격자의 조바심으로 해석했다. 이상의 내용은 2010년 『역사비평』 제92호에 「1920년 대정친목회의 조선일보 창간과 운영」으로 발표했다. 이 책의 1장이다.

어떤 계획을 세운 공부는 아니었지만 이 무렵부터 단행본 출간을 생각했다. 1920년대 후반 조선일보의 경우에는 박용규, 이혜인 두 분의 좋은 연구가 나왔기에 새로 보탤 것이 없었다. 1930년대 전반기 언론계의 재편을 중앙일보와 조선일보를 중심으로 구성하여 단행본의 체제를 갖출 계획이었다. 이를 위해 중앙일보 사장 노정일과 그의 언론관을 연구하고 1933년 5월에 방응모가 조선일보를 인수하는 과정을 조사했다. 2012년 4월 역사문제연구소에서 「1931~1934년 조선일보의 경영권 다툼과 방응모」를 발표했다. 이 자리에서 고려대학교의 장인모 선생이 1933년 3월 조선일보 파업을 다룬 문서철을 소개했고, 이후 그것을 분석하느라 책 작업은 미뤄졌다. 아쉽게도 문서 판독이 쉽지 않아 후속 논문의 발표는 더디기만 했다.

2013년 『근대서지』 제8호에 발표한 「1930년대 초 조선일보의 부침과 잡지 『신조선』」은 그 우회로였다. '악의 축 임경래'를 중심으로 서술된 조선일보사사와 그를 바탕으로 한 연구들은 1930년대 초반 조선일보 경영권 분쟁의 실상을 왜곡하고 있었다. 이해관계에 따라 합종연횡을 했던 조선일보의 분쟁은 선과 악, 민족과 친일, 저항과 탄압의 문제도 아니었다. 가치 이전에 욕망의 문제였다. 한 편의 논문으로 정리하기에는 매우 복잡했기에 잡지 『신조선』을 매개로 경영권 다툼에 뛰어든 여러 세력을 드러내는 선에서 마무리하여 이 책의 3장에 수록하였다. 이 주제는 별도의 단행본에서 다룰 예정이다.

2016년 『역사문제연구』 제35호에 「조선총독부의 언론통제와 동아일보·조선일보 폐간」을 발표하였다. 1940년 8월 동아일보와 조선일보의 폐간을 둘러싼 논쟁의 역사는 오래되었다. 쟁점은 폐간 과정의 강제 여부였다. 두 신문사는 사사를 통해 총독부로부터 강제 폐간의 압박을 받았고 이에 대항하여 공동 투쟁을 했다고 서술했다. 선행 연구도 1939년 무렵 한글신문 폐간을 위한 조선총독부의 언론통제책을 밝혀냈다. 다만 두 신문사의 사사를 검토해 보면 폐간 압박 이후 저항을 하고 탄압을 받은 쪽은 동아일보뿐이었다. 1936년 일장기 말소 사건 이후의 대응을 볼 때 조선일보의 공동 투쟁을 상상할 수 없었다.

운 좋게도 숭실대학교 한국기독교박물관 도록에서 결정적 자료를 발견했다. 경무국이 수립한 언론통제책을 조선일보와 동아일보를 상대로 실행에 옮기는 과정을 보고한 문서(부록 3)였다. 자료를 그대로 소개해도 될 만큼 경무국과 두 신문사의 교섭 과정이 상세하게 기록되어 있다. 논문에서는 두 신문사의 사사를 시기별로 비교하여 '강제 폐간'의 역사가 어떻게 구성되었는가를 정리하고, 총독부 언론통제의 구체적 시나리오를 확인하였다. 이 글로 1920년 창간부터 1940년 폐간까지 조선일보와 동아일보로 대표되는 일제시기 민간 한글신문의 역사를 일단락 지을 수 있었다. 6장에 배치하였다.

이 책의 4장은 「일제하 노정일의 언론관과 중앙일보 경영」이다. 학회에서 한 차례 발표했을 뿐 학술지에 투고하지는 않았다. 이 책은 동아일보와 조선일보가 주인공인데 뜬금없이 중앙일보를 포함한 이유가 있다. 중앙일보는 1년도 채 나오지 않았지만 1933년 무렵 조선일보와 함께 언론 재편의 중요한 축이었다. 또 사이토와 우가키 두 조선총독의 통치 스타일, 구체적으로 언론정책을 엿볼 수 있다. 사이토 총독이 기밀비를 이용한 '언론 공작'을 마다하지 않은 반면에 우가키 총독은 그 방법을 좋아하지 않았다. 노정일이 사이토 총독에게 올린 편지와 보고서에서 그 내막을 짐작할 수 있다. 근래에 대한민국 신문 아카이브를 통해 고화질의 중앙일보 원문이 제공되었다. 당대 중앙일보 비판의 근거가 된 사설들을 직접 읽고 확인하면서 이 글을 마무리하였다.

장황하게 이 책에 수록된 논문을 쓴 계기와 과정, 내용을 서술하였다. 서론과 결론이 따로 없는 책을 출간하는 변명이다. 또 첫 논문 발표로부터 15년, 구상부터 헤아리면 20여 년이 넘는 논문들을 굳이 책으로 묶어야 하는가의 고민이기도 하다. 2020년이 조선일보와 동아일보의 창간 100주년이기 때문으로는 설득력이 부족했다. 생각해 보면 이런 고민은 논문 한 편을 발표할 때마다 했었다. 언론의 상업화에 대한 비판, 경영(또는 자본)으로부터 편집권의 독립 같은 문제는 이미 너무 낡지 않았는가. 하지만 모두가 느끼듯이 한국의 언론 현실은 오히려 과거보다 퇴보하여 예전의 소박한 문제의식조차 사치스러울 정도가 되었다.

원래 2020년의 계획은 두 신문사의 100년사 리뷰였다. 자화자찬을 기본으로 하겠지만 최근 10여 년간 학계의 연구 성과를 100년사가 어떻게 수용할지 궁금했다. 그런데 실망이었다. '조선일보100년사'(『朝鮮日報 100年史 上—민족과 함께 한 세기』)는 오히려 '80년사'로 돌아갔다. 학계의 비판을 고민한 흔적조차 찾기 어려웠다. 궤변으로 가득 찬 100년사가 더 이상 인용되거나 활용되어서는 곤란하다고 생각했다. 심지어 동아일보사는 100년사를 내지도 못했다. 정부가 사주였던 김성수의 친일 반민족 행위를 공인하고 그의 서훈을 박탈한 충격을 아직 극복하지 못한 까닭이라고 짐작할 뿐이다.

다른 한편으로, 발표 때부터 15년이 흘렀지만 언론사 연구자의 부족으로 새로운 연구 성과가 거의 나오지 않은 점도 고려했다. 논문 발표 이후 반론다운 반론이 없어서 뚜렷한 쟁점이 형성되지 않았다. 연구사를 정리할 때 신문사의 사사를 정밀하게 분석할 수밖에 없었던 이유였다. 학계의 날선 비판과 풍부한 토론을 기대하면서 단행본으로 엮었다. 연구자의 접근이 어려운 사료를 부록으로 수록한 이유도 여기에 있다.

  논문을 쓰고 책을 내는 과정에서 많은 분들의 도움을 받았다. 먼저 정진석, 박용규 두 선생님에게 감사드린다. 두 분의 연구를 참조하면서 시간을 줄이고 방향을 잡을 수 있었다. 첫 발표의 기회를 주신 임대식 전 역사비평사 주간, 마감을 여러 차례 미루면서까지 첫 원고를 기다려 준 김윤경 전 편집장도 잊을 수 없다. 친일반민족행위 진상규명위원회의 팀원들, 『친일인명사전』의 집필과 편찬에 참여할 기회를 주신 조세열 이사를 비롯한 민족문제연구소에도 고맙다는 말씀을 드린다. 신문박물관 소장 자료의 열람과 복제를 도와 준 손애리 박사, 강제 폐간의 실상을 밝히는 핵심 자료를 복사하고 번역을 허락해 주신 숭실대학교 한국기독교박물관과 한명근 학예팀장, 같은 자료의 고화질 파일을 제공해 준 민족문제연구소의 김승은 학예실장에게도 많은 빚을 졌다. 이 책이 그 빚을 갚는 데 조금이라도 역할을 하기를 바랄 뿐이다. 짧은 시간에도 일본어 자료를 번역하는 데 도움을 준 일본의 김광식 박사와 역사문제연구소의 임이랑 연구원에게도 감사드린다. 독자들이 이 서문을 읽는다면, 그것은 오로지 역사비평사의 정순구 대표와 조수정 편집장, 그리고 조소영 선생 덕분이다. 책 출간을 권하고 독려했을 뿐 아니라 논문의 오류와 불명확한 부분을 꼼꼼히 지적하여 시효가 지난 글에 새로운 생명을 불어넣어 주었다. 아무쪼록 그들의 노력에 이 책이 부응할 수 있기를 바란다.

2021년 1월

장신

일러두기

1 이 책은 아래 논문을 저본으로 삼아 수정·검토를 거친 후 단행본 체제에 맞춰 엮었다.
  1장: 「1920년 대정친목회의 조선일보 창간과 운영」, 『역사비평』 92, 2010.
  2장: 「1924년 동아일보 개혁운동과 언론계의 재편」, 『역사비평』 75, 2006.
  3장: 「1930년대 초 조선일보의 부침과 잡지 『신조선』」, 『근대서지』 8, 2013.
  5장: 「1930년대 언론의 상업화와 조선·동아일보의 선택」, 『역사비평』 70, 2005.
  6장: 「조선총독부의 언론통제와 동아일보·조선일보 폐간」, 『역사문제연구』 35, 2016.

2 인용문은 현대 맞춤법이나 어문 규정으로 수정하지 않고 당시의 표기법을 그대로 반영했다.
  단, 국한문 병용의 글에서 한자는 한글 독음을 괄호 안에 달아 주었다.

3 인용문과 부록에서 판독이 불가능한 글자는 ●로 표시했다.

4 단행본, 잡지, 신문은 겹낫표(『 』)로, 책 안의 단편, 논문, 신문 기사의 제목, 법령은 홑낫표
  (「 」)로, 노래·영화·연극 등 예술 작품은 홑화살괄호(〈 〉)로 표기했다. 그러나 이 책의 주
  요 연구 대상인 조선일보·동아일보·중앙일보는 워낙 많이 등장하기 때문에 가독성을 위해
  서 겹낫표를 표시하지 않았다.

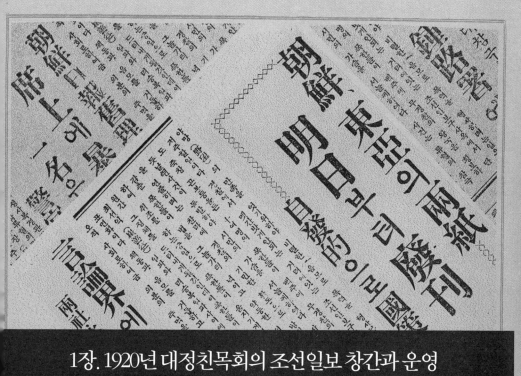

1장. 1920년 대정친목회의 조선일보 창간과 운영

1. 창간 초기 조선일보 연구의 쟁점

1910년 일제에 강점된 이후 10년간 조선인들은 보고 듣고 생각한 것을 밖으로 드러낼 수 없었다. 조선총독부는 기관지인 『매일신보』를 제외한 다른 언론의 존재를 허용하지 않았다. 사이토 마코토齋藤實 조선총독은 언로言路의 폐쇄가 3·1운동을 미연에 막지 못한 주요한 원인 중의 하나라고 간주하며, 취임하자마자 조선인의 언론사 설립을 허가한다는 방침을 내세웠다. 그 결과 설립된 신문사 중의 하나가 조선일보였다.

조선일보는 1920년 3월 5일에 창간된, 현존하는 가장 오래된 신문으로서 일제하의 조선일보는 통상 세 시기로 구분된다. 제1기는 대정친목회와 송병준이 경영하던 창간부터 1924년 9월까지이며, 제2기는 이상재·신석우·안재홍 등이 조선일보를 혁신하여 한때 신간회의 기관지로 이름을 날리던 시기이고, 제3기는 1933년에 방응모가 조선일보를 인수한 뒤 1940년에 폐간될 때까지다.

조선일보는 동아일보와 함께 그 시대에 영향력이 적지 않았지만 동아일보와 달리 사료로서 이용될 뿐 조선일보 그 자체를 대상으로 삼은 연구는 매우 드물다.[1] 그나마도 조선일보가 신간회의 기관지 역할을 담당하던 1920년대 중후반 시절 신간회나 부르주아 민족주의 좌파 진영의 현실 인식과 정세관을 살필 때 주로 이용되었다.[2] 또 친일 논란과 관련해 1930년대 중반 이후 조선일보가 친일로 가게 되는 배경,[3] 친일의 논리구조,[4] 폐간[5]을 다룬 연구가 나왔지만, 이 책 1장의 대상인 1924년 9월 혁신 이전의 창간을 전후한 시기에 대한 연구는 여전히 답보 상태다.

다만 오랜 역사를 보여 주듯이 조선일보사는 1970년부터 2020년까지 매 10년 간격으로 '50년사'부터 '100년사'를 발간하였다.[6] 그리고 이들을

---

1 이연, 「일제하의 한국 언론의 민족투쟁사—『조선일보』를 중심으로」, 방일영문화재단 편, 『한국언론학술논총 2001』, 커뮤니케이션북스, 2000; 이혜인, 「'혁신'의 동요와 굴절」, 『역사연구』 32, 역사학연구소, 2017.

2 이지원, 「日帝下 安在鴻의 현실 인식과 민족해방운동론」, 『역사와 현실』 제6호, 한국역사연구회, 1991; 朴贊勝, 「1920년대 중반~1930년대 초 민족주의 좌파의 신간회 운동론」, 『韓國史硏究』 제80호, 한국사연구회, 1993; 박용규, 「1920년대 중반 (1924~1927)의 신문과 민족운동—민족주의 좌파의 활동을 중심으로」, 『언론과학연구』 제9권 제4호, 한국지역언론학회, 2009 등.

3 장신, 「1930년대 언론의 상업화와 조선·동아일보의 선택」, 『역사비평』 제70호, 역사비평사, 2005.

4 박용규, 「일제의 지배정책에 대한 신문들의 논조 변화—일제말기(1937~1940)를 중심으로」, 『한국언론정보학보』 28, 한국언론정보학회, 2005.

5 최유리, 「일제 말기 언론정책의 성격—동아·조선일보의 폐간을 중심으로」, 『이화사학연구』 20·21합집, 이화사학연구소, 1993(崔由利, 『日帝 末期 植民地 支配政策硏究』, 국학자료원, 1997에 재수록); 박용규, 「일제말기(1937~1945)의 언론통제정책과 언론구조변동」, 『한국언론학보』 제46권 제1호, 한국언론학회, 2001; 최영태, 「조선일보 폐간을 둘러싼 논란과 진실」, 『역사비평』 제66호, 역사비평사, 2004; 정진석, 『극비 조선총독부의 언론검열과 탄압』, 커뮤니케이션북스, 2007, 172~178쪽.

6 朝鮮日報社史編纂委員會, 『朝鮮日報五十年史』, 朝鮮日報社, 1970; 朝鮮日報60年社史

축약한 책[7] 및 조선일보와 인연을 맺은 기자·경영인 등을 중심으로 조선일보의 역사를 살펴본 『조선일보 사람들』도 출간되었다.[8] 이 중에서도 조선일보 역사의 기본 얼개를 만든 '50년사', 새로 발굴한 자료와 해석을 바탕으로 일제하 조선일보 역사를 거의 새로 쓴 '80년사'가 주목할 만한 성과다.

이처럼 사사社史 외에 조선일보에 대한 연구는 부진했는데, 그 이유로 우선 자료 접근이 쉽지 않았던 상황을 지적할 수 있다. 창간 100주년을 맞은 2020년에 들어서 조선 뉴스 라이브러리와 네이버 뉴스 라이브러리를 통해 온라인으로 조선일보를 볼 수 있지만[9] 그전에는 상태가 좋지 않은 마이크로필름과 검색이 불완전한 조선일보 아카이브로만 원문에 접근할 수 있었다. 또 결호가 상당히 많을 뿐 아니라, 전체 기사를 대상으로 한 동아일보에 비해 색인도 매우 불충분했다.[10]

편찬위원회, 『朝鮮日報60年史』, 朝鮮日報社, 1980; 朝鮮日報70年史편찬위원회, 『朝鮮日報70年史 1』, 朝鮮日報社, 1990; 조선일보80년社史편찬실, 『朝鮮日報80年史 上』, 朝鮮日報社, 2000; 조선일보90년사사편찬실, 『朝鮮日報90年史 上―1920~1964』, 조선일보사, 2010; 조선일보100년사편찬실, 『朝鮮日報100年史 上―민족과 함께 한 세기』, 조선일보사, 2020. 이하 각각 '조선50년사', '조선70년사' 등으로 줄임.

7 조선일보사사편찬실, 『조선일보 역사 단숨에 읽기 1920~』, 조선일보사, 2004; 조선일보90년사사편찬실, 『신문 그 이상의 미디어, 조선일보: 간추린 조선일보 90년사』, 조선일보사, 2010; 조선일보100년사편찬실, 『민족과 함께 한 세기 1920~2020: 간추린 조선일보 100년사』, 조선일보사, 2020.

8 조선일보사 사료연구실, 『조선일보 사람들: 일제시대 편』, 랜덤하우스중앙, 2004.

9 조선 뉴스 라이브러리 100(https://newslibrary.chosun.com/), 네이버 뉴스 라이브러리(newslibrary.naver.com).

10 朝鮮日報社, 『朝鮮日報抗日記事索引 1920~1940』, 朝鮮日報社, 1986; 朝鮮日報社, 『朝鮮日報學藝記事索引 1920~1940』, 朝鮮日報社, 1989; 朝鮮日報社, 『朝鮮日報特輯記

무엇보다도 이 시기 조선일보를 통해 무엇을 볼 수 있을까 하는, 달리 말해 당시 조선일보의 정치·사회적 영향력이 그리 크지 않았던 데 있다. 밀려드는 새로운 사회사상·운동을 이해하거나 조선총독부의 정책을 보려면 동아일보나 『매일신보』를 연구하는 게 효과적이었다. 친일단체 대정친목회를 배경으로 했지만 이 또한 신일본주의 기치 아래 참정권 청원운동을 펼친 국민협회의 기관지 『시사신문』에 밀렸다. 실업신문을 표방했지만 지면에 제대로 반영되지 않았다. 한마디로 성격이 불분명한, 뭐라 정의하기 애매한 신문이었다.

그런 까닭에 창간 초기 조선일보사에 대한 뚜렷한 쟁점이 형성될 리 없었지만 미묘하게 해석을 달리하는 부분이 있다. 그 첫째가 조선일보의 설립 주체인 대정친목회의 성격을 놓고 친일단체 또는 '대정실업친목회'라는 이름처럼 경제단체였다는 주장이 엇갈린다. 이에 대해 필자는 정식 명칭이 대정친목회이며, 내선융화운동을 목적으로 경성의 유지들이 조직한 친일단체였음을 밝혔다.[11]

둘째, 친일단체 대정친목회가 경영한 조선일보의 23회에 달하는 발매 반포 금지와 두 차례의 정간을 어떻게 이해할 것인가라는 문제다. 일찍이 최준은 창간 초기 조선일보의 갈팡질팡한 논조의 이유를 내부에 일

事索引 1920~1994』, 朝鮮日報社, 1995; 朝鮮日報社, 『朝鮮日報社說索引 1920~1995』, 朝鮮日報社, 1996; 朝鮮日報社, 『朝鮮日報連載記事索引 1920~1996』, 朝鮮日報社, 1997 등 주제별·항목별 색인만 몇 종 출간되었다.

11 대정친목회는 1916년 11월 29일 설립되어 1942년 7월 11일에 해산했다. 장신, 「대정친목회와 내선융화운동」, 『大東文化研究』 제60집, 성균관대학교 대동문화연구원, 2007; 『朝鮮總督府官報』, 1942. 9. 25.

어난 친일파와 배일파의 대립 탓으로 돌렸다.[12] 최민지는 이 논의를 확장 시켰다. 조선일보가 동아일보보다 독자들의 환영을 받지 못하자 과격파와 온건파로 나뉘었고, 총독부는 온건파를 친일파로, 과격파를 배일파로 평했다는 것이다. 두 파의 분열로 1920년 8월 14일 조진태 등의 온건파가 물러났으며, 유문환이 사장으로 취임한 후 논조가 경화硬化되어 비로소 친일지에서도 불온 기사를 싣게 되었다고 주장했다.[13] 채백도 유문환 이후 조선일보를 과격파가 주도하여 동아일보보다 더 강력한 논조로 총독부를 비판했다고 보았다.[14]

이와는 다르게 정진석은 "초기 임원진은 친일적인 사람들이었으나 기자들의 제작 태도는 항일적"이어서 압수와 정간을 당했다고 보았다.[15] 또 '50년사'는 편집국장 최강과 편집부장 최원식이 자주 의견 충돌을 빚었다면서 실무를 맡은 최원식 탓에 압수를 자주 당했다는 최강의 불만을 소개했다.[16]

그러나 최민지와 채백의 주장은 이미 5월부터 기사 압수가 빈발하던 상황을 설명하지 못한다. 기자들이 아무리 항일정신을 가졌다 해도 편집국장의 지시나 동의·허락을 얻지 못한 상태에서 신문이 제작될 순 없으므로 편집국장을 포함한 경영진과 기자를 분리한 정진석의 주장도 타당하지 않다. '50년사'의 주장은 검열을 통과하지 못할 정도로 지면을 제작

---

12 崔埈, 『新補版 韓國新聞史』, 一潮閣, 1990, 192쪽(초판은 1960년 출간).

13 崔民之, 『日帝下 民族言論史論』, 일월서각, 1978, 63~64쪽.

14 채백, 『신문』, 대원사, 2003, 105~106쪽.

15 정진석, 『한국언론사』, 나남출판, 1990, 403쪽.

16 朝鮮日報社史編纂委員會, 『朝鮮日報五十年史』, 115쪽.

한 실무 책임자 최원식을 질책하는 정도로 이해하는 게 좋을 듯하다.

필자는 당대의 지적대로 발매 반포 금지와 정간은 경영난 타개를 위한 대정친목회의 고육지책에서 연유한 것으로 본다. '대정친목회와 최다 압수'라는 이 모순된 상황을 설명하는 게 이 책 1장의 첫 번째 목적이다. 두 번째 목적은 1920년 8월 12일 '대정실업친목회와 조선일보의 관계를 분리한다'는 결정의 숨은 의미와 이때에만 등장하는 대정실업친목회의 실체를 밝히는 것이다. 그 외 대정친목회가 신문사 설립에 나선 이유, 조선일보가 표방한 '실업신문'과 조선총독부가 붙여 준 '광적狂的 신문'의 실상을 추적했다.

2. 대정친목회의 조선일보 창간

1919년 8월 새 조선총독으로 사이토가 결정되었다. 사이토는 9월 2일 정무총감 미즈노 렌타로水野鍊太郞와 함께 조선에 부임했다. 이틀 후 사이토 총독은 문화정치를 표방하면서 종래와 대비되는 몇 가지 의미 있는 시정방침을 발표했는데, 그중 하나가 한글신문 창간의 허용이었다.[17] 언론통제 완화에는 데라우치 마사타케寺內正毅 전 총독 등 재조선 일본인 사회가 격렬하게 반발했다. 그런데도 언론통제를 완화한 이유는 『매일신보』가 통치방침을 선전하는 데는 권위를 지녔지만, 조선 민족의 성능性能을 발휘하는 기관으로서는 충분하지 못했다고 판단했기 때문이었다. 따

---

17 「訓示」, 『朝鮮總督府官報』 제2121호, 1919. 9. 4.

라서 한글신문의 간행은 "조선 민족의 불평을 완화해 주는 안전판이며 민심의 흐름을 살피는 바로미터(barometer)"였다.[18]

그런데 이 시정방침의 발표 이전에 조선총독부가 한글신문 창간을 허용할 것이라는 소문은 이미 돌고 있었다. 『시사신문』도 동아일보도 이 훈시가 있기 전에 이미 움직이고 있었다.[19] 10월 중순에 경기도에서만 10여 종 이상의 창간 신청이 줄을 이었다.[20] 대정친목회도 1919년 10월 조진태, 예종석 등의 발기로 조선일보 설립 발기인 조합을 결성했다.[21] 조선일보사는 사사에서 39명의 발기인[22] 중 대정친목회 관련자가 11명에 불과하므로 조선일보를 대정친목회의 기관지로 볼 수 없다고 주장했지만,[23] 이는 사실과 다르다. 〈표 1-1〉에서 보듯이 확인 가능한 대정친목회의 간부만 최소한 32명이었다. 자료 문제로 아직 확인되지 않았으나 나머지 발기인도 대정친목회의 간부거나 회원이었을 것이다.

---

18 千葉了, 『朝鮮獨立運動秘話』, 帝國地方行政學會, 1925, 143·147쪽.

19 국민협회의 전신인 협성구락부는 1919년 8월 26일에 『시사신문』의 발행 허가를 출원했다. 國民協會, 『國民協會史 第一』, 1921, 11쪽.

20 「雨後の筍の樣 新聞發行の申請」, 『京城日報』 1919. 10. 11(2).

21 '100년사'는 제호 조선일보에 대해 "민족의식과 역사의식, 곧 당시 조선일보 발기인과 편집진의 신문 제작 정신을 유감없이 표현"했다면서 "없어진 나라 이름을 지키고 기억하려는 조선인의 마음"을 담았다고 서술했다. 조선일보100년사편찬실, 『민족과 함께 한 세기 1920~2020: 간추린 조선일보 100년사』, 52쪽. 하지만 "없어진 나라"의 이름은 대한이었고, 일본인에게 조선은 혼슈本州, 규슈九州와 같은 지역 명칭에 불과했다. 무엇보다 조선일보 발기인들은 독립이나 과거로의 복귀보다 내선융화를 주장했다.

22 「急告」, 『朝鮮日報』 1920. 6. 19(2).

23 조선일보80년社 史편찬실, 『조선일보80년사 上』, 100~102쪽; 조선일보100년사편찬실, 『조선일보 100년사 上』, 43쪽.

〈표 1-1〉 조선일보 설립 전후 발기인의 주요 경력

이름	대정친목회 직책	주요 경력
조진태趙鎭泰	부회장	조선상업은행장, 조선식산은행 상담역, 중추원 참의
고윤묵高允黙	평의원	고양군 참사, 조선상업은행 이사, 한일은행 감사
예종석芮宗錫	이사·회장	조선지朝鮮紙(주) 이사, 경성흥륭(주) 감사, 조선권업신탁(주) 이사
최강崔岡	이사	경성부정총대연합회 간사(1917), 협성구락부 발기인(1919)
사일환史一煥	이사	유신회維新會 회장, 경성부정총대연합회 회장(1917)
장홍식張弘植	평의원	한성은행 부지배인(1917), 감사역(1929), 경기도평의회 의원(1929)
주성근朱性根	평의원·이사	조선상업은행 감사, 조선식산은행 상담역, 조선지(주) 이사 등
김동완金東完	평의원	이왕직 사무관·제사과장, 한성은행 동대문지점장
홍은주洪殷柱	이사	동양용달 대표
엄주익嚴柱益	평의원	양정고보 교장, 한일은행 이사, 조선서적(주) 이사
홍충현洪忠鉉	이사·평의원	광장(주) 총무, 조선상업은행 이사, 조선천연빙朝鮮天然氷(주) 이사
김용태金溶泰	이사	조선상업은행 감사, 조선지(주) 이사
안순환安淳煥	이사·평의원	명월관, 식도원 대표
백형수白瀅洙	평의원·이사	조선지(주) 사장, 조선무역(주) 감사
이강혁李康爀	평의원·이사	동대문금융조합 조합장
김영두金永斗	평의원	조선혜상朝鮮鞋商, 중앙물산(주) 이사, 종로금융조합 평의원
박승기朴承夔	평의원	동양물산 감사, 박승직상점(주) 이사
홍순창洪淳昌	평의원	고양군 인창면장(1911~1914), 숭인면장(1914~?)
최인성崔仁成		동양흥산(주) 대표, 인창상회 경영
박승직朴承稷		공익사(주) 대표, 박승직상점(주)
김규환金奎煥	평의원	조선지(주) 사장, 조선제사(주) 부사장
박홍일朴弘鎰		한일은행 이사(1908~1912), 조선지(주) 이사
유해종劉海鍾	이사	이왕직 전사典祀, 정악전습소 소장, 협성구락부 간사
유문환劉文煥	평의원·이사	변호사
고응원高應源	평의원	조선지(주) 감사, 조선매약賣藥주식회사 사장

한용식韓龍植	평의원	공동무역 대주주, 대지주
유병필劉秉珌	평의원	의사
천영기千英基	평의원	조선지(주) 이사
안영기安永基	이사·평의원	공동무역 대표, 조선제사(주) 감사
조풍호趙豊鎬		자작 조중응의 조카, 내무국 속(1921~1930), 충남 서천군수(1930)
최사영崔思永	평의원	조선상업은행 감사
김성기金性琪	평의원	한의사, 자생의원慈生醫院 원장, 동서의학연구회 회장
이춘영李春榮		경성모물毛物동업조합 조합장(1929)
김문환金文煥	평의원	한일은행 감사, 한성신탁(주) 상무이사
이병학李柄學		경성주식현물취인시장 취체역, 동양축산홍업 취체역
이우경李愚暻	이사	강원 평창군수(1910~1915)
원덕상元德常	평의원	의사, 조선생명보험(주) 전무, 종로금융조합장, 중추원 참의
김종익金鍾翊		대지주, 조선제사(주) 대주주·취체역
권병하權丙夏	이사	조선일보 영업국장, 충청남도평의회·도회 의원(1924~1933)

출전: 장신, 「대정친목회와 내선융화운동」, 『大東文化硏究』 60, 성균관대학교 대동문화연구원, 2007; 한국역사정보통합시스템(www.koreanhistory.or.kr); 『매일신보』 1911. 5. 6; 1912. 2. 1; 1914. 6. 2; 1932. 1. 16; 韓國農村經濟硏究院, 『農地改革時 被分配地主 및 日帝下 大地主 名簿』, 韓國農村經濟硏究院, 1985.

대정친목회가 신문을 발행하려던 이유는 당시 부진해진 자신들의 활동을 다시 활성화하기 위한 하나의 만회책이었다.[24] 1916년 11월 29일 창립된 이래 대정친목회는 '사교와 풍속 교화'를 통한 내선융화운동을 전개했다. 그 결과 '친일단체의 중심기관'이라 평가받을 정도였지만 이 무렵 활동이 다소 침체되어 있었다.[25]

---

24 한익교 정리, 김명수 옮김, 『한상룡을 말한다』, 혜안, 2007, 183쪽(韓翼敎, 『韓相龍君を語る』, 韓相龍氏還曆記念會, 1941, 194쪽).

25 장신, 「대정친목회와 내선융화운동」, 375~380쪽.

침체의 첫 번째 원인은 3·1운동의 발발이었다. 3·1운동 당시 관공리조차도 시위에 나서고 관직을 그만둘 정도였으므로 친일파나 친일단체의 활동도 크게 위축되었다. 당시의 정황을 묘사한 글로 "조선 주의周衣에 일본日本 하오리를 가미하야 문부예복紋付禮服을 만드러 입고 다니든 괴물의 일군—群이 조선에 잇섯는데 만세 일성—聲에 대경끽겁大驚喫怯하야 서혈鼠穴에 잠복하게 된 망종亡種"이 있는데, '만세 소리에 쥐구멍(鼠穴)으로 숨은 망할 종자'가 바로 대정친목회였다.[26]

두 번째 원인은 대정친목회 회장이던 조중응의 와병에 이은 사망이었다. 일체의 단체 설립이 허용되지 않던 1910년대에 조선인 중심의 단체 설립을 허가받고, 총독부 고위 관리와 재조선 일본인 유력자들과 돈독한 관계를 유지하게 만든 데는 조중응의 역할이 매우 컸다. 너무도 많은 일을 벌이고 다녀 태평한 날이 없다는 뜻의 '무사분주無事奔走'라는 별호까지 얻었던 조중응인지라[27] 1919년 8월 25일 그의 사후, 대정친목회의 활동이 구심점을 잃고 한때 부진에 빠진 것도 무리는 아니었다.

조선인의 신문 발행은 총독부의 허가를 얻어야 하고, 처음으로 언론 통제를 완화한 조치였으므로 몇 개의 신문이 발행될 수 있을지는 아무도 몰랐다. 오직 총독부의 의중에 달렸는데, 발행 허가가 나올 때까지 마냥 기다리고 있을 수 없었다. 대정친목회가 무슨 목적으로 신문 발행을 하는지, 또 그게 조선총독부의 시책에 어떠한 공헌을 할지 적극적으로 총독부 당국자와 협상 또는 로비를 벌여야 했다. 그 역할을 한성은행 지배

---

26 我我生, 「朝鮮日報의 政體」, 『開闢』 37, 1923. 7, 50쪽.

27 「'無事奔走'の綽名」, 『京城日報』 1919. 8. 26석(2).

인으로 떠오르는 경제인이자 대정친목회의 평의장인 한상룡이 맡았다.[28]

우선 한상룡은 1919년 11월 6일 총독과 경무국장을 방문했다. 이 만남에서 한상룡은, 조선일보 설립 발기인 조합은 대정친목회의 이름으로 하는 것임을 밝혔다. 또 대정친목회의 구상은 '실업계의 신문'으로 만드는 것이라 했다. 1910년대부터 내선융화를 실천해 온 대정친목회가 설립 주체이며, 비정치적인 실업신문을 표방한 것이 주효했는지, 그날 회합에서 총독과 경무국장은 찬성의 뜻을 나타냈다고 한상룡은 회고했다.[29]

내친 김에 한상룡은 미즈노 정무총감에게서 대정친목회에 신문 발행권을 준다는 확답을 얻어 냈다. 당시 미즈노 정무총감은 중앙정부와 1920년도 예산 편성 등을 협의하기 위해 10월 16일에 도쿄로 출장을 떠난 상태였다.[30] 출장 중에 미즈노는 조선에 연고를 두고 평소 조선 문제에 관심을 가진 일본의 명사들과 외국인 선교사에게 조선 통치에 대한 양해를 얻을 목적으로 접견회를 개최했다. 11월 25일 도쿄의 제국호텔에서 열린 접견회에서 미즈노는 다른 시정방침과 함께 언론의 자유가 주어질 것을 설명했다. 특히 언론의 자유를 언급할 때 참석자들에게 박수를 받았다.[31] 이틀 뒤인 11월 27일, 한상룡은 도쿄에 있는 미즈노의 자택을

---

28 한상룡에 대해서는 다음 문헌을 참고할 것. 김경일, 「한상룡: 식민지 예속경제의 첨병」, 반민족문제연구소 엮음, 『친일파 99인 ②』, 돌베개, 1993; 金明洙, 「韓末日帝下 韓相龍의 企業活動 硏究」, 『연세경제연구』 제7권 제2호, 연세대학교 경제연구소, 2000; 친일인명사전편찬위원회 편, 『친일인명사전 3』, 민족문제연구소, 2009.

29 한익교 정리, 『한상룡을 말한다』, 183쪽.

30 「水野總監東上」, 『朝鮮新聞』 1919. 10. 11⑴.

31 「朝鮮統治と接見會―政務總監の諸名士招待」, 『京城日報』 1919. 11. 27석⑴; 「水野總監接見會―朝鮮關係の諸名士招待」, 『京城日報』 1919. 11. 27⑵.

방문해서 대정친목회에 신문 발행권을 준다는 약속을 얻어 냈다.[32]

조선총독부는 1919년 12월 5일에 일본인이 출원한 신문·잡지의 발행을 먼저 인가한 후,[33] 조선인에게는 1920년 1월 6일 세 신문의 창간을 허가하고 허가증을 교부했다. 허가받은 세 신문은 동아일보, 조선일보, 『시사신문』이었다.[34] 『매일신보』와 『경성일보』는 조선일보의 설립 주체를 대정친목회파라고 보도했다.[35] 당시의 경기도 경찰부장 지바 료千葉了는 "내선융화를 모토로 하는 대정친목회"가 조선일보를 경영했다고 회고했다.[36]

발행권을 얻는 데 크게 기여한 한상룡은 이후 조선일보의 경영과 재정에 관계하지 않았다. 그는 "대정친목회 간부 몇 명에게 그 경영을 맡기고, 끝까지 대정친목회가 경영을 지속해 나가는 것으로 굳게 약속"했다고 말했다.[37] 한상룡의 짧은 이 말은 조선일보와 대정친목회의 관계를 해

---

32 당시 한상룡은 11월 8일에 경성을 출발해 11일부터 근 한 달 이상을 도쿄에 체류했다. 그는 이 기간에 조선총독부의 고관 및 일본 재계의 유력자들과 자주 만났는데, 주된 목적은 한성은행의 증자增資 문제였다. 한상룡은 이 일로 미즈노를 최소한 세 번 이상 만났다. 조선일보 발행권의 획득은 이 사이에 별도로 이루어졌다. 한익교 정리, 『한상룡을 말한다』, 182~183쪽.

33 「新聞發行認可」, 『朝鮮新聞』 1919. 12. 10(1). 『北鮮日日新聞』 등 신문과 잡지 6종의 발행을 인가했다.

34 조선일보, 동아일보와 달리 『시사신문』의 허가일은 1919년 12월 4일이라는 주장도 있다. 박인식, 「1919년 12월로 알려진 것보다 한 달 앞서―일제하 3대 민간지인 시사신문 허가일 재규명」, 『신문과 방송』 제44호, 한국신문연구소, 2006.

35 「三新聞許可 爲先 試驗的」, 『每日申報』 1920. 1. 8(2); 「三新聞許可」, 『京城日報』 1920. 1. 8(2).

36 千葉了, 『朝鮮獨立運動秘話』, 帝國地方行政學會, 1925, 145쪽.

37 한익교 정리, 『한상룡을 말한다』, 183쪽.

명하는 데 매우 중요하다.

대정친목회라는 임의단체가 매월 막대한 경비가 드는 신문사의 경영, 곧 자금을 충당하기는 애초부터 무리였다. 따라서 '대정친목회의 간부가 경영을 맡는다는 것'은 직접 조선일보의 경영진으로 참여한다는 것뿐 아니라 매월 소요되는 운영비를 책임진다는 의미였다. 곧 대정친목회 내에서 조선일보를 책임질 별도의 그룹이 필요한데, 이게 바로 대정실업친목회였다. 대정실업친목회가 경영을 책임지지만 '대정친목회가 경영을 지속'한다는 데서 알 수 있듯이 발행권은 대정친목회의 소유였다.

신문 발행 허가를 얻고 내부에서 역할 분담을 한 대정친목회는 경성부 다옥정 15번지에 조선일보 창립 사무소를 두고 본격적인 신문 발간을 준비했다.[38] 조선일보는 사장 조진태, 부사장 예종석(발행인 겸임), 편집국장 최강(편집인 겸임), 영업국장 권병하, 인쇄인 서만순 등 대정친목회의 구성원들로 간부를 구성한 뒤,[39] 1920년 3월 5일 창간호를 발간했다.[40] 조선일보의 논지論旨는 "온건평명穩健平明, 불편부당不偏不黨, 조선 문화의 지도"였다.[41]

---

38 「大正親睦理事會」, 『매일신보』 1920. 1. 19(2).

39 조선일보 간부들의 대정친목회 내 직책을 보면 조진태가 부회장, 예종석은 전무이사, 최강은 이사, 권병하는 사업부장과 이사, 서만순은 서기장을 역임했다. 장신, 「대정친목회와 내선융화운동」, 372쪽.

40 조선일보는 "3·1독립선언 1주년에 조선일보 창간호를 발행하겠다는 계획"이라고 주장하지만(조선일보100년사편찬실, 『조선일보 100년사 上』, 53쪽), 그에 대한 근거는 제시하지 않았다.

41 千葉了, 『朝鮮獨立運動秘話』, 145쪽.

3. 대정친목회의 조선일보 경영

어렵게 창간했지만 조선일보의 운명은 대정친목회의 기대처럼 순조롭지 못했다. 부사장을 역임한 예종석은 자신의 재임 기간 조선일보의 사정을 아래와 같이 회고했다.

> 경영방침의 불완전함은 물론 기타 자세한 사정에까지 천신만고를 경과함은 금일 余(여)의 감회를 起(기)케 하는도다. 一自 風潮(일자풍조) 변환 이후로 사상계도 亦(역) 영향이 不無(불무)하야 신생 我報(아보)도 당국 의사와 저촉됨이 一再(일재)에 不止(부지)하얏노라. 作春(작춘) 재계 동요 이래로 금융은 日復日窮乏(일복일궁핍)하야 경영상 다소 算(산)●니 내로는 經理(경리)가 無路(무로)하고 외로는 ●讀家(독가)의 酬應(수응)이 곤란하야 如斯(여사)한 窮境(궁경)을 감내하면서 百有餘(백유여)의 號(호)를 行(행)한 바 호사다마이라.[42]

마지막 문장의 '호사다마好事多魔'에서 '호사'는 어려운 가운데서도 신문을 창간하고 100여 호를 발간한 일이었다. '다마'의 하나는 재정난이었다. 조선일보 경영진은 기업 경영에는 능했을지 몰라도 신문사 운영에는 미숙했다. 구독자 확보도 쉽지 않은데 그나마 수금도 제대로 되지 않았다. 20만 원을 계획한 자본금은 5만 원밖에 들어오지 않았다.[43] 신문을

---

42 雲溪 芮宗錫,「本報에 對훈 所感」,『조선일보』1921. 1. 3(2).

43 조선일보70년사편찬위원회,『朝鮮日報70年史 1』, 70쪽.

창간하고 운영하는 데 5만 원으로 할 수 있는 일이 무엇인지, 독자적으로 신문 허가를 신청했던 송병준과 동아일보의 신문 창간비 예산을 참고해 보자.

〈표 1-2〉 송병준과 동아일보사의 신문 창간 준비 예산안

(단위: 원)

내역	상세 내역	비용	
		송병준	동아일보
건축비	본사, 공장, 직공 기숙사 등	100,000	144,000
공장 설비 일체	윤전기, 활자 구입 등	49,000	49,000
제 설비비	집기, 전화 등	2,500	3,000
창립용 필수품비	용지, 공장 재료 등	5,000	
창립비	창립 사무소비, 여비, 광고비	5,000	2,000
예비비		4,500	
계		166,000	198,000
유통자본(운전자금)		84,000	52,000
총계		250,000	250,000

출전: 東亞日報社, 『東亞日報社史 卷1(1920~1945)』, 東亞日報社, 1975, 93쪽.
비고: 송병준의 내역에 동아일보 계획을 맞춤.

송병준과 동아일보가 여유 있게 산정했다 하더라도 5만 원으로는 공장 설비를 갖출 수 있을 뿐이었다. 이러한 사정 때문에 조선일보는 창간 기념호로 3호까지만 낸 뒤 한 달여를 휴간했다. 4월 28일에 속간했지만 또 바로 휴간에 들어갔다가 5월 9일부터 정상적으로 신문을 발행했다. 사옥 마련은 꿈도 꾸지 못할 일이었고, 인쇄기도 겨우 장만했다.[44] 여기

---

44 제1호부터 제3호는 『매일신보』의 인쇄시설을 빌리고, 4월 28일의 제4호는 일본인 소

에 용지비, 편집비, 영업비, 인사비(급료) 등의 유통자본(운전자금) 등은 매월 들어가는 사안이었다. 하루하루 내일 신문이 발행될 수 있을지를 걱정해야 하는 상황이었다. 이처럼 창간 후 경영난에 시달렸는데, 그러한 사정은 정도의 차이일 뿐 다른 신문사도 마찬가지로 겪는 일이었다.[45]

'다마'의 다른 하나는 불온한 기사로 인해 총독부에 여러 차례 호출당한 일이었다. 조선일보는 4월 28일자 기사를 필두로 8월 27일 사설「자연의 화化」로 정간을 당할 때까지 23회의 발매 반포 금지[46] 처분을 받았고, 30건의 기사를 압수당했다.

때때로 경기도 제3부(경찰부)는 사장과 부사장을 비롯한 간부들을 호출하여 경고를 주었다. 다음은 1920년 6월 15일에 지바千葉 경기도 경찰부장이 사장 조진태와 부사장 예종석에게 경고한 뒤 『경성일보』와 인터뷰한 내용이다.

> 대정친목회의 기관지인 조선일보가 대정친목회의 취지인 내선융화 선
> 전을 그치고 도리어 불온한 언동을 보이는 경향이 있어서 최근 여러 차
> 례 발매 금지 처분을 받았고, 이 점에서 장래 충분히 주의할 것을 경고

유의 대화인쇄소大和印刷所에서 인쇄했다. 5월 말에 이르러서야 평판平版인쇄기를 도입했다. 조선일보80년社史편찬실, 『조선일보80년사 上』, 138~140쪽.

45 김성수라는 든든한 배경이 있지만 동아일보도 1회 불입금 25만 원의 절반 정도만 불입되었고, 그나마도 창간된 지 3개월여 만에 동이 났다. 기자들에게 월급이 제때 온전하게 지급되지 못하는 사정은 조선일보나 동아일보나 마찬가지였다. 東亞日報社, 『東亞日報社史 卷1(1920~1945)』, 96·139쪽.

46 「朝鮮日報發行を停止さる」, 『朝鮮新聞』 1920. 8. 28(5); 「朝鮮日報と發行停止」, 『朝鮮新聞』 1920. 8. 26(1).

했으며 사장을 사임시킨다든가 하는 말은 없었다. 신문 측에서도 잘 이해하여 앞으로 충분히 주의하겠다면서 돌아갔다. 과격한 이유는 판매정책이기도 하지만 대정친목회의 주장을 왜곡시키면서까지 팔지 않아도 좋다고 생각하므로 이 점에서 경고를 내린 까닭이다.[47]

지바의 짧은 인터뷰는 아주 복합적인 메시지를 담고 있다. 우선 조선일보가 내선융화를 목적으로 하는 대정친목회의 기관지임에도 불구하고 불온한 기사를 연일 게재했으며, 비록 그것이 판매정책을 위한 것이라고 해도 대정친목회의 정체성을 왜곡하면서까지 그리할 필요가 없다는 총독부의 경고였다.

한편 '사장의 사임'을 이야기하지 않았다고 했는데, 총독부의 내부 사정에 정통한 『경성일보』의 보도였던 만큼 이 말은 이즈음에 자의든지 타의든지 조선일보 경영진의 퇴진설이 논의되고 있었음을 말해 준다.[48] 그런데 이 퇴임설은 단순히 조선일보만의 문제가 아니라 창간 후 석 달이 채 지나지 않은 동아일보 등에 대한 총독부의 언론정책과 관련된 문제이기도 했다. 『도쿄아사히東京朝日신문』을 인용한 『독립신문』의 기사가 이러한 정황을 잘 보여 준다.

동아일보에 자극된 他鮮字新聞 數紙(타선자신문 수지)도 근래 불온한 기사를 게재하는 경향이 있다. 조선일보와 如(여)한 실업 본위의 것과 총

---

47 「朝鮮日報に警告―警告の眞相に就て千葉第三部長語る」, 『京城日報』 1920. 6. 22(4).

48 경영진 퇴진설을 증명이라도 하듯이 예종석은 6월 12일자로 발행인의 지위를 최강에게 넘겼다. 이로써 최강은 편집국장이면서 편집인과 발행인을 겸하게 되었다.

독부 기관지 『매일신보』까지도 발매 금지 또는 경고를 受(수)하는 형편이라 원래부터 동아일보 사장 박영효 씨는 사내 간부와 의견이 不合(불합)하야 과격 상태를 완화하려 하다가 허용되지 못하고 드듸여 사표를 제출함이라.[49]

박영효의 사임은 5월 8일과 9일에 걸쳐 동아일보에 연재된 권덕규의 「가명인두상假明人頭上에 일봉一棒」의 처리 문제를 놓고 발생했다. 이 기사는 유림의 격렬한 반발을 불렀고, 사장 박영효도 이 글에 대해 사과문을 실을 것을 주장했다. 그러나 동아일보 사원회의는 박영효의 요구를 거절했고, 이 일로 박영효는 5월 19일자로 사임했다.[50]

동아일보사는 창립 당시에 박영효 후작이 스스로 此(차)를 통괄하야 온건한 주의 주장하에서 진지한 日鮮民族(일선민족)의 복리를 증진하며 문화의 발전에 공헌할 事(사)를 기대하얏더니 창간한 지 不幾(불기)에 矯激(교격)한 언설을 게재하야 누누이 발매 금지의 처분을 受(수)한 事(사)가 有(유)하며 박 후작은 편집에 當局(당국)한 자와 논의가 호상 不容(불용)함으로 遂(수)히 其(기) 사장의 지위를 사퇴하얏는지라. 당시에 同(동)신문을 허가한 전제요건에 근본적 변혁이라 할 수 잇스나 尚(상)히 幾多有爲(기다유위)의 사원이 有(유)함에 신뢰하야 其(기) 발행을 계

---

49 「東亞日報의 運命」, 『獨立新聞』 1920. 6. 1(2).

50 「朴社長辭表提出」, 『朝鮮新聞』 1920. 5. 21(2); 仁村紀念會, 『仁村金性洙傳』, 仁村紀念會, 1976, 192~193쪽.

속케 함에 노력하얏더니[51]

총독부는 박영효의 역할을 기대하고 동아일보를 허가했지만,[52] 완충 작용을 하리라 기대했던 박영효가 사임하면서 앞으로 불온한 경향이 계속될 것이라는 불안한 전망을 하게 되었다. 박영효의 퇴사 후 총독부 내에서는 동아일보의 존속을 허가할 것인가 말 것인가로 의견 대립이 발생했는데, 일단 인적 조건보다 물적 조건을 중시한다는 의미에서 동아일보의 간행을 용인하는 것으로 결론이 났다.[53]

어쨌든 조선일보와 『매일신보』까지 동아일보를 본떠서 '불온 기사'를 게재하고 있다는 게 총독부의 분석이었다. 6월 15일의 1차 호출은 허가 때의 약속과 달리 불온한 기사를 생산하기 시작한 조선일보에게 동아일보에 부화뇌동하지 말라는 경고이면서 총독부 언론통제책의 수준과 방향을 보여 주기 위한 것이었다.

그런데 그 이후에도 조선일보의 압수 기사는 늘어만 갔다. 게다가 조선일보는 총독부의 생각을 넘어서서 동아일보 이상의 노골적이고 불온적인 기사를 게재했다.[54] 이런 가운데 조선일보는 7월 15일자 제71호에서 발매 금지 및 압수 처분을 받은 기사를 호외에 다시 게재함으로써 총

---

51 「本報發行停止와 總督府의 主張」, 『東亞日報』 1921. 2. 21(1).

52 위로의 차원인지 총독은 6월 7일 박영효를 관저 만찬에 초대했다. 「總督朴侯招待」, 『朝鮮新聞』 1920. 6. 9(2).

53 千葉了, 『朝鮮獨立運動秘話』, 帝國地方行政學會, 1925, 144쪽.

54 千葉了, 위의 책, 145쪽.

독부를 심하게 자극했다.[55] 급기야 경기도지사는 7월 27일에 조선일보의 경영진을 호출하여,[56] 주요 인물은 전부 사직하고 대정친목회는 조선일보와 관계를 끊으며 앞으로 누가 편집하고 발행하더라도 조선 통치의 방침을 시인하는 언론이 될 것을 강요했다. 만약 이를 어길 경우 단호한 처분을 받게 될 것이라 경고했다.[57]

이에 조선일보는 8월 12일 임시 발기주주인총회를 연 뒤,[58] "대정실업친목회와의 관계를 분리하고 주주의 독립 경영에 나"설 것을 결정했다.[59] 그 후속 조치로서 8월 14일에 사장 조진태와 부사장 예종석이 물러났고, 유문환이 사장으로 취임했다.[60] 이 사실을 보도하면서 『동아일보』는 '경질'로, 『경성일보』는 '개혁'으로 표현했다.

대정실업친목회가 경영에서 손을 떼기는 했지만 발행권(판권) 양도가 없었던 데서 보듯이 대정친목회가 조선일보를 포기하지는 않았다. 유일하게 여기에만 등장하는 대정실업친목회는 앞에서 서술했듯이 대정친목회 내에서 조선일보의 경영을 책임지는 그룹이었다. 새 사장 유문환은

---

55 朝鮮總督府警務局, 『朝鮮出版警察槪要(昭和十年)』, 1936, 72쪽.

56 이날 사장 조진태와 편집인 최강(부사장 예종석의 부재로 대리)이 불려 갔다. 「朝鮮日報戒告」, 『京城日報』1920. 7. 28(5); 「朝鮮日報戒告」, 『朝鮮新聞』1920. 7. 28(2).

57 「朝鮮日報發行を停止さる」, 『朝鮮新聞』1920. 8. 28(5).

58 "본사에서 협의할 사항이 有하와 본일 오후 3시에 명월관 지점에서 발기인총회를 開하오니 전부 출석하심을 敬要. 주식회사 조선일보사 창립사무소. 각 발기인 展." 「社告」, 『朝鮮日報』1920. 8. 12(2).

59 「社告」, 『朝鮮日報』1920. 8. 15(2).

60 「朝鮮日報改革」, 『京城日報』1920. 8. 15(2); 「朝鮮日報幹部更迭」, 『동아일보』1920. 8. 15(2).

1919년부터 평의원으로서, 또 1927년부터 사단법인[61] 대정친목회의 이사를 역임하는 핵심 간부였으며 조선일보 설립 발기인 중 한 사람이었다. 유문환의 역할은 대정실업친목회를 대신해서 조선일보의 운영자금을 부담하는 것이었다.

대정친목회와의 관계 단절이 아니라고 볼 만한 정황은 또 있다. 신문의 논조와 지면 등 신문 제작에 대해 책임을 묻는다면 편집국장 최강도 동반 사직하는 게 당연하지만 그는 유임되었다. 발행인과 편집인도 최강의 명의 그대로였다.[62] 최강은 대정친목회 이사였을 뿐 아니라 1919년 7월 29일과 8월 1일에 협성구락부 설립발기회와 설립총회에 참석했다.[63] 협성구락부는 신일본주의를 주창하면서 일본 정부에 조선인의 참정권을 부여할 것을 청원한 국민협회의 전신이었다. 무엇보다도 그는 3·1운동 때 경기도 이천에서 '소요 안정책'을 주제로 강연한 데서 알 수 있듯이[64] 항일적 면모보다 내선융화를 주장한 대정친목회의 핵심 간부였다.

---

61 대정친목회는 1922년 11월 사단법인으로 전환했다. 장신, 「대정친목회와 내선융화운동」, 370쪽.

62 최강을 비롯한 대정친목회 회원의 조선일보 내 주요 보직 현황은 아래와 같다.

편집인	발행인	인쇄인	사장	부사장	편집국장
최강 1920. 3. 5~12. 1.	예종석 1920. 3. 5~6. 12.	서만순 1920. 3. 5~ 1921. 9. 5.	조진태 1920. 3. 5~8. 14.	예종석 1920. 3. 5~8. 12.	최강 1920. 3. 5~ 미상
권병하 1920. 12. 2~ 1921. 8. 8.	최강 1920. 6. 13~12. 1.		유문환 1920. 8. 15~ 1921. 4. 8.		선우일 1921~미상
	권병하 1920. 12. 2~ 1921. 8. 8.				

63 國民協會本部, 『國民協會史 第一』, 1921, 3~5쪽.

64 「이천―학교강연」, 『매일신보』 1919. 5. 18(4).

'밑 빠진 독에 물 붓기' 식으로 들어가는 운영자금, 총독부와의 불편한 관계, 거의 이름값을 못하는 실업신문의 한계, 그런데도 전문성의 부족으로 편집에 관여할 수 없는 상황 속에서 총독부의 경고는 대정실업친목회 구성원에게 '차마 감히 청하지는 못하지만 내심 바라던 바'였을 것이다. 반면에 대정친목회로서는 적잖은 자본이 투여된 조선일보를 최소한의 원금 회수도 없이 청산하거나 양도할 수도 없는 노릇이었다. 결론적으로 8월 12일의 결정은 대정친목회의 조선일보 포기 선언이 아니라, 조선일보의 경영권을 대정친목회 내에서 조정한 것에 불과했다.

단호한 처분을 예고한 지 한 달여, 간부를 교체한 지 2주일도 되지 않은 8월 27일 조선일보는 사설 「자연의 화」로 1주일의 유기정간 처분을 받았다. 또 속간호를 낸 9월 5일자 사설 「우열愚劣한 총독부 당국자는 하고何故로 우리 일보日報를 정간停刊시켰나뇨」로 무기정간 처분을 받았다. 경기도 경찰부장 지바는 "눈물을 흘리며 철퇴를 휘둘러" 조선일보를 정간시켰다. 이와는 대조적으로 9월 25일 동아일보의 정간 처분 때엔 "개전의 여지가 없어 당분간 재발행을 허락하지 않겠다"는 매우 단호한 모습을 보였다.[65] 본격적으로 '언론 자유'를 허용한 지 반년도 채 지나지 않아 세 신문 중 두 개가 발행을 정지당했다.

그런데 윤치호는 10월 2일에 쓴 일기에서 "조선일보가 당국의 기관으로 소생할 것"이라는 측근의 말을 인용한 뒤, "그래 충분히 가능한 일이야"라는 자신의 견해를 밝혔다.[66] 조선일보와 조선총독부 사이에 모종

---

65 千葉了, 『朝鮮獨立運動秘話』, 144~145쪽.

66 김상태 편역, 『윤치호 일기 1916~1943』, 역사비평사, 2001, 195쪽.

의 거래가 진행되고 있을지 모른다는 것으로, 당시 세간에서 이러한 추측이 떠돌고 있음을 암시하는 표현이었다. 실제로 두 번째 정간의 빌미가 된 기사에서 조선총독부를 원색적으로 비난한 조선일보가, 드러나지 않게 은연한 방법으로 총독정치를 비판한 동아일보보다 정간에서 먼저 해제되었다.

11월 24일에 조선일보의 무기정간 처분은 해제되었지만 경영난으로 12월 2일에야 속간호를 발행했다. 편집국장이자 발행인 겸 편집인이던 최강은 12월 1일자로 사직했다. 최강은 8월 12일의 결정 때도 유임했고, 두 번째 정간 이후 조선총독부의 사퇴 압력에도 불구하고 버텼다. 이것은 최강의 의지라기보다도 대정친목회가 조선일보를 계속 경영하려는 한 불가피한 선택이었다. 대정친목회의 전·현직 간부 중에서 신문 제작을 총괄할 수 있는 인물은 최강, 방태영, 선우일 세 사람뿐이었다.[67] 이 중에서 방태영은 1920년 당시 『매일신보』 발행인 겸 편집인으로서 외사과장이었다. 선우일은 1918년 9월 무렵 『매일신보』 편집장을 사직한 뒤, 1919년 7월부터 1920년 3월까지 만주 펑톈奉天에서 『만주일보』를 발행했다.[68]

따라서 최강의 사직은 대정친목회가 더 이상 조선일보를 경영하지 않는다는, 다시 말해 조선일보의 발행권을 제삼자에게 넘긴다는 것을 뜻

---

67 장신, 「대정친목회와 내선융화운동」, 373쪽.

68 정진석, 『한국언론사』, 나남, 1990, 568~570쪽. 『만주일보』는 1920년 3월 이후 경영난으로 휴간과 속간을 반복했던 듯하다. 같은 해 11월 정두화鄭斗和가 휴간 중이던 『만주일보』를 인수하여 속간할 것이라는 『매일신보』의 보도가 있었다. 이로 볼 때 선우일은 최소한 1920년 11월까지 『만주일보』의 속간을 위해 펑톈에 머물렀을 가능성이 높다.

했다. 1920년 12월 27일에 열린 평의원회에서 대정친목회는 회칙개정안을 심의하면서 회보 또는 잡지를 발행한다는 조항을 넣었다.[69] 기대했던 역할을 제대로 하지 못한 조선일보 대신에 새로운 기관지를 창간하려는 계획이었다. 창간 때의 편집주임인 최원식은 이미 그만둔 상태였고 후임 편집국장을 인선하지 않았으므로 편집 책임자는 공석이었다.[70] 이런 상태에서 12월 2일자로 영업국장 권병하가 편집인 겸 발행인이 되었다.[71] 매각을 위한 수순이었다.

매각을 결심한 대정친목회는 처음에 조선총독부에게 매수 의사를 타진했지만 원하던 결과를 얻지 못했다.[72] 이런 가운데 1921년 4월에 송병준이 조선일보를 인수했다.[73] 송병준은 이미 신문의 설립계획서를 총독부에 제출한 적도 있었고, 조선총독부도 다른 곳에 넘어가기를 원하지 않았다. 따져 보면 송병준도 대정친목회 회원이었다. 조중응은 1916년에

---

69 「大正親睦會의 平議員會」, 『매일신보』 1920. 12. 30(2).

70 최원식의 퇴사 후 최강의 아들 최남崔楠이 편집부장을 맡았다는 기록이 있지만(申澈, 「各種 新聞雜誌에 對한 批判—所謂 八方美人主義인 朝鮮日報에 對하야」, 『開闢』 37, 1923. 7, 46쪽), 최남 자신은 1920년 2월부터 9월까지 조선일보 정치부장이었을 뿐 편집부장을 지낸 사실을 부인했다(國史編纂委員會, 『韓民族獨立運動史資料集 34: 獨立軍資金募集 3』, 1998, 54~59쪽).

71 권병하는 1921년 1월부터 대정친목회의 이사 겸 사업부장을 맡았다. 사업부장은 1921년 1월부터 시행된 5부장제도의 하나였다. 부장단은 이사 중에서 선임했는데 대정친목회의 실무를 진행하는 집행부서였다. 권병하의 간부 경력은 1921년부터 확인되지만, 1920년 말 1921년 초의 조선일보와 대정친목회 내의 직책으로 볼 때 초창기부터 회원으로 활동했을 것이다. 장신, 「대정친목회와 내선융화운동」, 372쪽.

72 申澈, 「各種 新聞雜誌에 對한 批判—所謂 八方美人主義인 朝鮮日報에 對하야」, 46쪽.

73 송병준은 주식회사 설립 계획을 합자회사 조직으로 변경하고, 사장이던 유문환을 해임했다. 「謹告」, 『朝鮮日報』 1921. 4. 21(2).

대정친목회를 조직할 때 이완용, 송병준과 상의했다.[74] 또 송병준은 조중응 사후에 대정친목회 회장 후보로 추대된 4인 중 한 사람이었다.[75] 송병준이 조선일보를 인수할 때 당시 사회는 대정친목회로부터 발행권을 넘겨받는 것으로 이해했다.[76] 하지만 이후 송병준은 조선일보의 소유권만 확보한 채 신문 제작의 전권을 남궁훈에게 맡겼다.[77]

4. 실업 없는 '실업신문'

대정친목회는 조선일보의 발행권을 얻을 때 '실업계의 신문'을 표방했다. 세간에도 그렇게 알려져 있었지만[78] 1919년 10월에 작성된 조선일보 설립 발기인 조합의 설립취지서에는 딱히 실업신문과의 연관성을 찾을 수 없다. 다음 인용문에서 보듯이 단지 '신문명 진보주의'를 표방했을 뿐이다. 왜 신문명의 진보를 이루어야 하고, 그 진보를 통해서 무엇을 이

---

74 拓植省管理局, 『拓植省所管各地域ニ於ケル思想運動槪觀』, 1931. 3, 47쪽.

75 「大正親睦會長」, 『朝鮮新聞』 1919. 10. 31(6).

76 「京城雜話」, 『開闢』 2, 1924. 10, 82쪽; 黃泰旭, 「朝鮮民間新聞界總評」, 『開闢』 신간 제 4호, 1935. 3, 14쪽.

77 남궁훈은 조선일보 경영을 맡아 달라는 송병준의 제안을 받았을 때 ① 신문 제작(편집)에 한 자라도 간여하지 말 것, ② 사원 채용에 간섭하지 말 것을 요구했고, 이후 송병준계의 영업사원을 그대로 두었지만 자신의 의도대로 편집 진용을 새로 구성했다고 한다. 洪鍾仁 記, 「新聞界의 先覺者 南宮老人 懷古談」, 『조선일보』 1933. 4. 27(5).

78 「東亞日報의 運命」, 『獨立新聞』 1920. 6. 1(2); 차상찬, 「朝鮮新聞發達史」, 『개벽』 신간 제4호, 1935. 3, 10쪽.

룰 것인가는 명확하지 않다.

> 우리 조선인은 自來(자래) 신문명에 낙후되어 만사가 沈衰(침쇠)한 중에
> 서 이 戰後(전후) 대경쟁을 당하였으니 우리가 장차 何(하)로써 이를 應
> (응)할가. …(중략)… 그러면 우리는 빨리 진보하여야 할지라. 윤리·도덕
> 도 진보하여야 하고, 풍속·제도도 진보하여야 하고, 교육·학예도 진보
> 하여야 하고, 산업·경제도 진보하여야 하고, 일체의 신문명이 진보하여
> 야 할지라. 그러면 우리는 이 주의의 선전이 잇서야 하리로다. 이에 본
> 인 등이 조선일보사를 설립하오니 그 취지는 곳 우리 신문명 진보의 주
> 의를 선전함이라.[79]

만약 신문 발행권을 따내기 위한 하나의 방편으로 '실업계의 신문'을
언급한 게 아니라면 대정친목회가 생각했던 실업신문은 어떤 것이었을
까. 창간사에서 그러한 뜻을 공언했을 법하지만 아쉽게도 창간호의 1면
이 남아 있지 않아서 확인할 길이 없다.[80] 다만 3월 9일자 신문 사설 제
목이 「실업의 실지實地」였다.

사설은 조선 500년의 실업이 미발달했다고 해도 지금의 실업보다는
훨씬 낫고, 최근 수십 년간 실업이 매우 발달했다고 해도 500년간의 실
업보다는 쇠퇴했다고 주장하면서 그 이유를 실지實地의 있고 없음에서

---

79 조선일보70년사편찬위원회, 『朝鮮日報70年史 1』, 67~68쪽.

80 『조선일보』 2010년 3월 5일자에 창간 90주년을 맞이하여 창간호 중 3, 4, 13, 14면을
공개했다. 창간호 3면에 「朝鮮現下의 工業狀態」, 13면에 「森林事業과 水電」 등의 경
제 논설이 실렸다.

찾았다. 실지는 곧 토산土産으로서, 현재 문명적 실업이 대발달했다 하지만 하나같이 수입품이 아닌 게 없으므로 조선의 실업계는 실지를 갖지 못한 것이라고 했다. 따라서 조선 실업가에게 실지를 장려하여 기초를 수립할 것을 당부했다.[81]

몇 년 뒤에 크게 전개된 물산장려운동이 소비자에게 토산 사용을 장려한 것과 달리 이 글은 생산자에게 이를 요구한 점이 특징이다. 특히 2층 양옥에 금자金字 간판을 높이 걸고, 사방 문마다 유리창을 활짝 열고, 휘황찬란하여 안목을 황홀케 하는 상품(대개 수입품)을 판매하는 실업, 곧 '무용貿用'에 안주하는 현상을 비판했다. 대정친목회 구성원의 절반이 경제인이고, 그중에서도 금융과 무역 계통의 회원이 절대 다수였음을 감안하면 파격적 제안이었다.

어쨌든 '실업신문'을 표방한 조선일보는 조선 실업계에 제조업 투자를 촉구하는 사설을 실음으로써 헛말이 아니었음을 보였다. 그렇다면 '실업신문' 조선일보의 전문성은 지면에 어떻게 반영되었을까. 양적인 면에서 조선일보의 경제 기사 또는 경제면의 비중을 살펴보자. 이를 위해 창간부터 대정실업친목회와 관계를 정리하는 8월 12일까지 조선일보 지면 중에서 현재 남아 있는 것을 대상으로 조사했다.

먼저 사설을 검토하면 이 기간에 집필되어 현재 남아 있는 사설 53개 중 경제문제를 다룬 것은 7개에 불과했다.[82] 또 같은 기간에 2회 이상

---

81 「實業의 實地」, 『朝鮮日報』 1920. 3. 9(1).

82 朝鮮日報社, 『朝鮮日報社說索引 1920~1995』, 13쪽; 「朝鮮紅蔘과 拂下問題」 6. 13; 「勞動에 對하여(전 3회)」 6. 19~21; 「獨逸의 將來와 財政外交對策」 6. 22; 「經濟界의 反動된 原因을 回顧함」 7. 8(1); 「信用은 人의 資本」 7. 27; 「電氣會社에 忠告」 7. 28;

연재된 기사 41개 중 경제와 관련된 것은 10개였다.[83] 우선 양적인 면에서 실업신문으로서의 특징이 잘 드러나지 않았음을 알 수 있다. 그 내용도 조선총독부 당국이나 경성부 당국에 요구함으로써 조선인 기업활동에 도움되는 것이 아니라 조선인 전부에게 실업 정신을 당부하는 계몽활동에 그쳤다. 조선(인) 경제 당면의 현안을 제시하고 문제를 풀어 나가는 모습은 전혀 보이지 못했다.

> 조선일보는 첫 자 무슨 주의하에서 발행 경영하는지 알 수 업다. 或時
> (혹시)는 배일적 태도가 맹렬하기도 하고 或時(혹시)는 실업적 기분이 얼
> 마간 나타나며 或時(혹시)는 두루뭉수리 太和湯(태화탕)의 모양을 作(작)
> 한다. 당국자가 狂的新聞(광적 신문)이라 명명함도 그 理(리)가 那邊(나
> 변)에 잇슴을 알겟다. 나는 광적 신문이란 이름이 너무도 어폐가 잇고
> 불유쾌한 감상이 나서 '八方美人主義(팔방미인주의)인 新聞(신문)'이라
> 雅號(아호)를 붓치고자 한다. …(중략)…
>
> 경제 기사로 말하면 조선일보는 실업적 주의인즉 아모쪼록 산업에
> 재정에 경제에 치중하야 남달리 일종 특색을 示(시)하야 할 것이다. 목
> 하 조선인의 생활 상태를 보면 산업 방면이 초미의 급무이다. 그리하

「業務의 勉勵」 7. 29 등.

83 朝鮮日報社, 『朝鮮日報連載記事索引 1920~1996』, 13쪽; 「通貨膨脹과 物價의 關係」
(전 4회) 5. 22~26; 權龜鉉, 「家政과 經濟」 6. 9~10; 「經濟界의 恐慌된 原因과 對策」
(전 6회) 6. 13~18; 「이 본정이냐 高利貸金業者의 籠絡이냐 不肖子所業」(전 3회) 7.
7~13; 「自由經濟主義」(2회) 7. 24~25; 「勞動 진의와 實社會矛盾(3회)」 7. 25~28; 「大
戰後 佛國의 社會産業狀態」(전 7회) 7. 27~8. 3; 「勞動의 義務」 8. 7~8; 「朝鮮의 經濟
思想普及을 論함」(2회) 8. 7~9; 權南岡, 「産業發達의 由來」 8. 8~9 등.

야 報紙(보지)의 주의를 선명히 하고 태도를 엄정히 하야 광적 신문이란

아호를 산업적 혹은 경제적 신문이라는 아호로 변하도록 함이 어떠한

가?[84]

윗글은 1923년 현재 조선일보의 주의와 경제 기사를 논평한 것이다. 경영과 제작 주체가 송병준과 남궁훈으로 바뀐 뒤지만 창간 초기와 사정이 전혀 달라지지 않았음을 알 수 있다. 논평자가 "주의를 선명히 하고 태도를 엄정히 하야" "산업적 혹은 경제적 신문"으로 변하라고 충고한 것은, 이때까지도 조선일보가 실업신문의 역할을 전혀 하지 못하였음을 증명하는 것이다. 총독부가 '광적 신문'이라 부르고, 논평자가 '팔방미인주의'라고 명명한 것처럼 조선일보는 종잡을 수 없는 신문이었다.

기사 내용뿐 아니라 편집 구성에서도 조선일보는 실업신문이라 하기 힘들었다. 직접 언급은 없지만 이건혁은 1920년 무렵 조선일보 사정을 짐작할 수 있는 회고를 남겼다.

조선 신문에 경제면이 생기기는 동아일보가 창간된 후에도 얼마 지난

뒤 일이었고, 그것도 그때는 동아일보가 4頁(엽) 신문이었기 때문에 광

고 관계로 전면 12단 중 6단 내외가 경제 기사의 차지로 양으로 빈약했

다. …(중략)… (1924년—인용자) 시대일보가 창간하자 10단 이상의 경제

면이 조선에 비로소 처음으로 독자 앞에 나오게 되었으며, 이에 자극되

---

84 申澈, 「各種 新聞雜誌에 對한 批判 — 所謂 八方美人主義인 朝鮮日報에 對하야」, 48~49쪽.

어 동아, 조선 등도 경제면을 점차 확대[85]

곧 조선일보에서 최소 1면을 경제 기사에 할애한 것은 1924년 이후였다. 경제부의 사정은 그 이후에도 별로 나아지지 않아서 1930년에도 각 신문의 경제부원은 최대 3명이고 경제 기사는 거의 전부 취재가 아닌 통신에 의지하는 실정이었다. 편집진의 이해 부족이라 해야 할지 조선인 경제의 부진 탓으로 돌려야 할지 애매하지만 조선일보에서 실업신문의 면모를 찾아보기 힘들었던 것만은 분명하다.

5. 판매용 '항일' 신문: '광적狂的 신문'의 본질

창간 초기 조선일보의 성격을 이해하는 데 빠질 수 없는 것이 30건의 압수 기사와 23회의 발매 반포 금지, 그리고 두 차례의 정간이다. 이 수치는 같은 시기에 발행된 동아일보보다 많다. 기존의 언론사 연구는 이것을 '압수 = 탄압 = 저항(항일)'으로 이해하고 있다. 이 때문에 당대 최대의 친일단체인 대정친목회가 가장 항일적인 신문을 발행했다는, 상식적으로 이해하기 힘든 이미지가 만들어졌다. 앞머리에서 이 모순된 상황을 해석하는 몇 가지 견해를 살펴보았지만 그 어느 것도 명쾌하게 설명해주지 못했다.

그렇다면 조선일보가 발행되던 바로 그 시기에는 이 현상을 어떻게

---

[85] 李健赫, 「經濟面 內容 充實에 對한 私見」, 『鐵筆』 제1권 제2호, 1930, 35쪽.

바라보았는지 살펴보는 게 실체에 접근하는 데 유리할 듯하다. 1923년 7월에 발간된 『개벽』 제37호에 창간 초기 조선일보의 상황을 이해할 수 있는 기사가 실려 있다.

> 때마침 경제계에는 일대 변동이 생기어 泡沫會社(포말회사)가 서로 이어 顚倒(전도), 파산을 告(고)하는 중이라 금융이 破塞(파색)되야 株金拂入(주금 불입)이 곤란하야 실로 신문 경영난이 극도에 달하얏다. 不攻自破(불공자파)의 운명이 풍전등화와 가티 刻刻(각각) 위험하얏다. 이에 신문의 주의를, 강령을 불고하고 常軌(상궤)를 탈선하야 기사를 전혀 동아일보를 모방하야 판매 방면을 확대코자 하얏스나 그 亦(역) 감정상 독자가 환영치 아니함으로 드대여 당국자에게 조선일보의 매수를 암중 운동을 試(시)하야본즉 전혀 매수할 의향이 업고 소위 狂的新聞(광적 신문)이라 별명만 지어 줄 뿐이다. = 일어로 'キチカヒシンブン'[86]

『개벽』 필자는 조선일보가 대정친목회의 주의와 강령을 돌아보지 않고 '항일' 기사를 게재한 이유를 경영난 타개를 위한 신문 판매 확장책이라 보았다. 창간 취지와 다른 조선일보의 돌변에 대한 진단은, 앞서 본대로 총독부나 다른 신문도 동일하게 지적했다. 주금 불입과 구독료 징수의 어려움은 동아일보나 『시사신문』도 마찬가지로 겪고 있었다. 문제는 동아일보에 비해 조선일보의 사회적 영향력이 작았다는 것, 달리 말하면

---

86 'キチカヒシンブン'은 '미치광이(또는 미친) 신문'이라는 뜻이다. 申澈, 「各種 新聞雜誌에 對한 批判 ─ 所謂 八方美人主義인 朝鮮日報에 對하야」, 46쪽.

신문으로서 조선일보의 인기가 없었다는 점이었다.

그 이유로서 우선 태생적 한계를 지적할 수 있다. 허가 때부터 총독부의 경계 대상이 되고 "조선 민중의 표현기관임을 자임"한 동아일보와 달리, 조선일보는 당대 '친일단체의 중심'인 대정친목회를 기반으로 탄생했다. 『시사신문』은 사이토 총독의 후원을 발판으로 새롭게 친일단체의 주력으로 떠오르던 국민협회의 기관지였지만, 당시 아무도 보지 않는다는 뜻의 '불견신문不見新聞'으로 불렸다.[87] 정치적 자세로서의 친일은 3·1운동 이후 독립의 열망이 끓어오르던 당시의 세태를 전혀 반영하지 못했다. 총독부 기관지 『매일신보』조차 동아일보를 흉내 내다가 "평생에 없던 압수를 당하는" 상황이었다.[88]

다음으로 신문 편집의 한계였다. 1920년에 발행된 세 신문을 언뜻 봐도 알 수 있지만 조선일보 지면은 깔끔하지 못했다. 이러한 사정은 남궁훈이 편집을 책임지던 1923년까지 여전했다.

---

87 "時事新聞은 新日本主義를 提唱하고 朝鮮人의 參政權을 要求함으로 一部 讀者인 國民協會 會員을 除하고는 모다 購讀을 拒絶하야 門楣에 時事新聞不見이라 特書한 紙片을 貼付하는 奇現象을 呈하며 賢明한 當局者도 이를 卓上에 置할 뿐이오 殆히 不願하야 '不見新聞'이라는 獨特한 名稱을 與하얏다." 申澈, 「各種 新聞雜誌에 對한 批判—所謂 八方美人主義인 朝鮮日報에 對하야」, 45쪽.

88 "齋藤 총독이 문화정치를 표방하고 언론 자유를 許與하야 동아일보, 조선일보, 시사신문이 계속 발행이 된다. 갓득이 판매력이 미약한데 동아일보의 賣行이 파행지세로 나아가매 每申에게는 실로 사활 문제라 이에 편집회의을 開하고 경영방침을 난상협의하고 당분간 독자를 회복코자 언론을 강경히 쓰기로 결정하얏다 한다. 동아일보가 每申에게는 유일의 師友다. 東亞子 일거수 일투족을 주목하야 심지어 종래 관용하든 支那라는 명사를 中國이라 쓰다가 이윽고 다시 '지나'로 쓰는 희극을 연출한 일도 잇다. 이와 가튼 용단은 독자 만회에 다소 其 효과가 잇섯다. 그 서슬에 평생에 업든 압수의 엄벌도 당한 일도 잇섯다." 간당학인, 「每日申報는 엇더한 것인가」, 『개벽』 제37호, 1923. 7, 54~55쪽; 「東亞日報의 運命」, 『獨立新聞』 1920. 6. 1(2).

整版(정판). 그 신문 好不好(호불호)를 직접 독자에게 알게 하는 것이다. 아모리 기사가 좃코 내용이 충실하드래도 그 정판이 잘못되면 그 가치를 몰각케 하는 것이다. 제목의 표출, 기사의 배렬, 立切(입절), 橫切(횡절), 카트의 유무, 광고의 삽입, 사진의 배치 여하 苟(구)히 미세한 점까지 늘 주의하여야 할 것이다. 조선일보를 손에 너흘 때 나는 일종 감상이 난다. 엇지하야 이리 체재가 빈약한가를.[89]

그도 그럴 것이 조선일보에서 신문 제작 경험을 지닌 인물은 최강과 최원식 정도였다. 최강은 『제국신문』에 관계했지만 사장이었을 뿐 편집을 담당하지 않았고 1910년 이후엔 언론계에 종사하지도 않았다. 그나마 최원식이 1916년까지 『조선신문』의 한글판 편집을 담당했고, 그 이후에 『중외의약신보』의 주필로 활동했다.[90] 반면에 동아일보는 신문 편집의 귀재라 불리던, 『매일신보』 출신의 이상협이 있었다.

이처럼 창간 초기의 조선일보는 태생적 한계와 함께 경쟁지에 비해 제작 능력의 우위를 보이지 못한 상황에서 신문 판매책의 주된 방법으로 동아일보의 보도 경향을 따라갔다. 그런데 외견상 동아일보보다 더 심한 탄압을 받은 이유는 무엇일까? 그 원인을 크게 두 가지로 정리할 수 있다.

첫 번째로 의제 설정에서 뒤졌다. 사설이나 특집 기사는 동아일보에서 제기한 문제를 뒤늦게 따라가는 모습을 연출했다. 한 예로 조선일보

---

89 申澈, 「各種 新聞雜誌에 對한 批判—所謂 八方美人主義인 朝鮮日報에 對하야」, 49쪽.

90 韓國新聞編輯人協會, 『新聞百年人物事典』, 韓國新聞編輯人協會, 1988, 915쪽; 장신, 「한말·일제초 재인천 일본인의 신문 발행과 조선신문」, 『인천학연구』 6, 인천학연구원, 2007, 300쪽.

가 6월 1일부터 10일까지 연재하다가 중단한 「조선 민족의 민족적 불평」 기사다. "일인의 재산 늑탈과 조선인", "일인의 호도책과 조선족 멸시", "일본군국주의와 조선족", "무단정치하의 조선족" 등의 소주제 아래 "무슨 까닭(何故)으로 철저하게 죽이려고 하느냐? 그것이 조선 통치의 정신이냐" 등의 제목을 달고 조선총독부를 격렬하게 비판했다.[91] 앞서 보았듯이 이 연재 기사로 인해 결국 6월 15일 간부진이 1차 호출을 받게 되었다. 그런데 논조에 관계없이 이 기사는 5월 14일부터 6월 4일까지 「무차별無差別인가? 대차별大差別인가?」란 제목으로 조선총독부의 차별 정책을 총 19회 비판한 동아일보를 뒤따른 것이었다. 아래 인용문은 의제를 따라가기에 급급한 조선일보의 사정을 잘 보여 준다.

> 논설은 요령부득이다. 논설인지 보통 기사문인지 잘 알 수 업다. 그런 중 항상 機先(기선)이 못 되고 남에게 制先(제선)이 된다. 남이 장황히 논설한 것을 이삼일 지내 되풀이로 쓰면 그 무슨 힘이 잇는가? 마치 무당의 굿에 뒷전 노는 격이라 할가?[92]

의제를 선점하지 못함에 따라 기사의 사회적 영향력도 동아일보에 뒤처질 수밖에 없었다. 『경성일보』는 1920년 8월 7일부터 30일까지 몇 차례에 걸쳐 한글신문에 대한 일종의 미디어 비평을 게재했다(〈표1-3〉 참조). '시정' 비판에 대한 총독부의 불편한 심기를 담은 글로, 북악산인北岳

---

91 조선일보90년사사편찬실, 『朝鮮日報90年史 上』, 145~146쪽.

92 申澈, 「各種 新聞雜誌에 對한 批判─所謂 八方美人主義인 朝鮮日報에 對하야」, 48쪽.

〈표 1-3〉 『경성일보』에 게재된 북악산인의 신문 비평

『경성일보』		비평 대상 신문	
게재일	기사 제목	게재일	기사 제목
1920. 8. 7.	시사신문의 조선 청년을 읽고 時事新聞の朝鮮靑年を讀みて	『시사신문』 7. 27~29.	조선청년朝鮮靑年
8. 10~12.	지방제도와 세 신문 地方制度と三紙(上·中·下)	동아일보 8. 1.	지방제도개선地方制度改善에 임臨하야
		조선일보 8. 5.	지방제地方制의 제정制定
		『시사신문』*	
8. 13.	동아는 내선융화의 갈앙자 東亞子は內鮮融和の渴仰者	동아일보 8. 1.	횡설수설橫說竪說
8. 15, 8. 17.	동아일보의 주장에 대하여 東亞日報の所論に就て(1~2)	동아일보 8. 12.	영미해운제휴英米海運提携와 일본日本의 장래將來
8. 21, 8. 24.	공동묘지규칙 폐지에 대하여 共同墓地規則廢止に就て(1~2)	동아일보 8. 13.	일년간 사이토 총독의 정치(1) 一年間 齋藤總督의 政治(1)
8. 25~26.	경찰기관의 확장에 대하여 警察機關の擴張に就て(1~2)	동아일보 8. 14.	一年間 齋藤總督의 政治(2)
8. 27~28.	자문기관의 설치에 대하여 諮問機關の設置に就て(1~2)	동아일보 8. 15.	一年間 齋藤總督의 政治(3)
8. 29~30.	서정에 대하여 庶政に就て(1~2)	동아일보 8. 16.	一年間 齋藤總督의 政治(4)

* 『시사신문』은 실물이 남아 있지 않아서 기사를 확인하지 못했다.

山人이 썼지만 총독부의 입장을 반영했다고 보아도 무방하다. 세 신문의 사설을 골고루 언급하지만 사실은 동아일보 비판으로서, 북악산인 자신도 "오인吾人이 가장 위험하게 생각해 온 동아자東亞子"라고 밝혔다.[93] 또 『경성일보』의 한 필자는 "조선 청년의 다수는 금일今日 심리상으로 전부

---

93 北岳山人,「東亞子の自覺?」,『京城日報』1920. 9. 11(3).

동아일보에 지배되는 것처럼" 보인다면서 "그들은 이 신문으로 세간의 일을 알고, 이理●을 배우고 감화를 받는"[94] 현실을 지적했다.

두 번째로 편집국장과 편집부장의 상황 대처 능력이 미흡했다. 1920년은 총독 정치 10년 만에 한글신문이 처음 발간된 해였다. 내외의 비판을 무릅쓰면서 한글신문 발간을 허용하고, 그 나름대로 '민족·실업·친일'의 구도로 포트폴리오를 구성했지만 조선총독부의 의도대로 흘러갈지는 장담할 수 없었다. '언론 자유'라는 문화정치의 성과를 부정하지 않으면서 신문의 논조를 체제 내로 포섭하는 것이 관건이었다. 실제로 신문이 발행되기 전까지 검열의 수위가 어떻게 정해질지 조선총독부나 한글신문 모두 예측할 수 없었다.

4월 28일자 조선일보에서 최초의 압수 기사가 나오자 『경성일보』는 4월 30일자 사설에서 언론의 자유와 한계에 대해 언급했다. 사설은 언론·집회의 자유는 문명정치의 가장 중요한 요건이나 절대 자유를 부여하는 국가는 지구상에 존재하지 않으며, 법률의 범위 내에서만 누릴 수 있음을 지적했다. 이 원칙은 '새 영토와 신민'에게는 더 엄중하게 적용되어야 함에도 "새롭게 허가된 신문지의 논조에 대해 당국의 단속이 방만함을 의심한 적이 한두 번이 아니었다"고 토로했다. 이어 『경성일보』는 법령규칙을 무시하면서 망언을 일삼는 무리에게 엄하게 훈계하는 한편으로 당국자의 한층 더 엄한 단속을 주문했다.[95] 『경성일보』가 총독부와 한글신문에게 말하는 형식이었지만, 실상 총독부가 『경성일보』를 통해

---

94 隈汀生, 「屑屋の籠—東亞日報の感化」, 『京城日報』 1920. 7. 21(1).

95 「言論取締」, 『京城日報』 1920. 4. 30(1).

한글신문에게 경고하는 것이었다.

이처럼 총독부의 촉각이 예민해진 상황을 의식해 동아일보의 경우 표면적으로 독립을 선동하는 것을 피하지만 항상 다른 나라의 예를 가져와 교묘한 말로써 독립사상의 선전에 노력한다고 총독부는 지적했다. 그 예로 로마의 흥망을 논하면서 조선 부흥을 이야기하거나 이집트(埃及)의 현황을 논하여 조선 독립을 주장하고, 아일랜드(愛蘭) 문제를 말하면서 조선인의 인심을 자극하며 영국에 대한 반역자를 찬양하여 반역심을 자극했다는 것이었다. 또 총독정치를 근본적으로 부정하여 총독정치에 대한 일반의 오해를 깊게 하였다고 덧붙였다.[96]

실제로, 부사장을 겸하면서 신문사의 경영 문제를 고려하지 않을 수 없었던 동아일보 주필 장덕수는 가급적 논전을 삼갔다. 장덕수와 함께 사설과 1면을 거의 전담하던 논설반원 김명식도 그러한 고충을 밝혔다.[97]

> 매월 평균 6, 7회의 압수를 당하엿는데 그 6, 7할 이상이 일면 기사로 말미암은 것이엇다. 그럼으로 동인 중에 나를 경원하는 자가 잇섯다. 물론 재정은 극도로 곤난하고 당국의 주의는 자심함으로 그런 것이엇다. 그럼으로 나는 논조를 완화하려고 노력해 보앗스나 되지 아니하엿다.

총독부는 물론 부로父老와 유림으로 상징되는 구세대·구사상과 좌충우돌하면서 논전을 벌이는 김명식이지만 자신의 거칠 것 없는 필봉으로

---

96 「本報發行停止와 總督府의 主張」, 『東亞日報』 1921. 2. 21(1).

97 金明植, 「筆禍와 論戰」, 『三千里』 제6권 제11호, 1934. 11, 34~35쪽.

인한 신문사의 재정난을 의식하지 않을 수 없었다. 그래서 검열을 의식한 글쓰기에 노력했다는 것이다.

반면에 조선일보의 편집진은 발언 수위를 조절하지 못했다. 의제를 선점하지 못한 데서 오는 모방의 한계였다. 비슷한 기획에서 본이 되는 동아일보와 차별성을 두려면 더욱 과격한 표현을 쓸 수밖에 없었다. 같은 이야기를 하는데도 조선일보가 압수 처분을 더 받은 이유였다. 편집국장 최강과 편집부장 최원식의 갈등은 여기에서 비롯되었을 것이다.

편집진의 문제는 무능력 외에 무책임도 있었다. 압수나 삭제 등의 문제가 생길 때마다 검열 당국자는 "편집상 책임자"를 불러 경고를 하고, 때로는 해당 기사의 필자가 누구인지를 알려 하였다. 그런데 "편집상 책임자"는 자기 책임하에 제작되었음에도 불구하고 일일이 누가 해당 기사를 썼는지 말해 주었다.[98] 그 결과 1920년 8월 27일 제1차 정간 때 '격하게' 필봉을 날렸던 주인공 최국현과 방한민 두 기자가 편집국장 최강의 희생양으로 조선일보를 떠났다.[99]

이 지점에서 '압수＝탄압＝저항(항일)'의 도식을 재해석할 필요가 있다. 압수 또는 발매 반포 금지 처분을 받았다는 것은 곧 독자가 신문을 받아 보지 못했음을 의미한다. 신문의 가치를 평가하는 독자의 기준은 압수나 삭제가 아니라 기사의 내용이다. 아무리 비분강개하더라도 독자에게 전달되지 못하면 아무 의미가 없다. 또한 신문의 압수는 경영난을 더욱 부채질한다. 신문이 제때 독자에게 배달되지 못하니 구독료를 수금

---

98 申澈,「各種 新聞雜誌에 對한 批判─所謂 八方美人主義인 朝鮮日報에 對하야」, 46쪽.

99 조선일보사 사료연구실,『조선일보 사람들: 일제시대 편』, 42~48쪽.

하기도 곤란하고, 광고료를 받을 명분도 없다. 하지만 압수되었다고 신문 용지 값을 지불하지 않을 수도 없다. 재정난 타개를 위해 동아일보를 모방했지만 경영의 안정은커녕 총독부와의 관계마저 악화된 셈이었다. 동아일보의 예에서 보듯이 압수는 조선일보 경영진에게도 반갑지 않은 손님이었다.

6. '창간 일등신문'의 생존법

1920년 3월 5일에 첫발을 내디딘 조선일보는 2020년에 창간 100주년을 맞았다. 조선일보의 창간 주체인 대정친목회는 3·1운동 이후 저조해진 단체의 활동을 만회하기 위해 신문 발간에 뛰어들었다. 한편 3·1운동으로 조선인의 강력한 저항을 경험한 조선총독부는 신문을 통해 민심의 척도를 살펴보고자 했다. 수많은 발행 신청서 중에서 단 세 신문만을 허용하면서도 발행 주체를 다변화하여 안전판을 마련하는 일도 잊지 않았다.

하지만 부모의 바람대로 자식의 인생이 결정되지 않는 것처럼 조선일보의 운명도 그러했다. 경성 유지들의 모임인 대정친목회는 매월 들어가는 적지 않은 운영 경비를 마련하고 경영의 전문성을 확보하고자 대정실업친목회를 새롭게 구성했다. 대정실업친목회의 구성원은 대정친목회 내의 실업인과 언론인으로서 조선일보의 창립발기인을 겸했다.

다년간 기업을 경영한 경험을 살려 신문사를 운영했지만 출범부터 난관에 부딪혔다. 창간 자금이 목표에 크게 미달했고, 구독료와 광고료

수입도 여의치 않았다. 함께 허가를 받은 동아일보가 '조선 민중의 표현 기관'을 자임하면서 위세를 올렸지만, 조선일보는 '당대 최대의 친일단체'가 발행한다는 태생적 한계를 벗어나기 힘들었다. 이에 조선일보는 신문사의 재정난을 타개하기 위해 동아일보의 보도 태도를 모방함으로써 신문 판매의 활로를 모색하는 방향으로 나아갔다. 조선총독부 기관지 『매일신보』도 조선인 독자의 관심을 사기 위해 한때 채택한 방법이었다.

그런데 이 계획은 예상하지 못했던 문제점을 초래했다. 첫째로 창간 때 내세웠던 신문사의 정체성에 혼란을 가져왔다. 조선일보는 '실업신문'을 표방하여 총독부에게 신문 발행 허가를 얻었다. 친일에 경도된 정치적 입장을 떠나서 경성의 유수한 실업가가 거의 포함된 대정친목회를 배경으로 했기 때문에 조선인 자본가의 입장을 대변한다는 대표성도 충분했다. 하지만 조선일보는 발등의 불을 끄기 위해 '실업' 대신에 '항일'을 선택하면서 어느 것 하나도 잘하지 못하는 '팔방미인'이 되었다.

둘째로 동아일보를 따라 하면서 독자와 가까워지려는 조선일보의 전략은 조선총독부와의 관계를 불편하게 만들었다. 동아일보는 경험 많고 유능한 제작진의 깔끔한 편집, 조선인 독자의 의중을 꿰뚫는 의제 설정과 검열 당국의 예봉을 피하면서도 할 말은 하는 기사로 독자를 사로잡았다. 반면에 조선일보는 뒤늦게 독자의 시선을 끌기 위해 미처 거르지 못한 '격한' 기사를 쏟아 냈다. 이 점이 창간한 지 반년이 채 지나지 않은 시점에서 조선일보가 동아일보보다 많은 기사 압수를 당한 이유다.

갑작스러운 조선일보의 변화는 조선총독부를 당혹하게 했다. 원래 동아일보를 제외한 조선일보와 『시사신문』은 조선총독부의 우군이었다. 조선일보의 사정을 모르지 않았지만 발행 주체인 대정친목회의 이미지와 전혀 맞지 않았다. 경영진의 입장을 고려해 최대한 양해하였지만 언론 전반의 분위기가 심상치 않게 돌아갔기 때문에 조선총독부로서도 마냥 두고 볼 수는 없었다.

조선인의 신문 발행, 곧 언론 자유의 허용은 사이토 총독이 내세운 '문화정치'의 상징이었다. 세상에 광고하자마자 바로 간판을 내릴 수는 없었다. 따라서 창간 초기는 표현 수위를 놓고 총독부와 신문사가 서로를 가늠하는 시간이었다. 조선일보는 기준을 잡지 못하면서 원색적으로 총독부를 비판했다. 반면에 동아일보는 드러내지 않고 은근히 총독정치를 비난하거나 독립을 선동했다. 조선일보는 즉각 압수되어 독자에게 전달되지 못했지만 동아일보는 검열을 피해 독자를 만났다. 동아일보의 사회적 영향력은 더 확대되었고 조선총독부의 고민도 깊어졌다.

조선총독부는 신문을 허가하기로 결정한 지 1년 만에 칼을 뽑았다. 우선 조선일보에 강한 압박을 가해 경영진을 교체하고, 두 차례의 발행정지 처분을 내렸다. 곧이어 눈엣가시였던 동아일보도 발행을 정지시켰다. 발행 금지(폐간)를 시켜도 할 말이 없을 것 같은 9월 5일자 사설을 쓴 조선일보가, 돌려서 총독정치를 비판한 동아일보보다 먼저 정간에서 해제되었다. 이로 인해 사실상 총독부의 직접 목표는 동아일보였으며, 조선일보와 총독부 간에 모종의 거래가 있었을 것이라는 추측이 나돌았다.[100]

조선일보에게 영업용 '항일' 기사는 단기적으로 득이 되지 못했다. 잦은 압수와 삭제로 독자들이 신문을 제대로 읽기 힘들었고, 이러한 상황은 가뜩이나 좋지 못한 구독료 수금과 광고 수주를 어렵게 했다. 또 발행

---

100 申澈, 「各種 新聞雜誌에 對한 批判—所謂 八方美人主義인 朝鮮日報에 對하야」, 47쪽.

주체인 대정친목회는 총독부에 얼굴을 들 수 없었다.

　다른 한편으로, 그 이유야 어찌됐든 간에 '총독부의 탄압'은 그간에 가졌던 조선일보의 이미지를 어느 정도 변모시켰다. 또 대정친목회는 1920년 8월에 대정실업친목회의 경영권을 회원인 유문환에게 넘겼다. 대정실업친목회와 조선일보의 관계 단절 선언은 총독부에게 대정친목회를 탄압한다는 부담감을 덜어 주면서 독자에게 비치는 대외적 이미지를 제고시켰다. 이것을 기회로 대정친목회는 조선일보의 '몸값'을 올리고, 투자 손실을 최대한 줄이면서 역시 대정친목회원인 송병준에게 판권을 넘겼다. 대정친목회의 '항일' 신문은 송병준을 거쳐 1924년 9월 이상재, 신석우, 안재홍 등에 의해 혁신됨으로써 진정성을 얻었다.

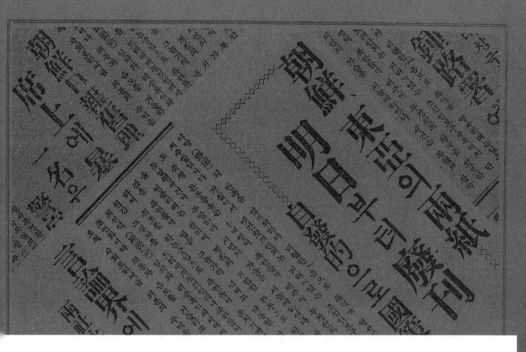

2장. 1924년 동아일보 개혁운동과 언론계의 재편

1. 내분과 개혁 사이

1924년은 정치사적으로 매우 의미 있는 해였다. 조선노농총동맹과 조선청년총동맹이 창립되어 조선 사회운동의 새로운 중심으로 떠올랐다. 전라남도에서는 일제하 대표적 농민운동인 암태도 소작쟁의가 발생했다. 이와 대조적으로 이광수의 「민족적 경륜」 파문이 발생하여 전해에 일어난 연정회 사건과 함께 부르주아 민족주의자 일부의 자치운동 시도에 대한 경계가 높아졌다. 친일 정치 세력들은 조선총독부의 후원 아래 각파유지연맹을 결성했다. 이런 와중에 일본에서 조직된 상애회相愛會의 박춘금은 폭력으로 언론사를 협박하는 만행, 곧 '식도원 사건'을 저질렀다.

한편 1924년은 언론사적으로도 매우 중요한 해였다. 1920년 창간 뒤 '조선 민중의 표현기관'임을 자랑하며 승승장구하던 동아일보는 사내외의 비판에 직면하였다. 이에 개혁운동을 전개하여 한때 경영진이 일괄 퇴진했지만 결과적으로 개혁운동은 실패로 돌아갔다. 이때 신석우는 송병준에게서 판권을 사들여 퇴사한 동아일보 기자들과 함께 조선일보를 혁신하였다. 또 최남선이 『시대일보』를 창간하였다가 이내 경영난으로 판권을 보천교에 넘겼다. 당시의 사회운동 세력이 보천교를 사교邪教집단으로 보던 만큼, 보천교의 『시대일보』 인수는 많은 뒷말을 남겼다.

동아일보 개혁운동은 단순히 언론계에 국한된 문제가 아니라 당시 조선의 정치 및 사회운동 상황과 밀접한 관련 속에 전개되었다. 최초의 본격 서술이면서 이 사건의 당사자인 동아일보사의 개혁운동에 대한 공식 견해는 사회주의자의 책동과 '식도원 사건'에 편승한 '내분' 또는 '자중지란'이다.[1] 이 견해에 따르면 내분은 사장 송진우와 편집국장 이상협 간의 헤게모니 싸움이었다. 이상협이 송진우의 편집권 개입에 항의하다가 사주인 김성수의 호응을 얻지 못해 결국은 자신의 영향 아래 있던 기자들을 데리고 조선일보로 옮겨 갔다는 것이다. 이에 대해 최민지는 개혁운동을 "동아일보의 민주화와 편집권 요구, 그리고 자치 노선으로 식민체제에 안주하려는 경영주와 언론 정도를 수호하려는 기자와의 투쟁"으로 규정했다.[2] 두 견해 모두 사건 당사자들의 회고록과 당시 신문 기사를 주 자료로 이용하였지만, 성격 규정에서부터 '내분'과 '개혁운동'으로 대립적일뿐 아니라 그 주체도 각각 이상협 개인과 동아일보 사원으로 확연한 차이를 보이고 있다.[3]

---

1 동아일보사, 『東亞日報社史 卷1』, 동아일보사, 1975, 229~235쪽; 동아일보사, 『민족과 더불어 80년: 동아일보 1920~2000』, 동아일보사, 2000, 210~211쪽.

2 최민지, 『일제하 민족언론사론』, 일월서각, 1978, 133~141쪽.

3 채백은 언론수용자운동의 관점에서 사회주의 세력을 비롯한 외부에서 전개된 불매운동에 주목하고, 이를 내부의 개혁운동에 버금간다고 평가했다. 채백, 『한국 언론 수용자 운동사』, 한나래, 2005, 86~93쪽.

이후 본격적인 연구는 없는 채로 '내분'과 '개혁운동'의 두 견해가 연구자들에게 인용되었다. 필자는 '개혁운동'의 시각에 동의하면서 개혁운동을 언론계에 국한하지 않고 당시 사회운동과의 연관 속에서 파악하였다. 동아일보 개혁운동은 1920년대 전반기 사회운동 분화에 따른 결과임과 동시에, 동아일보 개량화와 상업화 등 언론의 방향을 둘러싼 경영진과 사원의 갈등이 외부의 비판에 직면하면서 발생한 사건이었다.[4] 구체적으로는 1921년 주식회사 설립 이후 쌓여 가던 사원들의 불만이 1924년 1월 이광수의 「민족적 경륜」과 4월의 '식도원 사건'에서 촉발되어 사외의 사회주의 세력과 사내의 동아일보 사원들의 운동으로 발전한 것이었다.

2장은 기존에 당연하게 여겼던 전제들을 되짚어 보는 데서 시작한다. 첫째로 창립 당시부터 김성수를 마치 사주처럼 간주하는 전제, 다시 말해 창간(또는 주식회사 설립 직후)부터 김성수와 송진우의 주도권이 관철되었다는 견해다. 창립 당시의 경영진과 편집국의 간부 분포, 주식회사 설립 이후의 세력 판도 변화, 그리고 그것이 초래한 신문 제작상의 변화를 추적하면 앞의 전제가 잘못되었음을 알 수 있다.

둘째로 개혁운동의 주체에 대한 오해다. 우선 이상협은 개혁의 대상이었지 '내분'이나 개혁의 주체가 아니었다. 1924년 4월에 사퇴 요구를 받기 전까지 이상협은 경영과 신문 제작에서 김성수·송진우와 다른 모습을 보이지 않았다. 이상협이 개혁운동을 자신에게 유리하게 이용하려

---

4 이 점은 당시의 유력한 잡지 『개벽』도 지적했다. 「甲子一年總觀, 생각나는 癸亥一年」, 『개벽』 제54호, 1924. 12, 12쪽.

고 시도한 적은 있지만 주도했다고 볼 수는 없었다. 개혁운동의 주체는 동아일보 사원 외에 안팎의 사회주의자들이었다. 단, 사회주의자는 각 분파마다 동아일보에 대한 입장이 달랐던 듯하다. 필자는 여기에서 동아일보 사원들의 개혁안을 분석하고 실패의 원인을 살펴보았다.

셋째로 개혁운동이 실패한 이후에 전개된 3대 민간지의 재편 과정이다. 종래에는 동아일보의 장악에 실패한 이상협이 신석우와 손을 잡고 조선일보를 인수한 뒤 자파의 기자들을 끌어들인 것으로 서술하였다. 그러나 실상은 동아일보의 젊은 기자들과 신석우가 동아일보를 장악하려고 시도하였다. 그것이 좌절되면서 신석우는 먼저 『시대일보』를 인수하려 했고, 이 역시 실패한 뒤 차선책으로 조선일보로 방향을 돌렸다는 점이다. 이 과정에서 동아일보를 퇴사한 기자들이 신석우와 행동을 같이했다. 이와 관련하여 특히 동아일보 개혁운동의 여파가 『시대일보』를 거쳐 조선일보로 이어지는 과정을 다루었다. 또한 김성수와 송진우가 개혁운동을 분쇄하면서 명실상부하게 동아일보의 주인으로 자리 잡는 과정과 그 의미를 서술했다.

2. 주식회사 발족 전후 동아일보 주도층의 변화

창간 직후의 동아일보 주도층

동아일보의 창간은 독자적으로 신문 발간을 준비하던 언론계 출신의 이상협, 장덕준, 진학문 등이 갖춘 신문 제작 기술과 김성수 등의 자본이 결합하여 이루어졌다. 도쿄 유학 때인 1910년대부터 김성수와 송진우가 언론기관의 필요성을 역설했다고는 하지만,[5] 김성수는 처음에 신문 발행에 참여하기를 주저했다. 당시 김성수는 경성방직을 경영하는 데다가 중앙학교를 인수하는 등 새로운 교육사업을 계획하고 있었다. 김성수로서는 이미 교육사업에 막대한 자금과 정성을 투자한 후라 새롭게 신문 발간에 뛰어들 여력이 부족했다. 유근을 비롯한 여러 사람의 간청과 설득이 있고 난 후에야 비로소 김성수는 동아일보 창간에 적극 참여하고 발기인 모집에 나섰다.[6]

발기 당시 100주 이상의 주식대금을 납입하겠다고 약정한 발기인은 모두 78명이었다. 정관에 따르면 주식 1주는 50원이었고, 중역은 100주 이상 소유한 대주주 중에서 3인 이상을 선임하도록 규정되어 있었다.[7] 김성수는 1,000주를 소유했는데, 이는 2,000주를 소유한 이운李雲 다음으로 많았다. 이렇듯 창간을 위해 많은 자금을 출자하고 노력했음에도 김

---

5 古下先生傳記編纂委員會 編, 『古下宋鎭禹先生傳』, 東亞日報社出版局, 1965, 152~153쪽.

6 仁村紀念會, 『仁村金性洙傳』, 仁村紀念會, 1976, 174~176쪽. 이 부분은 1965년에 발간한 『古下宋鎭禹先生傳』에는 없고 1990년에 동아일보사에서 재발간한 『獨立을 向한 執念—古下宋鎭禹傳記』 198~199쪽에 삽입되었다.

7 1920년 1월 24일 동아일보 발기인대회에서 통과한 정관 제24조에 의하면, 역원役員은 주주총회에서 100주 이상을 소유한 주주 가운데 취체역 3인 이상, 50주 이상을 소유한 주주 가운데 감사역 2인 이상을 두도록 명시하고 있다. 취체역과 감사역의 임기는 각각 3년, 2년이며 재선이 가능했다(25조). 그중 취체역은 취체역회를 조직하고 호선互選으로 사장과 전무취체역 각 1인을 선임하도록 했다(27조). 1921년 9월 주식회사로 발족할 때도 이 내용에서 특별하게 달라지지는 않았다. 여기서 알 수 있는 사실은 경영진은 100주 이상의 대주주 중에서 선임되었다는 점이다. 원칙대로라면 100주의 가격은 5,000원이 되어야 하지만 1923년 말까지 1회 불입된 금액은 50주당 625원에 지나지 않았다. 그래서 주주가 100주를 취득하는 데 든 실제 비용은 1,250원이었다.

성수는 경영 일선에 나서지 않았다. 사장에는 박영효를 추대하고 부사장으로 장덕수를 천거했다. 편집국장 이상협이 전무 및 상무취체역을 겸하였다. 박영효와 장덕수의 소유 주식은 100주였고,[8] 이상협은 200주를 보유했다.

창간 당시의 역할에 비추어 볼 때 신문의 편집권은 언론계 출신의 3인이 장악하였다. 동아일보 창간 초기의 편집국은 편집국장 밑에 6개 부서가 있었다. 이상협이 편집국장, 사회부장 및 정리부장, 장덕준이 통신부장 및 조사부장, 진학문이 정경부장과 학예부장을 맡았다. 이들 3인이 신문 제작에 일가견을 가졌다 하더라도 6개의 부서장을 모두 겸임한 점은 언뜻 이해가 가지 않는다. 이에 대해 진학문은 "한민족의 대변 기관과 민족 지성의 집결체임을 자임하고 나선 동아일보였기 때문에 옥중 인사가 출옥하면 그들과 함께 일할 것을 기대한 까닭"이라고 회고하면서 같이 일할 사람으로 최남선, 송진우, 현상윤 등을 거론하였다.[9]

그렇지만 진학문의 회고를 액면 그대로 믿기는 어렵다. 오히려 가장 큰 원인은 경험 있는 기자의 부족이었다. 신문 제작에 유능한 경험자가 필요했지만 동시에 조선일보, 『시사신문』 등 3개의 민간지가 창간되면

---

8 동아일보 입사 당시 장덕수의 경제력은 그렇게 좋지 못했다(이경남, 『雪山張德秀』, 동아일보사, 1981, 156~157쪽). 창간에 직접 관여했던 형 장덕준조차도 100주 이상의 발기인에 포함되지 못했다. 장덕수의 주식은 김성수의 대리 출자에 의한 것으로 보인다. 이러한 주식의 무상 양도는 동아일보에서 자주 일어났다. 그 일례로, 1936년 일장기 말소 사건 발생과 그 해결 과정에서 김성수→송진우→백관수로 이어지는 주식의 이동을 볼 수 있다(장신, 「1930년대 언론의 상업화와 조선·동아일보의 선택」, 『역사비평』 제70호, 역사비평사, 2005, 180~181쪽).

9 동아일보사, 『東亞日報社史 권1』, 111~112쪽.

서 자격을 구비한 기자를 구하기 힘들었다. 또한 신문 제작 경험이 있더라도 민족의 대변 기관을 자임한 이상 민족의식이 뚜렷하지 않으면 함께 일해 나갈 수도 없었다. 그 결과 간부 진용을 다 인선할 수 없었고, 새로운 인물이 등장하거나 양성될 때까지 한시적인 조치로 겸직을 할 수밖에 없었을 것이다.[10]

한편 신문의 방향은 장덕수를 주필로 하는 논설진에서 이끌었다. 이상협, 장덕준, 진학문은 논설반원도 겸했지만 사설의 주된 담당자는 장덕수와 김명식이었다.[11] 사설을 놓고 두 사람이 대립한 적도 있었지만[12] 창간 당시의 동아일보는 재래 사상에서 이탈한 조선 청년들의 '사상적 기근'을 채우는 사명을 담당했다. 그리하여 동아일보는 "국제연맹과 윌손의 평화원칙을 알려 주고, 룻소와 몬테스규를 전하고, 아담 스미스와 존 스차드 밀을 전하고 루터와 칼빈을 전"하였다. 또한 일본 사회주의 잡지의 기사를 번역하여 청년들에게 신사상의 세례를 퍼부었다.[13]

---

10 실제로 1924년까지 새로이 간부진에 선임된 사람들로서 3·1운동과 관련해 옥고를 치른 사람은 사장에 취임한 송진우밖에 없었다. 연배나 경력으로 봤을 때 앞서 거론된 이들이 경영이 아닌 일선 현장에서 일을 하기는 어려웠다.

11 이서구는 두 사람 외에 장덕준도 많이 집필했다고 하지만, 김명식은 자신과 장덕수가 거의 번갈아 썼다고 회고했다. 李瑞求, 「草創期의 東亞日報社 ― 張德秀·金明植氏等의 그 시절」, 『三千里』 제11권 제1호, 1939. 11, 104쪽; 金明植, 「筆禍와 論戰」, 『三千里』 제6권 제11호, 1934. 11, 23쪽.

12 김명식과 장덕수가 번갈아 사설을 집필할 때, 장덕수는 수양론과 시사 해설을 주로 쓰고 김명식은 사상 문제를 많이 썼다(김명식, 위의 글, 24쪽). 특히 장덕수는 논전論戰을 많이 삼갔는데, 부사장으로서 신문사의 경영 문제에도 신경을 써야 했기 때문이다. 논전이 야기되면 반발 집단으로부터 비매동맹非買同盟 등의 사태가 전개되고, 이로 인해 가뜩이나 어려운 재정이 더욱 곤궁해지는 사태가 종종 있었다.

13 金明植, 위의 글, 23쪽.

이러한 논설진의 활동은 때때로 사회의 변화를 미처 따라오지 못하는 집단과 충돌했다. 특히 1920년 5월에 실린 김명식의 「부로父老에게 고告함」과 권덕규의 「가명인두상假明人頭上에 일봉一棒」은 유림의 격렬한 반발을 불러일으켰다.[14] 초대 사장 박영효는 이 글을 못마땅하게 여겨 신문에 사과문을 실을 것을 종용하였다. 김명식도 이 일로 자신에 대한 퇴사 요구가 있었음을 회고했다. 그러나 사원회의는 이러한 요구를 받아들이지 않기로 결의했고,[15] 결국은 초대 사장 박영효가 사임하였다.

이 사건은 두 가지를 의미하는데, 먼저 박영효를 제외한 경영진이 동아일보의 3대 창간 주지에 관해서 사원들과 대립하지 않았다는 점을 지적할 수 있다. 또 사장 개인의 힘으로는 사원회의의 총의를 넘어설 수 없었다는 점, 나아가 경영권이 어느 특정 개인에게 집중되지 않았음을 시사한다. 이런 점에서 창간 초기의 동아일보는 그 인적 구성에서나 전하는 내용에서나 "조선 민중의 표현기관"임을 감히 자임할 수 있었다. 그러나 자금난을 타개하기 위해 주식회사 설립을 시도하고, 경영진의 발언권이 강화됨에 따라 이 같은 구도는 흔들리기 시작했다.

주식회사 설립과 주도층의 변화

1921년 9월, 동아일보는 주식회사로 새롭게 발족하였다. 동아일보는 창간 직후인 1920년대 초 주금株金 모집이 제대로 이루어지지 않은 데다 1920년 9월 25일부터 3개월에 이르는 정간 처분 등으로 줄곧 자금

---

14 김명식의 글이 5월 4일부터 9일까지 사설로 6회 연재될 때, 권덕규의 글도 5월 8일과 9일 양일에 걸쳐 게재되었다.

15 仁村紀念會, 『仁村金性洙傳』, 192~193쪽.

난에 봉착해 왔다. 김성수 등의 경영진은 이 같은 경영난을 타개하기 위해 1921년 재차 주금 모집에 나서 자본금 70만 원에 제1회 불입금 17만 5,000원(총 주식 수 1만 4,000주)의 주식회사를 설립하기에 이르렀다. 이때 주로 김성수가의 출자를 주축으로 하여 1차 불입금이 충당되었다.

동아일보는 이때 78명의 창립 발기인 가운데 45명이 탈락하고 새로이 22명이 발기인으로 참여하게 되었다. 변화의 가장 큰 특징은 호남은행의 대주주를 비롯한 호남지역의 대주주들이 대거 참여하였다는 점이다. 반면에 동아일보의 창립에 발기인으로 참여했던 영남지역 인사들이 주식회사 설립 무렵에는 대거 빠지면서, 전체적으로는 호남의 대지주 자본가들이 주류를 이루는 형세가 되었다. 주주층의 변동은 호남지역을 기반으로 한 김성수의 입지를 강화했다.[16]

주식회사 출범 후의 중역진은 송진우, 김성수, 장덕수, 신구범, 이상협, 이운, 김찬영, 성원경, 장두현, 정재완 등이었다. 감사역은 허헌과 박용희였다. 부사장 장덕수와 상무취체역 이상협은 변함없었지만 사장에는 김성수를 대신하여 송진우가, 전무취체역에는 신구범이 선임되었다.[17] 장덕수와 마찬가지로 송진우도 가세가 넉넉한 편은 아니었다. 그도 김성수의 대리 출자 또는 주식양도를 통해 취체역이 될 자격을 얻었다. 김성수와 송진우는 호남지역 출신으로 이미 알고 지냈을 뿐 아니라 일본 유학도 같이하였던 매우 막역한 사이로 '동전의 앞뒷면'과 같은 존재였다.

이즈음 편집국의 진용도 창간 초기와 사정이 많이 달라져 있었다.

---

16 김경택, 「1910·20년대 동아일보 주도층의 정치경제사상 연구」, 연세대 사학과 박사 학위논문, 1998, 60~65쪽.

17 동아일보사, 『東亞日報社史 권1』, 411~412쪽.

1920년 11월 장덕준이 간도에서 실종되었고 진학문은 개인 사정으로 일찌감치 동아일보를 떠났다.[18] 장덕준의 실종과 함께 통신부는 없어졌고, 조사부장에는 1년여가 흐른 뒤 김동성이 임명되었다. 진학문이 맡았던 학예부는 1925년에 허영숙이 담당할 때까지 공석으로 남았다. 편집국장 이상협은 사회부장과 정리부장을 김형원과 최영목에게 넘기는 대신에 진학문이 맡았던 정경부장을 겸임했다. 이상협은 편집국장의 직에 있으면서 기자를 훈련·양성시키고 때로는 직접 취재 일선에 나섰다.[19] 창간 당시에도 그랬지만 편집국의 삼두체제가 해체된 이후 신문 편집에서 이상협은 조선에서 독보적인 존재였다.

논설진에서도 사회주의자인 김명식이 1921년 2월에 그만두었다. 김명식은 동아일보에서 사회주의 사상의 대중적 확산을 전개하는 데 한계를 느끼고 퇴사하여 『신생활新生活』을 창간했다. 그의 퇴사로 인해 동아일보에서 급진적이고 사회주의적 논설의 비중은 줄어들게 되었다. 1922년 10월에 김양수가 입사하기 전까지[20] 창간 당시 논설반의 진용 6명 중

---

18 진학문은 1920년 6월에 동아일보를 그만두었다(동아일보사, 위의 책, 413쪽). 진학문은 퇴사한 지 얼마 되지 않아 절친했던 최남선에게 보내는 편지 형식으로 퇴사 이유를 밝힌 바 있다. 이 편지에 따르면 "동아일보는 조선 사회를 지도할 큰 기관인데 자신의 지식 정도와 기타 자격이 시대의 조류를 선도하지 못하기 때문에 부득이 더욱 공부를 하기 위해서 떠난다"고 하였다(秦瞬星, 「獄中에 계신 六堂 묘님에게 報하나이다(1~2)」, 『동아일보』 1920. 8. 2~3). 한편 이상협의 독주가 진학문을 그만두게 했다는 주장도 있다(동아일보사, 같은 책, 234쪽).

19 白岳山人, 「覆面客의 人物評 ― 捲土再來의 李相協氏」, 『三千里』 제10권 제12호, 1938. 12, 44~45쪽.

20 김양수의 입사는 1922년 10월 10일에 열린 중역회에서 통과되었다. 그는 장덕수가 미국으로 유학을 떠난 뒤 1923년 5월부터 이듬해 4월까지 논설부장을 맡았다. 동아일보사, 『東亞日報社史 권1』, 415쪽.

남은 이는 주필 장덕수와 편집국장 이상협뿐이었다.

불과 1년 남짓한 시간에 동아일보 주도층에 큰 변화가 일어났다. 우선 논설과 편집에서 장덕수와 이상협의 비중이 커지면서 발언권이 강화되었다. 또 대주주 김성수의 의중을 대변하는 송진우가 사장으로 취임했다. 장덕수와 이상협은 주필과 편집국장으로 있었지만 동시에 부사장과 상무취체역을 겸하였다. 세 사람 모두 수익을 고민해야 하는 주식회사 동아일보 중역진의 일원이었다. 예전과 다른 점이라면 이들을 견제할 만한 인물이 사라졌다는 점이었다.

주식회사 발족 무렵인 1921년 9월 현재, 동아일보의 남은 재정은 불과 5,000~6,000원이었다. 그 무렵 만국기자대회의 초청장을 받은 동아일보는 총 3,000원의 여비로 김동성을 만국기자대회에 파견했다. 김동성은 대회에서 부회장에 피선되었다. 만국기자대회는 참가국별로 1인씩 부회장을 뽑는 게 관례였다. 동아일보는 마치 김동성이 홀로 피선된 것처럼 조선 민족의 쾌거로 광고했다. 이때 동아일보는 호외를 발행하고 축하 광고를 모집했는데, 대략 4만~5만 원에 달한 금액을 모았다고 전해진다.[21] 일거에 재정 상태를 호전시킨[22] 경영진의 발언권이 커졌음을 예측

---

21 동아일보사가 만국기자대회에 대표를 파견한다는 결정을 할 당시 일본의 방해가 예상되는 가운데 이 기자대회에서 조선을 하나의 참가국으로 인정해 줄지의 여부를 모르는 상태였다. 따라서 이 결정은 사실상 사운을 건 도박에 가까웠다. 이 모험에 대해 유광렬은 송진우의 결단과 설득으로 보았고(「新聞獨裁者宋鎭禹論」, 『三千里』 제4권 제9호, 1932. 9, 14쪽), 『취체역회결의록』은 장덕수의 제안에 참석한 중역진이 이의 없이 가결한 것으로 기록하였다.

22 이와는 반대로 1922년 12월 며칠에 걸쳐 동아일보 지면을 요란하게 장식했던 '안창남의 고국 방문 비행'은 동아일보사에 6,200여 엔의 적자를 남겼다. 동아일보사, 『東亞日報社史 권1』, 204~207쪽.

하기 어렵지 않다.

이상협은 기자로서의 능력뿐 아니라 경영자로서의 자질도 보여 주었다. 당시 신문사의 주 수입원은 구독료와 광고료였다. 그렇지만 높은 문맹률로 인해 구독자는 제한되었고, 조선 상공업의 미발달로 광고 시장도 협소했다. 도쿄나 오사카에는 광고 물량이 넘쳐났지만 신생 동아일보에게는 넘기 힘든 벽이었다. 이상협은 반대하거나 주저하는 중역들을 설득하여 단독으로 오사카의 광고 시장을 개척했다.[23] 이후 동아일보의 광고 수입은 비약적으로 늘어났다.[24] 주필 장덕수도 정간과 비매동맹非買同盟 등 경영상의 악재를 사전에 예방하기 위해 '논전'을 삼갔음은 앞서 본 바와 같다.[25]

3. 동아일보 개혁운동의 전개

사회주의 진영의 비매동맹

이즈음 조선에서 사상·운동계는 민족주의와 사회주의의 분화가 뚜렷해지고 후자의 영향력이 급속히 확대되었다. 사회주의자들은 이전에 함

---

23 白岳山人, 「覆面客의 人物評―捲土再來의 李相協氏」, 45~46쪽.

24 일본 시장 개척 첫해인 1923년의 신문광고 행수는 656,848행이었으나 1929년에는 1,068,490행으로 증가했다. 이와 함께 전체 광고 물량에서 일본 시장의 비율도 36.1%에서 55.6%로 확대되었다. 장신, 「1930년대 언론의 상업화와 조선·동아일보의 선택」, 172쪽.

25 이 책 66쪽 각주12 참조.

께 결합했던 단체에서 조직적 분리를 감행하고, 워싱턴회의의 종결 이후 개량화되던 민족주의자들을 공격했다. 반면에 동아일보는 조선의 즉각 독립을 보류한 채 현실이 허락하는 범위 내에서 운동을 전개한다는 방침을 수용하고 있었다. 이러한 입장 선회와 그에 따른 논조의 변화는 당연히 사회주의자 및 그에 동조하는 이들로부터 반발을 불러일으켰다. 사회주의자들은 '김윤식 사회장 반대' 사건을 필두로 물산장려운동, 1923년에 있었던 조선청년당대회에서의 비매동맹 결의로 동아일보를 압박하는 한편, 조직적·사상적 입지를 확보해 나갔다.

　　1924년에 들어 사회주의자 일부 그룹은 민족해방운동의 노선을 둘러싸고 동아일보의 주도층과 투쟁을 벌이는 한편, '유산계급의 기관지가 되어 버린' 동아일보에 대한 투쟁을 전개했다. 1월 10일부터 13일까지 경남 진주에서 열린 경남노농운동자간친회에서는 동아일보를 민족운동에 해가 되는 유산계급의 기관지로 규정하고, 1923년에 모금한 재외동포 위문금의 행방을 추궁하면서 동아일보의 '박멸'을 주장했다.[26] 3월 4일 개최된 전라노농연맹회에서는 동아일보에 대해 '2천만 민중의 표현기관'이란 표현을 취소할 것과 재외동포 위문금의 처분을 질문하면서, 비매동맹을 결의했다. 이어 3월 8일에 개최된 남선노농연맹회에서는 동아일보에 대해 ①대중운동을 무시하여 편협적 보도를 한 것, ②2천만 민중의 표현기관이 아닌 일분자의 보도기관인 것, ③재외동포 위문금 3만 원 횡령 소비 문제 등을 토의한 뒤, 비매동맹을 실현하고 주주들에게는 주권 방

---

26 朝鮮總督府 警務局, 『勞農運動槪況』, 1924. 6, 47~48쪽(이재화·한홍구 편, 『韓國民族解放運動史資料叢書 2』, 경원문화사, 1988).

기를 권유하기로 결의했다.[27]

이 집회 등을 주도한 김종범·서정희 등 북성회 계열의 의도는 재외 동포 위문금 문제로 동아일보의 도덕성에 타격을 가하고 반민중성을 부 각시켜 '유산계급의 기관지'인 동아일보를 무력화하려는 것이었다. 1월 24일 동아일보 지상에 게재된 이광수의 「민족적 경륜」은 현 제도하에서 민족적 발전을 도모하자고 주장함으로써, 1923년 말에 있었던 일련의 사 건과 함께 동아일보의 입지를 좁게 만드는 계기가 되었다.

4월 22일에 개최된 조선노농총동맹 임시 대회에서도 동아일보에 대 한 공개 성토가 이루어졌다. 김종범은 그간의 조사 활동을 기초로 하여 1924년 1월 동아일보 지상에 연재된 「민족적 경륜」은 이광수 개인의 의 견에 지나지 않는 것이 아니라 일련의 움직임 속에 나타났다고 보고했 다. 1923년 말의 연정회 결성 시도, 설태희의 만주 여행, 안창호와의 협 의를 위한 이광수의 비밀스런 베이징 방문 등이 이러한 움직임으로, 이 일들은 조선에서 즉각 독립을 포기하고 자치운동을 추진하려는 사전 공 작이라는 것이었다.[28] 대회 참석자들은 이 보고에 기초하여 동아일보 배 척 및 송진우·이상협·이광수 등 간부들의 퇴진을 요구했다.[29]

동아일보 사원들의 개혁운동

외부의 비판과 때를 같이하여 동아일보 내에서도 개혁의 조짐이 일

---

27 朝鮮總督府 警務局, 위의 자료, 86~88·118·146~149쪽.

28 『매일신보』 1924. 4. 22(3); 『동아일보』 1924. 4. 23(2).

29 『동아일보』 1924. 4. 22(2); 『매일신보』 1924. 4. 22(3).

어났다. 1924년 4월 개혁운동 당시 사원들은 종래 동아일보의 대표적 잘못으로서 안창남 기사,[30] 김동성 호외, 이광수의 사설, 각 단체에 자금을 불출한 일[31] 등을 거론했다. 그리고 다시는 동아일보가 이 같은 행동에 나서지 않을 것을 민중에게 맹세하고 새로운 방향으로 나아갈 것을 요구했다.[32] 동아일보가 창간사에서 천명한 '2천만 민중의 표현기관'이 아니라 소수의 입장을 대변하는 신문으로 전락한 것에 대한 비판이었다. 곧 동아일보는 경영과 지면의 편집 및 논설에서 대주주의 입장을 반영하여 부르주아를 위한 신문이 되었다는 것이었다. 특히 이광수의 「민족적 경륜」은 기존의 즉각 독립 대신에 일제의 식민 통치를 사실상 용인하는 주장이었다.

기자들은 동아일보의 이 같은 흐름을 비판하였지만 경영진은 이러한

---

30 동아일보는 안창남의 고국 방문 비행을 추진하면서 조선일보와 안창남 쟁탈전을 벌이는 등 관련 정보를 독점하였다. '조선의 안창남'으로 포장했지만 사실은 '동아일보의 안창남'이었을 뿐 실상은 상업성을 목적으로 한 행사였다. 襞啞者, 「각종 신문잡지에 대한 비판—동아일보에 대한 불평」, 『개벽』 37, 1923. 7, 42~43쪽.

31 식도원 사건 당시 김성수와 송진우가 난처한 상황을 모면하기 위해 상애회와 각파유지연맹에 3,000원의 자금을 제공하기로 약속했던 일인 듯하다.

32 京鍾警高秘 第4841號의 3, 「東亞日報社幹部ノ退職二關スル件」 1924. 4. 26; 地檢秘 第510號, 「東亞日報社二關スル件」 1924. 4. 28. 이 자료는 경성지방법원 검사국에서 작성한 『사상에 관한 정보철』에 수록된 것으로, 국사편찬위원회의 한국사데이터베이스에서 원문을 제공하고 있다. 이 자료는 각종 집회에 참석한 임석 경관들이 집회 내용을 기록하여 보고한 것으로, 신문보다 내용이 자세하고 풍부하다. 문서번호의 '京鍾高秘·京鍾警高秘'는 경성 종로경찰서 고등계에서 작성한 것을 의미하며, '地檢秘'는 경성지방법원 검사국에서 작성한 비밀문서임을 나타낸다. '지검비'는 대부분 '경종고비·경종경고비'를 토대로 하거나 그대로 전재하였으므로 대개 같은 제목은 동일한 내용이다. 이처럼 같은 내용의 문서가 둘 있을 경우 판독에 유리한 문서를 인용하였다.

기자들을 강제로 전직이나 면직시켰다. 창간 직후 경영진이 사원총회의 결의를 수용하던 모습은 그 어디에서도 발견할 수 없었다. 경영난을 타개하면서 대주주의 신임을 얻은 중역진의 전횡에 대한 사원들의 불만은 쌓여만 갔다.[33]

이런 가운데 1924년 4월에 발생한 식도원 사건은 잠복 중이던 동아일보 사원들의 불만을 수면 위로 끌어올렸다. 식도원 사건은 '박춘금 협박 사건'으로도 불리는 것처럼 상애회 부회장인 박춘금과 밀접한 관련이 있다. 평소 동아일보 기사에 불만을 품었던 박춘금은 1923년 12월 조선에 들어와 1924년 1월부터 송진우, 이상협 등 동아일보 간부를 폭행하면서 재외동포 위문금 중 3,000원을 상애회에 기부하고 그동안의 기사에 대해 사과할 것을 요구한 바 있었다.[34] 그런 가운데 3월 말 조선총독부의 사주로 친일단체인 각파유지연맹이 결성되자 동아일보는 2회에 걸친 사설로 이의 결성을 비난하였다. 이에 각파유지연맹에서는 김성수와 송진우를 식도원으로 유인하고, 박춘금 등이 다시 폭력으로 두 사람을 협박한 사건이었다.

이 일이 있은 후 송진우가 사과 각서를 써 주었다는 소문이 퍼지고,[35] 동아일보 사원들은 이상협을 대표로 삼아 송진우에게 사실을 확인하였다. 송진우는 각서를 써 준 사실이 없음을 강조했고, 동아일보는 이를 바

---

33 地檢秘 第510號,「東亞日報社ニ關スル件」1924. 4. 28.

34 京鍾高秘 第904號,「相愛會朴春琴對東亞日報ニ關スル件」1924. 1. 28.

35 "일전 식도원에서 양떡대장에게 대접을 받으신 모 신문사 사장 영감은 양떡맛에 얼마나 혼이 났던지 '다시는 그러한 버릇을 안이하겠습니다' 하고 자필로 서약서를 써 놓고 도장까지 찍어 주었다던가.(이하 생략)"「붓방아」,『매일신보』1924. 4. 7(3).

탕으로 그 소문을 흘린 『매일신보』를 격렬하게 성토하였다.[36] 이에 『매일신보』도 각서 원본을 사진으로 공개하면서 동아일보를 비난하였다.[37] 너무도 현격하게 차이나는 양 신문의 진위 주장과는 별개로 원본의 공개가 동아일보에 준 타격은 적지 않았다. 적극적 해명에도 불구하고 송진우가 각서('사담私談'으로 씀)를 써 준 것은 부정할 수 없는 사실이기 때문이었다. 개인의 명예 때문에 거짓 증언을 한 송진우의 행위는 일반 독자뿐 아니라 사원에게도 그가 신뢰할 수 없는 사람이라는 인상을 심어 주었다.[38]

식도원 사건의 파문이 커지고 조선노농총동맹 임시 대회에서 동아일보 배척 결의가 이루어지는 상황 속에서 4월 22일 송진우는 자신을 반대하는 기자들에게 당분간 퇴진할 의사가 없음을 밝혔다. 이에 일부 기자들은 23일에 청량리 청련사에서 모여 비밀회의를 개최했다. 기자들은 사장 송진우의 사직, 신간부를 조직할 때는 반드시 사원의 의사를 경과할 일, 사내에 대하여 일어나는 중요 사건을 사원과 협의할 일 등 세 가지를

---

36 『동아일보』 1924. 4. 11(2). 주요 기사 제목은 이러하다. ①소위 각파연맹의 폭행 사건, 언론 모독과 인권유린의 중대 괴변, 공공연히 도당을 지어 흉기를 가지고 언론기관에 공갈 폭행, ②2개월간을 계속한 박춘금 일파의 위협과 공갈, ③사기 전화로 유인, 본사의 사설에 분개한 연맹에서 흉악한 음모를 품고 전화로 사기, ④합력 구타와 권총 협박, 전후 3시간여를 계속한 단체적 폭행, 채기두의 참모하에서 삼파거두의 조직적 폭행, ⑤陰謀歷歷, 두 처소에 모혀 폭행을 준비해.

37 『매일신보』 1924. 4. 13(3). 다음은 『매일신보』의 동아일보 11일자 기사에 대한 반박 기사 제목이다. ①厚顔無恥한 東亞字 엄연한 사실을 부인, 사실 내용의 시비곡직을 판별치 못하고 간교한 문지로 사천만의 맑은 눈을 속여 ②主義主張은 반대하나 人身攻擊은 잘못이라는 증서를 써서 주어(사진) ③삼천 원을 기부, 일천오백 원은 상애회에 일천오백 원은 연맹파에, 유지연맹 측은 절대 거절 ④공정한 붓을 들어 사실 보도를 충직히 하라.

38 地檢秘 第510號, 「東亞日報社二關スル件」 1924. 4. 28.

요구하기로 결의했다.[39] 이를 바탕으로, 24일 신문 편집을 끝내고 열린 전체 사원회의에서는 두 가지를 더하여 5개항의 요구 조건을 결의한 뒤, 만 24시간이 지난 25일 오후 4시까지 회답할 것을 중역회에 요구했다.[40]

기자회가 열린 다음 날, 곧 25일에 취체역 장두현의 집에서 임시 중역회가 열리고 취체역 송진우, 신구범, 이상협, 김성수, 장두현의 사임원이 수리되었다. 임시 주주총회에서 새 중역을 선임하기까지 감사역 허헌이 사내의 직무를 대리하기로 하였다.[41] 재경 중역진이 사퇴한다는 사고는 동아일보 4월 26일자 석간에 발표되었다. 이로써 조선노농총동맹 임시 대회의 동아일보 간부 퇴진 요구와 동아일보 사원들의 요구 조건 5개항 중 첫 번째인 '사장 이하 재경 취체역의 책임 사퇴'가 우선적으로 관철되었다.

동아일보 개혁의 목표와 방법

동아일보 개혁운동의 시작은 순탄했다. 그렇지만 그 목표와 방법에 대해서는 동아일보의 안팎을 막론하고 이견이 있었다. 우선 조선노농총동맹의 결의는 책임자 퇴진과 동아일보 배척이었다. 경영의 송진우와 편집의 이상협, 그리고 사설을 작성한 이광수를 지목하여 동아일보의 내용과 형식을 부정했다. 나아가 조선에서 가장 유력한 언론인 동아일보를

---

39 참가자는 편집 겸 발행인 설의식, 인쇄인 최익진 외 7명의 기자였다. 『시대일보』 1924. 4. 27(1).

40 京鍾警高秘 第4841號의 3,「東亞日報社幹部ノ退職二關スル件」1924. 4. 26; 地檢秘 第510號,「東亞日報社二關スル件」1924. 4. 28; 『매일신보』 1924. 4. 27(5).

41 주식회사 동아일보사,「1924년 4월 25일 임시중역회의록」,『취체역회결의록』.

이용하기보다 아예 배척함으로써 그 영향력을 소멸시키려고 하였다.

반면에 사원회의의 결의는 동아일보 창간 정신의 회복을 주장했다. 아래는 사원회의의 요구 조건이다.

1) 사장 이하 재경 취체역의 책임 사퇴
2) 종래 취래取來한 동아일보의 죄(예: 안창남 기사, 김동성 호외, 이광수의 사설, 각 단체에 자금을 불출한 일 등)를 들고 장래 다시 이 같은 행동에 나서지 않을 것을 민중에 맹세하여 방향의 전개轉開를 꾀할 것
3) 새 간부를 임명할 때는 미리 기자 일동의 동의를 구할 것
4) 간부와 기자는 동등의 지위로써 논의하고 간부의 행동 등을 모두 기자에게 모謀할 것(일반 기자에게 사정 참여권을 부여한다는 뜻)
5) 사원의 진퇴에는 전 기자의 동의를 필요로 하고 간부의 전단專斷을 허락하지 않음[42]

기자들로 구성된 청련사 비밀회의가 사장의 퇴진만을 요구했다면 사원회의는 실질적으로 경영에 관계한 재경 중역진 모두에게 책임을 물었으며, 송진우와 여타 중역진을 동일하게 판단하였다. 그리고 간부를 인선할 때 기자들의 동의를 얻도록 하였다. 간부는 동아일보의 경영자로서 방향성을 좌우하는 위치에 있으므로 기자들이 요구하는, 곧 개혁을 추진할 수 있는 인물을 간부로 추천하겠다는 의지였다. 새 간부의 임명뿐 아

---

42 京鍾警高秘 第4841號의 3,「東亞日報社幹部ノ退職二關スル件」1924. 4. 26; 地檢秘 第510號,「東亞日報社二關スル件」1924. 4. 28;『매일신보』1924. 4. 27(5).

니라 사원의 진퇴에 전 기자의 동의를 얻도록 하였다. 기존에 중역들의 경영방침 또는 편집방침에 저항하다가 일방적으로 해고된 사례가 있었으므로 이를 원천적으로 방어하기 위한 장치였다.

또 동아일보의 중요 정책 결정에 사원들의 의사를 반영하는 사정 참여권을 요구함으로써 사장이나 경영진의 일방적인 전횡을 방지하겠다는 의도를 드러냈다. 이 요구는 주주, 특히 대주주의 이익에 충실한다는 주식회사 동아일보의 입장을 축소시키면서 창간 초기의 정신으로 돌아가겠다는 표현이었다.[43] 사원들의 요구는 일부 대주주의 정치적·경제적 입장을 반영하는 경영진을 사원들이 지지하는 인물들로 교체함으로써 동아일보의 지면을 쇄신하여 그 방향성을 새롭게 하자는 것이었다. 개혁 후에 나온 사설에서 동아일보는 "어디까지 조선 전 민중의 공기公器이오, 결코 일개인 또는 수개인의 전유물이 아님"을 선언한 데서 잘 나타난다. 곧 사원들은 인사와 편집에 기자들이 적극 참여함으로써 대주주의 전횡을 방지하고 기자들의 편집권을 보호하여 동아일보를 진정한 "조선 전 민중의 충실한 표현기관"[44]으로 만들 것을 다짐했다.

사원회의의 공식 입장은 위와 같았지만 이견도 없지 않았다. 소주주 및 일부 청년 기자들 사이에서 주주 이외의 사람이라도 유자격자면 중역으로 선출하자는 주장이 제기되었다.[45] 특히 주종건, 이봉수 등 사회주의

---

43 동아일보의 비판자도 독자와 주주에게 요구하기를 "동아일보를 감시하여 최초 창간할 때의 본령으로 돌아가기를 희망"했다. 樊啞者, 「각종 신문잡지에 대한 비판—동아일보에 대한 불평」, 44쪽.

44 「滿天下 讀者에게 吿함―本社 改革의 斷行」, 『동아일보』 1924. 4. 27(1).

45 京鍾警高秘 第4841號의 4, 「東亞日報社動靜ニ關スル件」 1924. 4. 30. 이때 대주주

자들이 이러한 주장을 하였다.[46] 이 주장의 핵심은 100주 이상의 소유자만 중역이 되도록 한 정관의 내용을 개정하자는 것이었다. 이렇게 할 경우 군이 대주주 측의 양해를 얻지 않더라도 "주의 강령을 새롭게 개혁하여 장래 발전을 기"할 수 있다고 보았다. 주종건은 이러한 발언을 하기 이전인 1923년 9월에 최소한 100주를 매입하였다.[47] 주식으로 인한 이윤을 기대하기 힘든 상황에서 주종건의 매입은 어떠한 방식으로든 동아일보의 경영에 참여하려는 의도로 읽을 수 있다.[48]

이견의 존재는 사원회의의 결의안이 절충안이었음을 보여 준다. 5개 항의 요구 조건을 내건 사원회의는 기자뿐 아니라 영업 직원과 인쇄·조판을 담당하는 공무국 직원도 참가한, 말 그대로 동아일보 직원 전체의 총의였다. 그런 만큼 간부진을 압박하는 힘이 컸지만 다양한 의견을 수렴하는 데서 오는 절충안의 한계를 함께 가지고 있었다. 동아일보가 상법상의 주식회사인 이상 정관을 무시한 중역 인선은 불가능했다. 주종건 등은 개혁의 여세를 몰아 대주주를 압박하여 정관을 고침으로써 중역진의 진입 턱을 낮추고자 했다. 반면에 사원회의의 결의안은 대주주의 '선

측과 중소주주들은 별도의 장소에 모여 대책을 협의했다.

46 地檢秘 第510號,「東亞日報社ニ關スル件」1924. 4. 28.

47 주식회사 동아일보사, 『주식대장(갑)』40·41주권.

48 주종건 등의 주장을 개인이 아닌 서상파의 입장으로 볼 수 있다면 사회주의 각 분파 사이에 동아일보를 둘러싼 상이한 인식이 있었다고 볼 여지가 있다. 화요파의 전신인 신사상연구회도 동아일보를 활용하려는 모습을 보였다. 임시 주주총회 이후 홍명희가 편집국장으로 선출되자, 신사상연구회의 멤버인 구연흠(지방부장), 조동호(논설반), 박헌영(기자), 임원근, 허정숙 등이 입사했다. 이들은 1924년 9월에 다수의 동아일보 기자들이 조선일보로 자리를 옮길 때도 그대로 있었다.

의'를 기대하였다. 그러나 대주주들은 창간 정신보다도 주식회사의 입장에 더 충실한 방향으로 나아갔다.

4. 개혁운동의 귀결과 언론계의 재편

개혁운동의 좌절과 조선일보의 혁신

이즈음 사원들과 물러난 중역뿐 아니라 재경 주주들도 별도로 모임을 갖고 대책을 강구했다.[49] 동아일보의 방향을 놓고 다양한 의견이 제시되었지만 5월 14일에 개최된 임시 주주총회에서는 대주주 측의 입장이 관철되었다. 주주들만의 투표를 통해 새 중역으로 이승훈, 홍명희, 윤홍렬, 허헌 등이 선출되었다. 이어 열린 중역회에서는 이승훈이 전무 및 상무 겸임의 사장으로 선임되었다. 홍명희와 양원모는 편집국장과 영업국장으로 임명되었다. 사직한 간부의 재신임은 없었지만 새로운 중역의 인선에는 김성수와 송진우의 의견이 반영되었다.[50] 이러한 결과는 재경 중역진의 사퇴 후 일각에서 예측했던 바였다.[51]

---

49 재경 주주들은 송진우의 사임만 요구하고 다른 중역들은 유임할 것을 결정했다. 『시대일보』 1924. 4. 28(1); 1924. 5. 16(1).

50 京鍾警高秘 第5819號의 2, 「東亞日報社ノ動靜ニ關スル件」 1924. 5. 15; 『동아일보』 1924. 5. 16(1).

51 이 예측의 내용이란, 비록 간부들이 사퇴했지만 주주총회에서 이를 승인하지 않으면 소용없다는 것이었다. 임시 주주총회에서 간부들의 사임원은 수리되었지만 대주주의 대리인들이 새 중역으로 선출됨으로써 결과적으로 그 예측은 현실이 되었다. 「東亞日報 幹部의 總沒落」, 『매일신보』 1924. 4. 28(1).

개혁운동이 실패로 돌아간 데는 대략 세 가지 이유를 들 수 있다. 우선 첫째, 개혁 조건의 한계에서 비롯된 요인이다. 개혁 주체들은 간부인선에 사원들의 의견을 반영할 것을 요구하면서 대주주와의 교섭, 곧 선의만을 기대했다. 비록 내외부의 압력 탓에 일시적으로 물러났지만 대주주가 그 조건에 응하지 않으면 그만이었다. 둘째, 이와 관련해 외부에서 동아일보 비매동맹을 이끌었던 비판 세력, 특히 북풍회의 후속 활동이 없었다.[52] 이에 따라 개혁 주체들은 압력을 지속시킬 동력을 갖지 못했다. 셋째, 개혁 주체들과는 달리 김성수를 비롯한 대주주들은 '정관'의 규정대로 밀고 나갔다. 결과적으로 개혁 요구는 방향성을 잡고 있었지만 개혁을 관철시킬 제도적 고민이 부족했다.

자신들의 요구가 전혀 반영되지 않자 기자뿐 아니라 공무국 직원들까지 사표를 제출하고 파업을 전개했다.[53] 허헌의 설득으로 공무국 직원들은 곧 신문 제작에 참여했지만 김동성을 비롯한 7명의 간부와 사원들은 사표 제출을 철회하지 않았다.[54] 김형원은 사표를 쓴 배경을 설명하

---

52 북풍회는 조선노농총동맹 결성대회에서 동아일보 간부의 사퇴를 요구한 이래 동아일보에 대한 별다른 움직임을 보이지 않았다. 그 이유로 두 가지 가능성을 생각할 수 있다. 하나는 동아일보의 사회적 영향력을 축소시키는 것을 목적으로 했기 때문에 일련의 사태로 인한 동아일보 간부진의 사퇴로 그 목적을 달성하였다고 판단했을 가능성이다. 다른 하나는 6월에 있었던 언론압박탄핵대회와 보천교의 『시대일보』 인수 반대에 집중하느라 동아일보에 역량을 쏟을 여력이 없었을 가능성이다.

53 『시대일보』 1924. 5. 16(1); 1924. 5. 17(1).

54 5월 17일자로 사표가 수리된 사람은 조사부장 김동성, 사회부장 유광렬, 지방부장 김형원, 정리부장 최영목, 정치부장 민태원, 기자 이서구, 박팔양 등이었다. 이들을 대신하여 임원근, 이시목, 조동우, 구연흠, 이승복, 홍성희, 정우선, 김억 등이 새로 채용되었다(「1924년 5월 17일 중역회의」, 『취체역회결의록』).

면서, 자신들은 동아일보의 본래 사명을 다하기 위해 개혁을 시도했는데 중역들이 공식적으로 또는 비공식적으로 한 번도 사원의 의사를 물어본 일이 없음을 강조했다. 새로 선출된 중역이 한 사람도 마음에 들지 않는데 전 간부의 실언失言까지 겹치면서 사원들의 분노가 폭발했다는 것이었다.[55]

개혁운동이 예상 외의 방향으로 흘러가면서 일시에 이를 주도했던 기자들은 실직하였다. 퇴직 기자들은 같은 처지가 된 전 편집국장 이상협과 함께 구직 활동을 벌였다. 원래 이상협은 독자적으로 신문을 창간할 생각이었지만 자본의 부족으로 인해 김성수를 끌어들였다. 그러나 김성수는 송진우를 영입하여 동아일보 내에서 영향력을 키워 나갔다. 이로 인해 이상협은 경영난 개선을 위해 발로 뛰고 신문 제작을 총책임졌지만 동아일보의 경영권을 장악할 수 없었다.

이 같은 상태에서 이상협은 조선노농총동맹과 사원회의의 결의를 적극적으로 이용하였다. 자신도 사직 요구를 받은 상황에서 그는 비록 본인은 퇴직 후에 갈 곳이 없어 곤란해지겠지만 기자들의 요구는 정당하다고 주장했다. 그러면서 자신은 신문사를 위해 기쁘게 퇴사를 감수하겠다고 천명했다. 사퇴를 거부한 송진우의 처사와 대비될 것을 노린 행위였다. 또 개혁운동을 주도한 기자들이 사실상 자기가 훈련시킨 이들이기 때문에 기자들의 요구대로 간부를 선임한다면 당연히 동아일보의 공로자로서 자신을 추천할 것으로 기대하였다.[56] 그러나 결과는 이상협뿐 아

---

55 『시대일보』 1924. 5. 16(1); 『조선일보』 1924. 5. 16석(3). 실언에 대해서는 알 수 없다.

56 地檢秘 第510號,「東亞日報社ニ關スル件」1924. 4. 28.

니라 기자들의 기대와도 반대로 되었다.[57]

기자들에게 했던 장담과는 달리 이상협도 새로운 직장을 찾아 나설 수밖에 없었다. 우선 상하이에서 귀국한 후 언론을 통한 활동을 모색하던 신석우와 결합했다. 신석우는 개혁운동 이전에 동아일보의 청년 기자들과 함께 자신의 자본을 바탕으로 동아일보의 발행권을 인수하려다 실패한 경험이 있었다.[58] 이상협과 신석우는 경영난에 시달리던 『시대일보』의 인수에 실패한 뒤,[59] 송병준에게서 판권을 사들여 조선일보를 혁신했다. 이 과정에서 일찍이 사표를 제출한 뒤 개별적으로 새 직장을 물색하던 김동성 등의 동아일보 퇴직 기자들이 조선일보에 합류했다. 또 간부들의 만류로 동아일보에 남아 있던 다수의 사원이 대거 조선일보에 입사했다. 〈표 2-1〉은 1924년 조선일보로 옮긴 동아일보 간부진의 변동 상황을 정리한 것이다.

5월과 9월 두 차례에 걸쳐 편집국장과 6명의 편집국 부장 중에서 5명,[60] 영업국장과 공장장까지 동아일보에서 조선일보로 옮겼다. 이로써 동아일보를 개혁하려던 주요 세력은 그 뜻을 조선일보에서 펼치게 되었다. 전부는 아닐지라도 혁신 조선일보의 지면은 옛 동아일보 개혁파의 구상을 상당히 반영하지 않을 수 없었다. 이를 특정한 이념으로 단정 지

---

57 당시 한 신문에서는 "전일에 사직은 하였으나 재선되기를 기대하던 모 씨가 자못 얼굴에 실망의 빛을 띠"었다고 임시총회의 모습을 보도했다. 기사의 모 씨는 아마도 이상협일 것이다. 『조선일보』 1924. 5. 16석(3).

58 地檢秘 第510號,「東亞日報社ニ關スル件」1924. 4. 28.

59 『매일신보』 1924. 5. 19(3).

60 경제부장 한기악을 제외한 전원이 조선일보로 자리를 옮겼다.

〈표 2-1〉 개혁운동 이후 동아일보 간부진의 변동

직위		1924년 5월 이전	5월 임시 주총 이후	10월 정기 주총 이후
사장		송진우	이승훈	김성수
부사장		장덕수(미국 유학 중)		
전무취체역		**신구범**	이승훈(겸임)	김성수(겸임)
상무취체역		**이상협**		
취체역		김찬영(1923. 8), 이운(1924. 3), 정재(1923. 12), 김성수, 성원경, 장두현	허헌, 윤홍렬, 양원모, 홍명희	
감사역		허헌, 장희봉, 이충건	장희봉, 이충건	현상윤, 장현식
영업국	영업국장	**홍증식**	양원모	
	공장장	**최익진**		조의순
	판매부장			김철중(대代: 11월부터)
	광고부장	황치영		
서무 경리국	서무 경리국장	양원모	직제 폐지	
	경리부장			김기범(대代: 11월부터)
	서무부장	김철중		
주필		홍명희		
논설반		**이상협, 김양수**	정인보, 윤홍렬, 이봉수, 조동우	윤홍렬, 조동우
편집국장		**이상협**	홍명희	홍명희, 한기악(대: 1924. 12~1925. 3)
정치부장		**민태원**	최원순	
경제부장		한기악	이봉수(9월부터)	
사회부장		**유광렬**	홍명희	한기악(9월부터)
지방부장		**김형원**	구연흠	
정리부장		**최영목**		
조사부장		**김동성**	이승복	

출전: 동아일보사, 『東亞日報社史 卷1』, 동아일보사, 1975, 235쪽.
비고: 1. 굵은 글씨는 조선일보로 옮긴 간부
　　　 2. 취체역의 ( )는 사임 시점

을 수는 없지만 노동자·농민의 각성으로 성장·발전하는 사회운동과 조선의 독립을 지속적으로 모색하는 방향으로 나아간 것만은 확실했다. 이는 동아일보의 퇴직 기자뿐 아니라 이상재·안재홍 등 민족 진영의 중진과 청년 사회주의 기자들이 모인 조선일보의 인적 구성에서도 확인된다.

김성수·송진우 체제의 확립과 동아일보

비록 밀려서 물러나는 형국을 취했지만 4월 25일 사임 이후 김성수와 송진우는 기자들의 개혁 요구를 외면하면서 동아일보의 완전한 장악을 위해 애썼다. 우선 대주주를 결집시켜 기자와 중소주주의 경영 참여를 완전히 봉쇄했다. 사원들은 개혁운동의 여세를 몰아 대주주들에게 인사권의 양보를 요구했지만 김성수는 사원들과 인사 협의를 하지 않았다. 100주 이상의 소유자만 중역이 될 수 있도록 한 정관을 개정하지 않는 한 일반 사원은 사정社政에 참여할 수 없었다.

김성수는 자신에 우호적인 대주주를 중심으로 중소주주들과 표 대결을 벌여서 뜻을 같이하는 인물을 중역으로 추천했다. 처음에 김성수는 미국 유학 중인 장덕수에게 귀국을 권유했다가 그의 고사로 뜻을 이루지 못하자 차선책으로 이승훈(이인환)을 밀었다. 임시 주주총회에서 선출되거나 유임된 중역 중 홍명희를 제외한 윤홍렬,[61] 양원모, 허헌 등 나머지 중역은 철저히 김성수의 사람들이었다.

---

61 윤홍렬은 동아일보 대구지국 기자 시절 남선노농연맹회에서 동아일보에 대한 변명을 하려다가 참가자들의 격렬한 제지를 받았다. 남선노농연맹회에서는 별도로 윤홍렬 개인에 대한 제재를 결의하기도 했다. 朝鮮總督府 警務局,『勞農運動槪況』1924. 6, 154쪽.

다음으로 김성수는 동아일보에 대한 소유상의 지배권을 강화했다. 1924년 중역에서 물러날 당시 김성수는 동아일보의 최대주주였지만 주도권을 완전히 장악하지 못한 상태였다. 게다가 신임 중역 선출 과정에서 비록 근소한 차이지만 자신이 추대한 이승훈이 아닌 홍명희가 1등을 하였다.[62] 홍명희의 일련의 활동을 보면서 김성수와 그의 동생인 김연수·김재수는 주식을 집중적으로 매수하여 주식회사 동아일보의 지배권을 확보했다. 〈표 2-2〉는 1924년 전후 김성수가의 지분율 변화를 보여주는 자료다.

1923년 현재 6.7%였던 김성수 집안의 소유지분은 1927년에 김재수·김연수 등 두 형제의 지분을 합하여 30.9%에 이르렀다. 여기에 임정엽 등의 우호지분까지 합하면 동아일보에 대한 김성수가의 장악력은 확고해졌다고 볼 수 있다. 그런데 지분의 확대 시점이 1924년과 1925년에 집중적으로 이루어졌음에 주목할 필요가 있다. 〈표 2-3〉은 현재 남아 있는 『주식대장』을 토대로 주식의 이동 상황을 나타낸 것이다.[63]

김성수 형제는 몇 차례에 걸쳐서 다양한 주주들에게 주식을 매입하였다. 주식의 매집은 특정 날짜에 집중되었는데, 특히 1924년 7월 22일

---

[62] 주식회사 동아일보의 취체역 선거 방식을 알 수 없지만 홍명희 6,253표, 이승훈 6,235표, 허헌 6,098표, 윤홍렬 6,006표를 얻었다. 地檢秘 第566號,「東亞日報社株主總會及重役選任ニ關スル件」1924. 5. 16;『조선일보』1924. 5. 16석(3).

[63] 『주식대장』은 갑·을·병·정의 총 4권 구성이다. 갑은 50주권, 을은 10주권, 병은 5주권, 정은 1주권용 대장이다. 1921년 9월 주식회사로 출범할 당시의 총 주식 수는 14,000주였다. 그런데 현재 남아 있는 『주식대장』의 주식 총수는 6,495주로서 전체의 약 46% 정도다. 동아일보 지배구조의 전체 상을 확인하기는 힘들지만 이 자료는 1924년 7월을 전후해 김성수와 김연수 등이 주식을 매집하여 최대주주로 자리매김하는 과정을 여실히 보여 준다.

<표 2-2> 동아일보 대주주의 주식 변동 추이(총 14,000주)

대주주	보유주식액						동아일보와의 관계
	1923년(%)		1927년(%)		1929년(%)		
김성수	937	6.7	2,488	17.8	2,559	18.3	
신용식	900	6.4	900	6.4	–		
홍증식	410	2.9	–		–		영업국장(1921. 9~1924. 5)
장두현	400	2.9	–		–		취체역(1921. 9~1924. 4)
양원모	340	2.4	–		–		취체역(1924. 5~1940. 8)
성원경	300	2.1	–		–		취체역(1921. 9~1924. 10)
김찬영	300	2.1	–		–		취체역(1921. 9~1923. 8)
이운	300	2.1	–		–		취체역(1921. 9~1924. 4)
신구범	297	2.1	–		–		전무취체역(1921. 9~1924. 4)
고윤묵	285	2.0	–		–		
김종필	200	1.4	–		200	1.4	
박용희	188	1.3	–		–		감사역(1921. 9~1923. 10)
김재수	–		1,000	7.1	1,000	7.1	
김연수	–		836	6.0	1,236	8.8	
임정엽	–		550	3.9	550	3.9	취체역(1927. 10~1943. 1)
김원통	–		–		900	6.4	
정상호	–		–		200	1.4	

출전: 김경택, 「1910·20년대 동아일보 주도층의 정치경제사상 연구」, 연세대 사학과 박사학위논문, 1998, 69쪽.

에는 무려 950주의 대량 매입이 이루어졌다. 주식 매집은 1924년 말의 동아일보 주식대금 2차 불입을 앞두고 이루어졌다. 4월에 송진우가 "자신은 퇴사를 각오하고 있으나 외부의 여론 때문에 그만두면 신문사에 악영향을 주어 제2회 불입이 어려워지므로 오는 9월에 물러나겠다"라고 한 발언은 이 같은 상황을 염두에 둔 것이었다. 김성수는 2회차 불입을 원

〈표 2-3〉동아일보의 주식거래 내역(1924~1926년)

연도	월일	매도인	거래주식액(주)	매수인	총거래액
1924	3. 9.	박용희	100	김성수	100
	6. 11.	이흥국	50	김성수	50
	7. 22.	박정식	100	김성수	490
		박용희	78		
		김재종	50		
		김경태	50		
		최준	100		
		박창식	10		
		이덕구	20		
		이우진	30		
		김신묵	10		
		김낙기	10		
		김효석	10		
		민영두	5		
		고경필	5		
		고순재	5		
		채규범	5		
		김희일	2		
		주종건	100	김재수	460
		김종원	50		
		오완기	100		
		조중환	150		
		허걸	50		
		김현기	10		
	9. 29.	박영효	100	김성수	156
		김종우	56		
1925	4. 9.	박하창	100	김연수	175
		김영진	50		

		박영출	20		
		박기룡	5		
	7. 16.	박희식	100	김연수	100
	9. 23.	이태건	100	김연수	200
		이윤영	100		
	4. 9.	이종화	100	김연수	100
1926	9. 22.	이군오	10	김연수	58
		이의도	5		
		한현태	5		
		허현	5		
		윤영찬	5		
		정규용	5		
		정규현	5		
		양주삼	5		
		손태헌	5		
		정상삼	5		
		박근창	1		
		김규	2		
	9. 29.	강성문	5	김연수	5

치 않는 주주의 주식을 대량으로 매입함으로써 비로소 최대주주로 등극하였다. 1925년 이후의 주식 매입은 그러한 결과를 다지는 데 지나지 않았다.

마지막으로 1924년 9월 조선일보의 혁신 이후 김성수와 송진우는 홍명희를 따돌리면서 경영 전면에 나설 준비를 착착 진행하였다. 홍명희는 3·1운동으로 복역한 뒤, 휘문고보·경신고보 교사를 지내고 중앙불교전문학교와 연희전문학교에 출강했다. 1923년부터 조선도서주식회사 전무로 근무하다가[64] 1924년 5월에 갑작스럽게 동아일보의 주필 겸 편집국장으로 취임하였다. 또 1923년 7월에 창립된 사회주의 사상단체인 신사상연구회의 창립회원으로 참여하고, 1924년 11월에 화요회로 변할 때도 간부로 활동하였다.

그런데 이 당시 홍명희는 극히 빈곤하여 자력으로 100주의 주식을 취득할 형편이 못 되었다.[65] 그렇다면 누군가 홍명희에게 주식을 양도한 것인데, 적어도 홍명희가 김성수의 의중에 있던 인물이 아님은 확실했다.[66] 누가 양도한 것이든 김성수의 영향력이 현실적으로 지배하는 상황 속에서 홍명희는 주필과 편집국장의 권한을 이용하여 동아일보의 개혁을 추진했다. 우선 인사를 통해 사회주의자들과 정인보, 이승복, 이관용 등을 영입하였다.[67] 홍명희의 지향이 특히 잘 드러난 인사는 논설반이었다. 대주주의 입장을 대변하는 윤홍렬 외에 홍명희는 논설반에 민족주의 색채의 정인보와 사회주의자 이봉수·조동호를 배치했다. 임시 주주총회 다음 날의 사설에서는 동아일보사가 비록 주식회사이긴 하지만 동아일보의 "존재는 결코 한두 개인의 영리욕을 만족키 위하여 경영하는 것이 아닌 공리공복을 위해 존재"[68]함을 천명하였다. 이 사설은 사회주의

---

64 강영주, 『벽초홍명희연구』, 창작과비평사, 1999, 154~155쪽.

65 강영주, 위의 책, 144~147쪽. 현재 남아 있는 『주식대장』에서는 홍명희의 이름을 발견할 수 없다.

66 임시 주주총회 이후 사원들의 파업이 일어났을 때 이미 중역이 아님에도 김성수와 송진우는 편집국장 홍명희를 제외한 채 사장실에서 대책을 논의하였다. 『시대일보』 1924. 5. 16(1).

67 강영주, 『벽초홍명희연구』, 160~161쪽.

68 「讀者諸位에게 告하노라」, 『동아일보』, 1924. 5. 17(1). 중역진 개편 이후의 첫 사설이

등 어떠한 지향을 즉각적으로 보여 주지는 않았지만 개혁 이전 대주주의
정치·경제적 입장을 반영하던 동아일보와는 명확히 단절하겠다는 의지
를 보여 주고 있다.

이처럼 홍명희의 지향은 김성수 등 대주주의 뜻과는 달랐다. 김성수
와 송진우는 조선일보 혁신을 계기로 그동안 자신을 성토했던 세력들이
빠져나가자 홍명희를 고립시키기 시작했다. 우선 9월 10일에 열린 중역
회의에서 김성수를 동아일보사의 고문으로 추대했다.[69] 이어 10월에 열
린 주주총회는 확고한 김성수·송진우 체제의 시작을 알리는 것이었다.
주주총회는 김성수를 사장으로 추대하는 대신 이승훈과 송진우를 고문
으로 추대했다.[70] 역할이 분명하지 않은 고문직을 만듦으로써 주필 겸 편
집국장인 홍명희를 견제하고 동아일보의 경영과 방향에 대해 개입할 여
지를 만들어 놓았다.[71]

결국 홍명희는 1925년 4월 동아일보를 그만두고 『시대일보』로 자리
를 옮겼고, 송진우는 공식적으로는 주필로[72] 비공식적으로는 편집국장을

라는 점에서 주필 홍명희가 이 사설을 썼을 것이다.

69 「1924년 9월 10일 중역회의」, 『취체역회결의록』.

70 京鍾高秘 第13147號의 2, 「東亞日報社株主定期總會ノ件」 1924. 10. 22.

71 정보문서에 따르면, 김성수 등은 3명 이상이면 중역회의를 열 수 있는 규정을 이용
하여 양원모, 이인환, 허헌, 송진우 등과 함께 의도적으로 홍명희를 배제시켰다. 특히
송진우를 고문으로 영입할 때 김성수와 홍명희 간에 격론이 벌어졌다고 한다. 이즈
음에 경찰은 홍명희의 사임이 멀지 않았다는 전망을 하였다. 地檢秘 第848號, 「東亞
日報ノ內訌二關スル件」.

72 송진우는 1925년 4월부터 1927년 10월까지 주필을 역임하였다. 동아일보사, 『東亞日
報社史 권1』, 413쪽.

겸하면서[73] 동아일보로 완전히 복귀하였다. 이를 계기로 동아일보는 소유와 경영, 논설과 편집권까지 김성수와 송진우에게 장악되어 명실상부하게 "그네의 동아일보"[74]가 되었다.

5. 개혁의 실패는 혁신으로

1924년 4월 동아일보 기자들의 경영진 퇴진 요구로 시작된 동아일보 개혁운동은 1920년대 초반 분화되기 시작한 민족운동의 흐름 속에서 발생한 사건이었다. 1920년에 창간된 동아일보는 사회개조와 민족운동의 중심기관이 되기를 바라는 지식인과 민족운동가들의 연합기관적 성격이 강했다. 창간 초기 민족주의와 사회주의, 유심론과 유물론을 오가는 동아일보 사설의 스펙트럼은 그러한 사실의 반영이었다. 그러나 민족주의와 사회주의가 분화한 것처럼 동아일보 구성원도 분화하고, 동아일보는 점

---

73 1925년 4월 홍명희의 퇴직 이후 이광수가 취임하는 1926년 11월까지 공식적으로 동아일보의 편집국장은 공석이었다(동아일보사, 위의 책, 413쪽). 그러나 정식 사령은 없었지만 비공식적으로 송진우가 편집국장을 맡고 있었다. 송진우가 1926년 3월 5일자 동아일보 지상에 「국제농민본부로부터 조선 농민에게 본사를 통하여 전하는 글」을 게재하여 무기정간 처분을 받고 피검되었을 때, 1심(경성지방법원) 및 2심(경성복심법원)의 판결문은 그를 "동아일보사의 주필 겸 편집국장으로서 동 신문지의 편집 및 발행에 관한 일체의 권한을 갖고 있는 자"로 규정했다(독립운동사편찬위원회, 『독립운동사자료집 12: 문화투쟁사자료집』, 독립유공자사업기금운용위원회, 1977, 1055~1056쪽). 1926년 11월에 위 사건의 형이 확정되어 송진우는 13일자로 서대문형무소에 수감되었다(「사고」, 『동아일보』 1926. 11. 14). 이로 보아 이광수의 편집국장 취임은 송진우의 입감으로 인한 공백을 대신하기 위한 것이었음을 알 수 있다.

74 「甲子一年總觀, 생각나는 癸亥一年」, 『개벽』 제54호, 1924. 12, 12쪽.

차 '2천만 민중의 표현기관'에서 부르주아 민족주의의 대변지로 변화해 갔다. 김성수와 송진우의 영향력 확대는 이러한 과정을 부채질했다.

그렇지만 동아일보는 당시 가장 영향력 있는 매체였으므로 사회주의 진영은 끊임없이 동아일보를 견제하고 유인하려 하였다. 1922년부터 간헐적으로 제기된 비매동맹이 그 예이며, 1924년 조선노농총동맹 결성 당시의 비매동맹이 그 결정타였다. 한편 사원들은 사회주의에 쏠려 있지는 않았지만 조선인의 다수를 차지하는 노동자·농민의 목소리에 귀 기울여야 한다는 데에는 동의했다. 그것은 동아일보의 창간 주지였으며 운영 원리이기도 했다. 그러나 동아일보가 대주주의 정치적·경제적 입장을 반영하여 조선의 정치적 독립을 연기하고 지면을 상업적으로 편성할수록 사원들과의 충돌은 피할 수 없었다. 1924년 4월 동아일보 사원들의 경영진 퇴진 요구는 이러한 내외적 요인이 결합하여 발생했다.

초기의 성과에도 불구하고 동아일보 개혁운동은 결과적으로 실패했지만 그 파장은 매우 컸다. 기존 동아일보의 경영진인 김성수와 송진우는 사원들의 개혁 요구에 밀려 일시적으로 퇴진했으나, 6개월 뒤 다시 복귀하여 김성수·송진우로 대변되는 동아일보 체제를 확고히 하였다. 이 기간에 김성수와 송진우는 표면적으로만 후퇴했을 뿐 이면에서는 주식을 매집하여 경영권을 확고히 하고, 주주총회를 열어 자신들에게 우호적인 인물을 경영진으로 선임했다.

이렇게 볼 때 1924년까지의 동아일보는 어느 특정 세력의 신문이 아니었다. 창간 직후의 동아일보는 다양한 사상을 소개하는 창구였다. 김성수와 송진우의 영향력이 확대되는 과정이었지만 내외의 견제를 받은 잠정적인 것이었다. 1924년 10월의 주주총회를 계기로 최대주주이자 사장 김성수, 고문 송진우의 진용이 갖추어졌고, 1925년 4월 편집국장이자 주필인 홍명희가 『시대일보』로 옮기면서 송진우는 공식적으로 주필, 비공식적으로 편집국장을 겸임했다. 이로써 소유와 경영, 편집권이 김성수와 송진우로 일체화되었다.

한편 동아일보를 장악하는 데 실패한 개혁추진파는 외부의 지원 세력과 함께 조선일보를 인수해 혁신하였다. 1924년 하반기의 언론계 재편은 이때를 계기로 비로소 '당파적' 노선의 언론이 등장하였음을 말해 준다. '혁신'을 계기로 조선일보는 이후 부르주아 민족주의 좌파와 사회주의자들의 통일전선인 신간회의 기관지가 되었다. 또 동아일보는 부르주아 민족주의 우파의 정치적 관점을 대변하는 신문이 되었다.

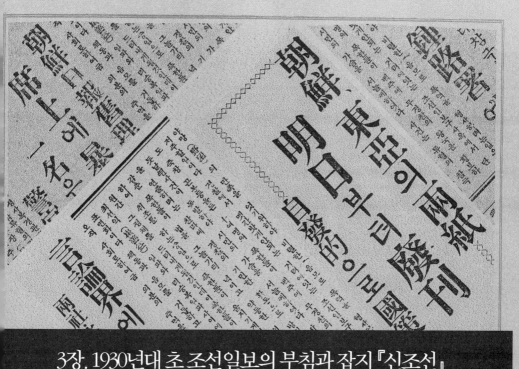

3장. 1930년대 초 조선일보의 부침과 잡지 『신조선』

1. 『신조선』의 창간

조선일보는 1926년 12월 13일자 1면에 박스 광고를 실었다. "정치, 경제, 사회, 교육, 과학, 문예 등 취미와 실익이 아울러 만흔 '팜플렛트'형의 잡지" 출간을 예고하는 광고였다. 10전이라는 저렴한 가격에 매월 1회 발행하는(15일) 월간잡지였다. 새 사옥으로 이전 후에 벌이는 첫 사업으로서[1] 1927년 1월에 창간호를 발행할 계획이었다. 무엇보다 "자미잇는" 잡지를 지향하였다. 잡지의 이름은 '월간조선'이었다.[2]

조선일보는 「시평」으로 월간지 발행의 의의를 설명했다. 일간지가 매일의 사건을 신속히 보도하는 데 그 의의를 둔다면, 월간지는 단편 보도를 넘어서 사실의 전후관계를 구명하여 독자의 조직적·종합적 이해를 돕는 역할이었다.

---

1 창간호에서는 "조선일보사 신년 계획의 한 가지"라고 하였다. 「編輯餘言」, 『新朝鮮』 1, 1927. 2, 40쪽.

2 「社告―『月刊朝鮮』發行」, 『조선일보』 1926. 12. 13(1).

일간지에는 일간지의 독특한 사명이 잇는 것이니 매일의 事相(사상)을 신속히 보도한다는 것이 가장 그 중대한 임무가 될 것이다. 그 외에 사물의 전후관계를 ●明(명)하는 데도 노력하지 아니하는 것은 아니로되 이 점 잇서서는 일간지가 불충분한 작용을 한다는 것은 또한 인정하지 아니할 수 업스니 월간조선은 이 점에 특별히 유의하게 될 것이다. 그리하야 모든 것을 계통적으로 ●明(명)하는 데 더욱 노력하게 될 것이다. 이와 가티 하야 우리 생활계의 지침이 되도록 노력하려고 하는 것이다. 日刊朝鮮(일간조선)에 잇서서 단편적으로 보도되는 사실을 月刊朝鮮(월간조선)에 잇서서 조직적으로 종합적으로 천명하게 함으로 말매암어 독자는 世事(세사)를 넓히 또 깁게 성찰할 기회를 갓게 될 줄로 밋는다.[3]

이처럼 야심차게 월간지의 창간을 예고하고 준비했지만 독자의 품에 안겼을 때는 이미 예정일을 넘긴 뒤였다. 난산이었다. 게다가 '월간조선'이라는 이름 대신에 '신조선'이라는 낯선 이름을 달고 나왔다. 인쇄 도중에 "당국의 주의"를 받아 "제호와 체재를 변경"한 까닭에 약속된 날짜를 지킬 수 없었다.[4] 더욱이 "당국의 주의" 때문에 "독립한 일잡지—雜誌의 외관"을 갖추지 못한 채 '부록'으로 발간되었다. 또 이렇게 체재가 미비하게 됨에 따라 '좋은 논문'들이 지면 관계로 수록되지 못하였다.[5] 다

---

3 「時評—月刊朝鮮」, 『조선일보』 1926. 12. 16석(1).

4 「謹告」, 『조선일보』 1927. 2. 10석(1).

5 「編輯餘言」, 『新朝鮮』 1, 1927. 2, 40쪽.

<表 3-1> 「신조선」 예고와 창간호의 차례 비교

분류	저자	예고	창간호	면수
권두사			권두사	1
정치·경제·사상 문제 비판	안재홍安在鴻		이십년 후의 극동 형세	2
	김준연金俊淵		최근 일본 정계의 번민상	5
	양명梁明		중국 국민당과 공산당	11
	서춘徐椿	작금의 조선 경제	不景氣의 意義及其善處方法 (불경기의 의의와 그 선처 방법)	18
	CS생生		최근 세계 재계 대관	14
문예	김운정金雲汀		개(희곡)	16
	김○형金○炯	박애가博愛家(창작)	×	
	이근상李根庠	시이편詩二篇	×	
	촉구산인 蜀口山人	문단풍문文壇風聞	×	
	험구생險口生		잡지월평	16
	×생生 작作	그림소설 (청전靑田 화畵)	×	
과학	천리구千里駒 (일기자一記者)	비행기 발달사	비행기가 발명되기까지	28
	조영근趙永根		겨울 기상	31
	김환터		우리말 속기법速記法	32
운동경기·오락	운동기자 運動記者		빙상경기에 대하야	35
	일기자一記者	마작麻雀 경기법	×	
	이길용李吉用		가투歌鬪 경기법	36
아동란	노병실老秉室	네발쟁이 모듬(동화)	×	
	문병찬文秉讚		황금수레(동화)	24
			아동 작품	26
전기傳記·사담史譚	홍명희洪命熹		생육신과 사육신	39
	문일평文一平		온달장군	38

가정과학	×생生	건강상으로 본 조선 의복과 양복	23
	×생生	위생, 육아, 신변 상의相議	23
특별독물特別讀物	신출생新出生	신문기자 실패기	×
	일기자一記者	사회 "로맨스"	×
		인물평, 일화	×
		기문이견奇聞異見 식인식물喰人植物	25

시 말해 원래 예고했던 기사들을 창간호에 다 싣지 못하였다.

〈표 3-1〉은 조선일보 1927년 1월 25일자 3면에 실린 예고와 창간호의 목차를 비교한 것이다. 예고되었지만 창간호에서 빠진 글은 주로 문예와 특별독물特別讀物이다. 운동경기·오락에서는 마작 경기법이 빠졌다. 정치·경제·사상 문제 비판의 글은 모두 게재되었다. 이로 볼 때 『신조선』의 지각 출간, 제호와 체재 변경이 정치적 문제로 말미암았다고 보기는 어렵다. 1927년 2월의 신간회 출범에 조선일보 간부들이 주도적으로 참여한 것과 관련해 조선총독부의 '괘씸죄'를 언급하지만[6] 오히려 이 시기에는 경무국이 민족주의 좌파의 신간회 결성을 묵인했다.[7]

사실 제호 변경보다 더 중요한 문제는 잡지의 법적 형태였다. 조선일보사가 창간을 준비하면서 '월간조선'에 기대할 수 있는 법적 지위는 두 가지였다. 첫째는 신문지법에 따라 보증금 300원을 내고 조선총독의 허

---

6 안종묵, 「'신조선' 제호변경 이유―신간회 등 애국활동 관련 '괘씸죄' 추정」, 『주간조선』 1812호, 조선일보사, 2004. 7. 15, 115쪽.

7 장신, 「1920년대 民族解放運動과 治安維持法」, 『學林』 19, 연세대학교 사학연구회, 1998, 114~115쪽.

가를 받아 정치와 시사를 논하는 잡지였다. '월간조선'은 종합지를 지향했으므로 신문지법 제5조의 '학술과 기예'만을 다루는 잡지에는 애초부터 관심을 두지 않았다. 이것은 새로운 신문을 창간하는 의미를 지녔으므로 조선총독부가 한 신문사에게 이런 특혜를 주기는 어려웠다.

두 번째로 기대할 수 있는 법적 지위는 출판법에 따른 단행본이었다. 정기간행물(또는 연속간행물)이지만 조선에서는 신문지법의 적용을 받지 않는 한 매달 발행을 목적으로 하는 잡지들도 보통출판물(단행본) 취급을 받았다. 원고와 납본의 이중 검열을 받아야 하나, 다루는 주제에는 제한이 없었으므로 '월간조선'도 이러한 형태로 출판할 계획이었다고 생각한다. 그런데 『신조선』은 독립된 정기간행물의 법적 지위를 얻지 못했고, 1927년 2월 10일자 지령 제2305호 조선일보의 부록으로 나오게 되었다.[8] 경무국(도서과)이 '월간조선'을 보통출판물로서 인정하지 않았기 때문이다. 자료가 없으므로 왜 그랬는지 더 추정할 수는 없다. 다만 일간지의 부정기한 '부록'이었으므로 '월간'이라는 정시성을 지닌 제호를 사용할 수는 없었다.

우여곡절 끝에 1927년 2월 10일 표지에 백두산 천지와 밀림지대를 그라비어 인쇄로 처리한 창간호가 나왔다.[9]

日刊(일간)의 신문이 時事(시사)의 報道(보도)로써 그 주요한 노릇을 삼는 것만치 月刊(월간)으로써 할 수 있는 論評 記述(논평 기술) 및 소개의

---

8 정진석, 「신조선 발굴의 의미―"신문사가 발행한 첫 잡지―언론사 연구 새 자료"」, 『주간조선』 1812호, 조선일보사, 2004. 7. 15, 115쪽.

9 「發刊된 新朝鮮」, 『조선일보』 1927. 2. 11석(2).

상세함을 다 할 수 업슴에 인함이다. 그럼으로 『新朝鮮(신조선)』은 조선 일보에 비하야 그 사명을 달리함은 自明(자명)한 理(이)이지만 짜라히 그 이상과 주의를 가지는 것은 아니다. 말하자면 그 表裏(표리)가 되고 姉妹(자매)가 되어 서로 부족한 것을 기워 나아가자 함이다.[10]

안재홍은 「권두사」에서 일간신문과 월간지의 역할 차이를 분명히 정의하였다. 앞서 「시평」에서 본 것처럼 사실 보도와 깊이 있는 논평의 구분이다. 발행 정신은 같으므로 조선일보와 『신조선』에게 상호 보완의 역할을 기대하였다. 하지만 그것은 월간으로 발행될 때 가능한 일이었다. 안재홍의 「권두사」는 "당국의 주의" 이전에 쓰였기에 정작 창간 이후에는 월간지의 역할을 감당할 수 없었다.

일부 지역에서 독자들이 구입한 『신조선』이 압수되는 사태도 있었지만[11] 지역 경찰의 과잉 대응 또는 무지의 결과였다. 지역 주재소는 상부의 명령이라고 했으나 도서과의 검열을 통과해서 판매되었기 때문에 전국적 현상은 아니었다. 『신조선』 창간호는 조선일보사의 적극적 홍보로 절찬리에 판매되었지만 부록의 한계를 극복할 수 없었다. 『신조선』은 제2호까지 발간하고 기약 없는 휴간에 들어갔다.[12]

---

10 民世, 「卷頭辭」, 『新朝鮮』 1, 1927. 2, 1쪽.

11 「嶺美警察의 沒常識 ― "新朝鮮"을 無理押收」, 『조선일보』 1927. 2. 27(2).

12 현재 제2호의 실물뿐 아니라 발행 상황을 알려 주는 단편 정보도 없다.

2. 조선일보사의 경영권 다툼

조선일보는 1930년 10월 사원들의 동맹파업, 1931년 5월 사장 신석우의 퇴진 등으로 인한 경영난으로 1930년대를 어수선하게 맞이하였다. 그런 가운데서도 조선일보는 1932년 2월 13일 지령 4000호 기념사업의 하나로 『신조선』의 복간을 준비하였다.[13] 1931년 11월에 동아일보사의 『신동아新東亞』가 창간된 것도 어느 정도 영향을 미쳤으리라 생각한다.

복간이 지지부진한 가운데 1932년 3월 10일 갑자기 경기도 경찰부 형사과에서 사장 안재홍과 영업국장 이승복을 소환·취조하였다. 만주동포 구제금 1만 수천 원을 횡령했다는 혐의였다.[14] 일단 안재홍과 이승복은 각각 3월 12일과 14일에 석방되어 불구속 상태에서 취조를 받다가 4월 14일 서대문형무소에 수감되었다.[15] 사장과 영업국장이 수감되자 이사이자 편집국장인 한기악은 사내의 동요를 안정시키기 위해 4월 21일에 신속하게 조선교육협회 이사장인 유진태兪鎭泰를 신임 사장으로 추대하였다.[16]

이때 임경래가 등장했다. 경찰 정보에 따르면 임경래는 오래전부터 이승복과 친교가 있었고, 신석우 사장 때 조선일보사의 발행권과 기계·

---

13 韓基岳, 「新朝鮮 續刊에 際하야」, 『新朝鮮』 3, 1932. 9, 1쪽.

14 「朝鮮日報幹部等을 橫領嫌疑로 拘引取調」, 『중앙일보』 1932. 3. 13(2).

15 「安社長은 釋放코 取調는 進行」, 『중앙일보』 1932. 3. 14(2); 「李局長은 釋放 不拘束으로 取調繼續」, 『중앙일보』 1932. 3. 16(2).

16 이전부터 유진태를 사장으로 추대하려던 이승복의 복안을 횡령 사건을 계기로 조선일보 이사회가 수용한 것으로 보는 시각도 있다. 「兪鎭泰氏가 朝鮮日報社長이 되기까지」, 『別乾坤』 52, 1932. 6.

기구를 담보로 2만 원을 이승복에게 융통해 주었다. 돈을 빌려 간 이승복이 잡혀가자 임경래는 자신의 채권을 보전하기 위해 "조선일보사의 정리를 행하여 궁상을 구하려는 희망"으로 한기악에게 부사장직과 함께 이사직도 요구하였다.[17]

부사장으로 조선일보의 경영에 참여하겠다는 임경래의 제안에 대해, 한기악은 "채권의 대상으로 부사장의 중임을 맡길 수는 없는 일임으로 …(중략)… 채권을 포기하든지 또는 본사에 출자한 것으로 옮겨 노흐면" 덕의상 요구에 응할 수 있다면서 사실상 거절하였다.[18] 이에 임경래는 경기도 경찰부에 조선일보의 「발행명의인 변경신청서」를 4월 26일자로 제출하였다. 신청서에 불법이 없다고 판단한 경기도 경찰부는 5월 3일 신청서를 정식으로 수리하고 5월 13일 조선총독부 경무국에 전달하였다. 이 사실을 안 한기악이 반대운동을 벌였지만, 5월 28일 경무국은 임경래에게 발행명의인을 허가하였다. 이 지령서는 5월 30일 경기도 경찰부에 도착하자마자 임경래에게 교부되었다.

임경래에게 발행권이 넘어가자 조선일보의 편집국 기자, 영업국 사원, 공장 직공들은 6월 1일부터 '조선일보 사원회'를 결성하였다. 사원회는 비록 판권을 임경래에게 뺏겼지만 조선일보의 영속성을 위해 굳게 결속할 것을 다짐하였다. 사원회는 6월 1일부터 조선일보를 휴간하고 '현간부(이사)'와 제휴하여 주간으로 『신조선』을 발행하기로 계획하였다. 이를 위해 사원들은 사옥을 폐쇄하고 수송동 유치원에서 농성에 들어갔

---

17 高警秘 第三四九一號, 「朝鮮日報社紛糾二關スル件」, 1932. 6. 8(국사편찬위원회 한국사데이터베이스).

18 「朝鮮日報發行權問題와 事件關係者의 主張」, 『동아일보』 1932. 6. 5(2).

다.[19] 한편 한기악 등 구간부는 신발행인 임경래가 조선일보 사옥과 기계·집기를 사용하는 것을 거부했다.[20]

한편 신석우는 1931년에 사장에서 불명예 퇴진한 뒤 자신을 배척한 주모자로 이승복을 지목하였다. 1931년 7월 8일에 신석우는 최선익 등 일단의 지지자들과 함께 경영권 회수를 위한 행동에 나서기도 했다. 신석우는 조선일보 사옥에서 안재홍 이하 기존 간부들을 불신임 파면하고 권동진을 사장으로 추대하였다. 이때 사원회의는 안재홍, 이승복, 한기악 등 당시 간부진에 대한 절대 지지를 결의하고 신석우 등의 퇴거를 요구하였다. 결국 신석우와 권동진은 사원들에게 밀려났다.[21]

이러한 사정으로 안재홍과 이승복이 부재한 조선일보의 상황은 신석우에게 절호의 기회였다. 하지만 새롭게 임경래가 등장하면서 판권을 되찾기 위한 연합전선이 형성되었다. 곧 이승복·안재홍을 지지했던 사원회가 신석우·최선익과 손을 잡았다. 발행권이 임경래에게 넘어가기는 했으나 신석우와 최선익의 강점은 법적으로 조선일보 사옥과 기계의 명의인이라는 사실이었다.[22] 두 사람의 허락 없이 임경래가 건물과 기계를 이용하여 신문을 발행할 수는 없었다.

---

19 「社員會組織 『新朝鮮』을 發行」, 『동아일보』 1932. 6. 3(2).

20 「朝鮮日報休刊 림경래 씨에게 발행권인가」, 『동아일보』 1932. 6. 2(2).

21 鄭泰哲, 「新舊兩幹部의 勢力戰으로 問題 만흔 朝鮮日報社」, 『別乾坤』 44, 1931. 10, 20쪽; 「前朝報社屋訴訟의 眞相(二)」, 『朝鮮中央日報』 1933. 5. 28(2); 金八峰, 「片片夜話(95)—朝鮮日報의 內紛」, 『동아일보』 1974. 6. 21(5). 출자자 회의 일시가 기록마다 다르지만 본서 3장에서는 법정 소송을 바탕으로 기사를 작성한 『조선중앙일보』를 따랐다.

22 「前朝報社屋訴訟의 眞相(二)」, 『朝鮮中央日報』 1933. 5. 28(2).

이런 가운데 6월 11일 임경래가 자기 심복 4, 5인과 조선일보 사옥의 문을 따고 들어갔다. 임경래는 조선일보 간부진과 사원들의 퇴거 요구에 불응하였다. 간부들은 긴급회의를 열고 공장 문을 봉쇄했으며, 사원들은 현관과 영업국, 편집국을 점령하였다. 이와 동시에 가옥의 소유자인 최선익은 같은 날 오후 경성지방법원 검사국에 임경래를 가택침입과 소유권 침해죄로 고소하였다. 임경래는 12일 오전 4시까지 영업국에서 버티다가 나가고, 사원과 간부들은 사옥을 점령한 채 대치하였다.[23]

사옥 점거에 실패한 임경래는 15일부터 명치정 2정목 82번지에서 평판平版 인쇄로 4면짜리 조선일보를 발행하였다.[24] 그러나 주위의 사정이 녹록지 않아[25] 생각만큼 신문 발행이 여의치 않았다. 7월 중순 임경래는 총자본금 10만 원에 총 5,000주의 주식회사를 발기하였다. 발기인 측에서 4,000주를 인수하고 나머지 1,000주를 일반에 공모하였다. 1주의 금액은 20원으로 한성은행에서 취급하며 8월 15일까지 불입하는 조건이었다.[26] 법적 우위를 바탕으로 조선일보를 완전히 장악하려는 임경래의 계획이었다.

이즈음 새로운 상황이 벌어졌다. 7월 20일에 안재홍과 이승복이 보

---

23 「林氏의 社屋突入으로 畢竟告訴問題」, 『동아일보』 1932. 6. 13(2).

24 「朝鮮日報發行」, 『동아일보』 1932. 6. 16(2); 「朝鮮日報發刊」, 『매일신보』 1932. 6. 17(2).

25 壁上生, 「新聞屍의 幽靈戰(朝鮮中央兩報의 뒷消息)」, 『第一線』 2-9, 1932. 10, 46쪽.

26 「朝鮮日報社 株式을 公募」, 『동아일보』 1932. 7. 17(2); 「朝鮮日報 株式會社成立」, 『매일신보』 1932. 7. 17(2).

석으로 석방되었다.[27] 임경래에게 비판적이고 부정적인 대다수의 평가와
달리 조선일보 광고부장으로 이승복의 측근이었던 김도헌은 임경래를
"세상에 알려진 것처럼 그가 언론기관을 손에 넣으려는 야심에 찬 악인
은 아니었"으며 "무식하나 일확천금을 지닌 임경래는 평주의 수완에 말
려들어 거액을 바쳤을 뿐"이라고 회고하였다.[28] 이승복의 석방 후 임경래
의 조선일보는 7월 30일까지 발행하고 휴간하였다.

임경래가 이승복의 말을 따르자 사원회와 지국장들도 임경래와 대립
을 멈추었다. 대립은 임경래 대對 사원회, 신석우·최선익의 연합 구도에
서 다시 신석우·최선익 대對 이승복·안재홍, 사원회, 임경래의 구도로 바
뀌었다. 8월 15일에 신석우·최선익의 사주를 받은 폭력배 등이 안재홍,
이승복, 한기악, 유진태, 조설현 등이 참석한 조선일보 이사회를 습격한

---

27 「安在鴻, 李昇馥 保釋今日許可」, 『동아일보』 1932. 7. 21(2).

28 "임경래는 평주平洲의 위품과 인격에 눌려서 주석酒席에서 얼결에 대답해 놓고 조선
일보에 계속 투자를 한 사람에 불과하죠. 뒤에 평주 선생이 민세 선생과 같이 투옥돼
옥고를 치를 때의 일인데 면회를 간 심영억沈永億 씨를 통하여 평주의 얘기가 잠정
적으로 임경래를 끌어들여 신문사 운영을 계속해 달라는 부탁을 내게 했어요. 그래
내가 나서서 임을 만나 협상이 됐죠. '신문 발행권은 당분간 소유하되 도장은 우리가
보관한다'는 데 합의를 보아, 그가 여러 만 원씩을 계속 내놓게 되었습니다. 그러니
까 평주의 지시로 나와 심영억·김웅권金雄權이 임경래를 조선일보 경영에 협조하도
록 끌어들인 셈인데, 임은 평주 앞에서만은 늘 고분고분했습니다. 간부진에서 임경래
를 능란하게 다루지 못하여 파문이 일었다고 하는 편이 옳지요. 평주가 출옥한 뒤 임
을 만났을 때에도 종래의 태도는 여전했습니다. 평주에게 전권을 위임한다고 공언한
임은 어디까지나 평주 선생의 영향권 내에 있었다고 우리는 보아요. 사우회社友會를
열어 고당 조만식 팀에게 신문사 일을 넘긴다는 방침에 순순히 따른 임이고 보면, 세
상에 알려진 얘기는 사실의 진상과 큰 거리가 있습니다." 平洲李昇馥先生望九頌壽紀
念會 編, 『平洲 李昇馥先生 八旬記 三千百日紅』, 人物研究所, 1974, 147~148쪽. 평주
는 이승복의 호였다.

사건도[29] 갑작스런 국면 전환에 따른 결과였다.

한 잡지 기자의 보도처럼 이 과정을 지켜보던 당대의 사람들에게도 이해하기 어려운 상황이었다.

> 최선익 씨 일파는 사원지국장들과 합력하야 임 씨에게로부터 발행권을 회수하야 조선일보를 중흥코자 하는 도중에 이승복, 안재홍 양 씨의 보석됨을 따라 임경래 씨는 명치정에서 발행하든 四面新聞(사면신문)이나마 휴간하고 사원지국장들은 돌연 태도를 변하야 李安(이안) 양 씨와 합세하야 임경래 씨에게서 발행권을 회수한다는 미명하에 임경래 씨와 연락하고 최선익 씨 일파를 구축하는 제일보로 사옥 쟁탈전을 일으키어 新聞史上(신문사상)에 일대 추태를 연출하엿다.[30]

3. 『신조선』의 속간과 재휴간

조선일보의 경영권을 둘러싼 대립 구도가 바뀜에 따라 임경래의 발행권 '강탈'을 만천하에 공표하려던 『신조선』의 입장이 애매해졌다. 6월 1일의 사원회에서 주간으로 발행한다고 공표했는데, 상황이 급박하게 전개되면서 8월 1일로 미루었다가[31] 9월 1일에 겨우 발행하였다. 원래 속

---

29 「朝鮮日報舊理事會 席上에 暴漢 闖入」, 『매일신보』 1932. 8. 18(2).

30 壁上生, 「中央日報 朝鮮日報 그 뒤의 消息」, 『第一線』 2-10, 1932. 11, 31쪽.

31 朝鮮日報編輯部, 「謝告」, 『新朝鮮』 3, 1932. 9, 14쪽.

간호에서는 신영우가 '조선일보 사건의 진상'을 집필할 계획이었지만[32] "집필 후 변동이 만헛"던 이유를 들어 다음 호로 미루었다.

> 본 사건에 대하야는 집필 후 변동이 만헛슴으로 좀더 구체적으로 발표
> 하고자 하야 부득이 다음 호로 미오니 독자 제씨의 양해를 비는 동시에
> 이번 호는 혼란 중에 출생케 된 고로 8월 1일에 발행코자 한 것이 늦게
> 되어 독자 제씨와 집필자 제씨께 미안합니다.[33]

잠시 '투쟁 속보'의 역할을 부여받았다가 투쟁의 대상과 연합함으로써 『신조선』은 발행 목적을 상실하였다. 한기악의 글대로 조선일보 발간이 파행된 상태에서 "과거 조선일보의 정신 그대로를 만천하 독자 제씨에게 드림으로써 옛날에 조선일보의 면영面影의 자취나마 회상"시키는 것을 부득이 『신조선』의 속간 목적으로 하지 않을 수 없었다. 지금 조선일보의 불상不祥 사건은 "일야一夜의 악몽惡夢"으로서 "악몽이란 저주咀呪된 일순간一瞬間은 여명黎明의 효종曉鐘"이 울릴 때 자취를 감춘다고 스스로를 위로하였다.[34] 지금은 조선일보가 발행되지 않지만 그 조선일보의 정신을 간직한 자신들이 만드는 『신조선』을 보면서 위안 삼기를 바란다고 당부하였다.

그런데 전선의 변화는 『신조선』의 발간조차 변칙적으로 만들었다.

---

32 申榮雨, 「朝鮮日報事件의 眞相—社友會의 經過와 今後方針」, 『新朝鮮』 3, 1932. 9, 14쪽.

33 朝鮮日報社編輯部, 「謝告」, 『新朝鮮』 3, 1932. 9, 14쪽.

34 韓基岳, 「新朝鮮 續刊에 際하야」, 『新朝鮮』 3, 1932. 9, 1쪽.

『신조선』을 조선일보의 자매지로 명확히 자리매김하고 있는 「사고社告」를 보자.

> 신조선은 조선일보의 자매지임으로 싸러서 발행소를 경성부 견지동 111번지 본사 내에 둘 것이오나 여러 가지 복잡한 사정으로 당분간 황금정 2정목 65번지에 두게 되엿습니다. 그러나 조선일보가 依前(의전) 발행되는 날에는 본사도 견지동 조선일보사로 直時(직시) 옴기여 발행하겟사오니 諒察(양찰)하소서. 신조선발행소[35]

「사고」는 "여러 가지 복잡한 사정"으로 『신조선』이 조선일보 사옥이 아닌 다른 곳에서 발행되었음을 알리고 있다. 그리고 그 사정이 해결되어 예전처럼 다시 신문이 나오면 '견지동 111번지'에서 『신조선』을 발행할 것을 약속하였다. 앞서 보았듯이 사원회는 안재홍·이승복을 지지하면서 신석우·최선익과 대립하였다. 이처럼 조선일보 내의 갈등이 해소되지 않음에 따라 황금정 2정목 65번지가 '임시' 발행소 역할을 하였다. 그래서 발행소도 조선일보사가 아니라 신조선발행소였다.

또 발행인도 임경래가 아닌 서정록이었다. 서정록은 임경래의 신문 발행을 저지하려다가 6월 17·18일 경찰에 불구속된 조선일보 사원 중 하나였다.[36] 어쨌거나 조선일보 판권은 임경래의 명의였으므로 발행인도

---

35 新朝鮮發行所, 「社告」, 『新朝鮮』 3, 1932. 9, 판권지.

36 이때 함께 불구속된 사원은 신영우申榮雨, 권태휘權泰彙, 김식영金軾榮, 이건혁李建 赫, 함대훈咸大勳, 권익수權益洙였다. 京鍾警高秘 第8350號, 「元朝鮮日報社員申榮雨 等ノ行動ニ關スル件」, 『사상에 관한 정보(3)』, 1932. 6. 23.

임경래를 내세우는 게 마땅했다. 하지만 안재홍·이승복을 지지하기 때문에 임경래와 잠시 손을 잡았다 하더라도 사원들이 보기에 이 모든 파국의 발단은 임경래였다. 사원들이 임경래를 순순히 발행인으로 인정하지 못하는 것도 당연하였다. 그런 까닭에 사원들이 『신조선』을 조선일보의 자매지라 부르고 지령을 계승하여 속간했다고 주장하였지만 사실상 법적으로 아무런 관계도 없었다. 전前 조선일보 사원들이 내는, 곧 '망명 조선일보'의 기관지와 같은 존재가 『신조선』이었다.

1932년 7월 30일자를 마지막으로 조선일보는 계속 휴간 중이었다. 임경래는 새로운 주식회사 설립을 그만두고 적당한 인수자가 나오면 판권을 팔려고 분주히 움직였다. 인수를 강력히 희망했던 최선익은 출소한 여운형을 꿰차고 중앙일보로 선회하였다. 오히려 중앙일보를 노리던 동우회 멤버들이 '닭 쫓던 개'처럼 있다가 조선일보로 방향을 돌렸다.

협상 타결의 소식이 전해지지 않은 가운데 1932년 10월 25일에 『신조선』 제4호가 발행되었다. 견지동 111번지에서 발행하겠다는 「사고」는 제3호와 글자 한 자 다르지 않게 또 실렸다.[37] 한편으로 조선일보가 폐간될지 모른다는 불안감이 엄습한 때문인지 『신조선』과 신조선발행소의 충실을 계획하는 다짐을 실었다. "거리에서 편집을 한" 까닭에 제3호를 내놓기에 많이 부끄러웠다는 자성과 함께 가십 같은 흥밋거리를 없애고 될 수 있는 대로 조선 문제를 취급한 논문을 많이 싣겠다고 하였다. 또 제3호에서 이미 예고했지만 새 잡지로 『스포츠조선』의 발행 계획을 다시 확

---

37 新朝鮮發行所, 「社告」, 『新朝鮮』 4, 1932. 10, 판권지.

인했고, 출판사의 재정을 도울 여러 부대사업을 벌일 예정임을 알렸다.[38]

예정대로라면 11월이나 12월에 제5호가 발행되어야 했지만 그렇게 되지 않았다. 조만식·조병옥·주요한 등의 동우회가 조선일보의 경영권을 인수했기 때문이었다. 동우회는 경영권 인수를 위해 임경래 외에도 안재홍, 이승복, 지국장들과 일일이 협상에 나서야 했다. 협상은 매번 파국으로 치달았지만 이대로라면 조선일보의 신문 발행을 취소할 수 있다는 경무국의 협박과 중재, 그리고 전 간부 측의 양해로 11월 23일부터 조선일보가 속간되었다.[39]

복간한 조선일보는 사장 조만식, 부사장 임경래, 편집국장 주요한, 영업국장 조병옥의 진용을 갖추었다. 발행권을 가진 임경래를 적당히 대우하면서 경영권은 동우회가 장악하였다. 또 안재홍과 약속한 대로 전 조선일보 사원들을 다시 발령하였다. 동우회는 신문 경영권을 장악하기는 했으나 자금 사정은 넉넉지 않았다. 조병옥은 사장 조만식, 편집국장 주요한과 상의하여 고일청高一淸[40]을 소개받았다. 고일청은 다시 교동금광으로 일약 부자가 된 방응모를 소개하였다. 조병옥 등은 방응모에게 조

---

38 編輯局, 「編輯餘言」, 『新朝鮮』 4, 1932. 10, 판권지.

39 「朝鮮日報續刊 새로운 진용을 가지고」, 『동아일보』 1932. 11. 23(2).

40 고일청은 1886년 평북 의주 출신이다. 1919년에 상하이 대한민국임시정부의 재무부 비서국장으로 활동했다. 1923년부터 베를린대학에서 3년간 법학을 공부하고, 1926년 미국 프린스턴대학에서 수학했다. 1927년 귀국한 뒤 평안북도청에 취직했다. 1930년 평안북도 의주군 의주면장을 거쳐 1931년부터 의주읍장을 지냈다. 1933년 5월 평안북도회 의원, 1935년 중추원 칙임 참의에 취임했다. 친일인명사전편찬위원회, 『친일인명사전 1』, 민족문제연구소, 2009, 159쪽.

선일보를 인수할 것을 권유하였다.[41] 조병옥이 방응모에게 임경래의 발
행권을 인수하도록 권한 까닭은 경영권을 그에게 넘기기 위한 것은 아니
었다. 조병옥은 방응모의 역할을 출자자(또는 돈줄)로 한정시켜 놓고, 경
영과 편집을 자신들이 맡으려고 하였다.

조병옥이 방응모에게 조선일보 출자와 인수를 권유하였지만 방응모
는 자금 사정이 여의치 않음을 이유로 바로 승낙하지 않았다. 방응모는
100만 원의 교동광산 매각 대금을 확보하자 비로소 주식회사 조선일보
사 발기에 나섰다. 1933년 1월 18일자 각 신문에 창립위원장 방응모 외
에 고일청, 김동원金東元, 양소석梁素石, 오윤선吳胤善, 조만식, 최선직崔善
稷, 한원준韓元俊 등 7인의 창립위원으로 주식회사를 발기한다는 광고를
게재하였다. 자본금은 20만 원으로, 언론사에 유례가 없는 전액 일시 불
입이었다. 1주당 20원으로서 1만 주를 모집하되 방응모 3,000주, 고일청
2,100주 등 발기인이 8,725주를 인수하고 나머지를 일반에 공모하였다.
창립총회는 2월 말로 예정하였다.[42]

그런데 동우회와 방응모의 조선일보 발행권 인수는 예상치 못한 난
관에 부딪혔다. 사회부장으로 발령난 김기진을 중심으로 편집국과 공장
직원들이 사원대회를 열고 "현 사장 조만식 이하 새로 들어온 간부가 당
장에 모두들 사표를 내고서 물러가지 않는 한 사원은 동맹파업을 한다"

---

41 조병옥, 『나의 回顧錄』, 民敎社, 1959, 117~122쪽.

42 「社告」, 『조선일보』 1933. 1. 18(2) 광고; 「株式會社朝鮮日報社創立趣旨書」, 『조선일보』
1933. 1. 18(2) 광고; 「株式會社 朝鮮日報社發起」, 『조선일보』 1933. 1. 18(2); 「同業
朝鮮日報 株式會社를 發起」, 『동아일보』 1933. 1. 18(2); 「同業朝鮮日報 株式會社를
發起」, 『중앙일보』 1933. 1. 18(2).

를 가결하고 사장 조만식에게 통고하였다.

김기진의 회고에 따르면, 사원들은 사장으로 조만식 대신 재판이 진행 중이던[43] 안재홍과 이승복을 다시 옹립할 계획이었다. 김기진 개인으로는 사회주의자로서 흥사단 계열을 몰아내겠다는 생각도 가지고 있었다.[44] 신문 보도에 따르면 1933년 3월 3일에 15인의 연명으로 여섯 가지 조건을 들어 사장 조만식, 전무 조병옥, 고문 고일청 등의 불신임안을 제출하였다.[45] 이때 임경래는 사원회와 행동을 같이하였다.

조만식 측은 사원들의 불신임 이유가 부당하다면서 현업에 복귀할 것을 종용했지만 뜻을 이루지 못했다. 임경래는 조만식 등에 대한 사원들의 불신임안 제출과 함께 휴간계를 제출하였고, 조만식은 자신들을 지지하는 사원들과 함께 신문을 발행하였다. 이에 사원회는 조만식 측의 신문 발행을 막는[46] 한편, 조선일보 사옥에서 신문을 발행하였다. 조만식

---

43 보석으로 출감하였던 두 사람은 1932년 12월 1일에 경성지방법원에서 징역 8개월, 1933년 2월 9일에 징역 8개월을 언도받고 상고 중이었다. 이후 두 사람의 상고는 고등법원에서 기각되고 1933년 5월 1일자로 서대문형무소에 수감되었다가 11월 2일에 만기 출옥하였다. 「安在鴻, 李昇馥 體刑八個月」, 『동아일보』 1932. 12. 3(2); 「安李兩名에서 八個月言渡」, 『중앙일보』 1933. 2. 10(2); 「安, 李 兩人收監」, 『조선중앙일보』 1933. 5. 2(2); 「安在鴻氏 今朝滿期出監」, 『동아일보』 1933. 11. 3(2).

44 홍병선 편, 『金八峰文學全集 Ⅱ. 회고와 기록』, 文學과知性社, 1988, 252~253쪽.

45 「雙方代表에게 妥協解決 勸告」, 『조선중앙일보』 1933. 3. 8(2).

46 조만식 측이 발행한 신문은 한성도서주식회사의 집기를 이용하여 만들어졌는데, 임경래와 사원회 측이 도서과에 진정을 내서 납본이 이루어지지 않았다. 조선일보社史에서 두 개의 조선일보가 나왔다고 언급한 것은, 조만식(방응모)과 임경래(사원회)가 각각 발행한 것을 말한다.

측도 공장의 동력을 끊는 방식으로 사원회의 신문 발행을 저지하였다.[47]

3월 6일부터 경무국 도서과는 다시 중재에 나섰다. 7일 조선호텔에서 조만식, 주요한, 조병옥, 방응모, 고일청, 임경래가 모였지만 타협점을 찾지 못했다. 회담 결렬 후 조만식 측은 도서과장을 방문하고 도서과의 발행인 명의 변경 인가가 늦어진 것을 분쟁의 원인으로 지적하였다. 자신들은 임경래에게 최대한 양보를 했지만 아무런 결과를 얻지 못하였기에 조선일보에 대한 출자를 포기한다고 밝혔다. 방응모는 바로 행동으로 옮겨 8일 아침에 예금 20만 원을 찾아가 버렸다.[48]

이러한 압박이 먹혔는지 임경래는 3월 23일 발행권을 방응모에게 넘기고, 당국도 이를 허락하였다. 발행인 명의 변경 후 열린 긴급회의에서 사장 조만식, 부사장 겸 영업국장 방응모, 편집국장 주요한으로 결정하였다.[49] 이후 재정비를 거쳐 3월 5일 이후 정간 중이던 조선일보는 4월 26일 조·석간으로 속간하였다. 경영진은 사장 조만식, 부사장 겸 총무국장 방응모, 편집국장 주요한, 영업국장 김기범이었다.[50] 임경래에게 '배신'당한 사원들은 조선일보를 떠났다.

7월 18일 방응모는 "신문사업에 경험이 없어 출자자들에게 경원시

---

47 「朝鮮日報紛糾 雙方妥協決裂」, 『조선중앙일보』 1933. 3. 9(2).

48 위의 기사.

49 「朝鮮日報發行權 方應謨氏에게」, 『동아일보』 1933. 3. 24(2); 「朝報發行權을 方氏에게 認可」, 『조선중앙일보』 1933. 3. 25(2); 「朝鮮日報紛糾 圓滿히 解決」, 『매일신보』 1933. 3. 25(2).

50 「朝鮮日報續刊」, 『동아일보』 1933. 4. 26(2).

되던" 조만식을 고문으로 추대하고 자신이 사장에 취임하였다.[51] 이즈음 방응모를 영입하였던 조병옥도 "사시社是와 경영 문제에 대한 대립"을 겪다 사표를 제출하였다.[52] 방응모는 먼저 인사에서 옛 조선일보의 자취를 지운 뒤, 태평로에 사옥을 지으며 새로운 조선일보의 시대를 열었다.

한편 조선일보의 속간과 새 출발에도 불구하고 『신조선』은 발간되지 못했다. 동우회는 자금력도 없었을뿐더러 『신조선』을 계승할 아무런 이유가 없었다. 3월의 파업 주동자들이 『신조선』과 관련 있었던 만큼, 방응모에게 『신조선』은 청산의 대상이었다. 결국 1934년 9월에야 『신조선』 제5호가 권태휘를 발행인으로 하여 속간되었다. 권태휘 또한 서정록과 마찬가지로 사원회의 핵심 멤버였다. 발행소도 신조선사로 조선일보와 아무런 연관이 없었다.[53] 안재홍이 『신조선』을 바탕으로 '조선학운동'의 기치를 들면서[54] 옛 조선일보의 잔영이 어른거릴 뿐이었다.

---

51 警務局保安課, 『修養同友會(在外與士團)ノ活動狀況』, 1934. 7, 13쪽; 「社告」, 『조선일보』 1933. 7. 18(1).

52 "얼마 안 가서 방응모 씨와 나는 사시社是와 경영 문제에 대하여 의견의 대립이 많았고 돈 없는 사람이 돈 있는 사람에게 대부분 굴욕당하는 것이 항다반지사恒茶飯之事임을 깨닫고 나는 여러 가지로 생각한 끝에 배천온천에서 체류하면서 사표를 우편으로 보내고 조선일보사와의 관계를 끊고 말았던 것이다." 조병옥, 『나의 回顧錄』, 123쪽.

53 인쇄소와 발행소는 제4호의 길강인쇄소吉岡印刷所(한강통 15번지)와 신조선사발행소新朝鮮社發行所(황금정 2정목 65번지)에서 두 곳 모두 신조선사新朝鮮社(황금정 2정목 22번지)로 바뀌었다.

54 신조선사의 조선학운동 지원에 대해서는 다음 논문을 참고. 장문석, 「식민지 출판과 양반—1930년대 신조선사의 고문헌 출판 활동과 전통 지식의 식민지 공공성」, 『민족문학사연구』 55, 민족문학사연구소, 2014.

4장. 일제하 노정일의 언론관과 중앙일보 경영

1. 중앙일보 연구의 필요성

1932년 조선의 언론계는 커다란 소용돌이에 휩싸였다. 1924년 이래 관변의 『매일신보』와 달리 민간지로 정립했던 세 신문 가운데 조선일보와 중앙일보가 장기간의 휴간 상태에 들어갔다. 총독부의 발행 정지 처분에 따른 탄압도 아니었다. 두 신문의 재정난과 판권 다툼으로 인한 자중지란의 결과였다. 이로써 1932년 7월부터 11월 중순까지 약 6개월간 조선인들은 동아일보만 기다리는 상황에 빠졌다.

중앙일보는 동아일보나 조선일보에 비해 널리 알려지지도 않았고 관련 연구도 많지 않다. 영인본의 상태가 좋지 않은 데다가[1] 발행 기간도 짧았기 때문에 『중외일보』나 『조선중앙일보』와 함께 취급되었다.[2] 한마

---

[1] 중앙일보는 국사편찬위원회 한국사데이터베이스와 대한민국 신문 아카이브 두 곳에서 원문을 열람할 수 있다. 전자는 영인본을, 후자는 영인본과 종로도서관에 소장된 원본의 스캔 파일을 제공하고 있다.

[2] 박용규, 「일제강점기 『시대일보』·『중외일보』·『중앙일보』에 관한 연구—창간배경과

디로 언론사나 민족운동사 측면에서 주목을 받지 못했다.

중앙일보는 1931년 11월 27일부터 1932년 5월 4일까지 발행되었다. 이 시기에는 노정일이 사장으로 재임하면서 신문을 발행하였다. 이 시기의 중앙일보는 그 지령을 계승했던 『중외일보』와도, 나중에 지령을 계승하지만 제호가 바뀐 『조선중앙일보』와도 성격이 전혀 다른 신문이다.[3]

강동진은 사장 노정일을 직업적 친일분자로 분류했다. 노정일은 미국 유학에서 돌아와 민족지에 대한 간섭·억압을 강화하고, 그들의 주장에 맞서 싸우며 민심을 바로 인도할 언론기관을 시급히 세워야 한다고 사이토 조선총독에게 간언하여 지원을 받았다. 강동진은 노정일의 중앙일보 경영을 "사상 전도"라고 주장하였다. 그는 중앙일보의 성격(사상 전도)과 자금의 출처(사이토 총독)를 밝혔다.[4] 박용규는 중앙일보의 창간 배경과 과정, 자본과 운영, 편집진의 구성과 특징 등을 밝혔다. 주로 잡지의 언론 기사를 자료로 사용하였는데, 노정일의 사돈 '정한민'을 중앙일보 인수의 자금 출처로 주장하면서 강동진과 이견을 보였다.

선행 연구에서도 언급했듯이 중앙일보는 노정일과 분리해서 볼 수 없다. 강동진은 짧은 문장에서 노정일을 사이토의 문화정치에 따라 만들어진 "직업적 친일분자"로만 보았고, 박용규는 1930년대 초반 중앙일보

　　과정, 자본과 운영, 편집진의 구성과 특성을 중심으로」, 『식민지 시기 언론과 언론인』, 소명출판, 2015.

3 정대철은 신문론을 언급하면서 노정일의 중앙일보와 여운형의 중앙일보를 같이 다루었다. 鄭大澈, 「日帝下 新聞의 新聞論에 관한 考察」, 『韓國學論集』 11, 계명대학교 출판부, 1987.

4 姜東鎭, 『日帝의 韓國侵略政策史』, 한길사, 1980, 193쪽.

에 부정적인 잡지 기사들로 노정일을 묘사하였다. 전혀 근거가 없지 않지만 언론에 투신하기 전 노정일의 전모를 제대로 그리고 있지는 않다. 따라서 4장에서는 먼저 노정일의 생애를 비교적 상세하게 다룬다.[5]

중앙일보는 노정일의 뚜렷한 의지와 사이토 총독의 지원을 바탕으로 이루어졌다. 촉망받던 미국 유학 출신의 철학박사가 언론기관을 인수해 경영하려던 배경을 기존 연구에서는 찾아볼 수 없다. 3절에서는 두 번째 미국 유학 이후 노정일이 사이토 총독과 접촉하면서 보였던 조선 통치관과 언론관을 정리하였다. 가난했던 노정일이 막대한 비용이 드는 『중외일보』를 인수할 수 있었던 배경에는 사이토를 설득한 그만의 정치론이 있었다.

『중외일보』가 해산되고 중앙일보가 성립하는 과정은 당대의 풍문을 중심으로 구성되었다. 그러나 「사이토관계문서」에 포함된 노정일의 보고서와 편지들은 전혀 다른 모습을 재현한다. 주관적이고 과장된 측면을 배제할 수 없지만 「사이토관계문서」는 『중외일보』 인수를 둘러싸고 벌어진 표면의 움직임 외에 노정일의 교묘한 계획이 숨어 있었음을 보여 준다. 또 노정일의 절대적 후원자가 사이토 총독이었음을 확인할 수 있다. 4절에서 이 내용을 서술하였다.

---

5 2절에 서술한 노정일의 생애 개요는 대체로 다음 기록에 근거했다. 기록이 서로 다르거나 상세한 묘사, 특별한 설명이 필요할 때는 별도로 주를 달았다. 請願人 盧正一, 「興士團入團書類一通」(독립기념관 소장); 盧正一, 「民心指導ニ關スル所懷ノ一端」 1930. 4. 28, 『齋藤實文書』 16, 高麗書林, 1990, 287쪽; 「鎭南浦新興里 文學士神學士 盧正一氏歸國」, 『조선일보』 1921. 5. 18석(3); 「盧正一氏 得位還國」, 『조선일보』 1927. 8. 17석(2).

2. 노정일의 생애

노정일은 1890년 3월 30일 평안남도 진남포에서 아버지 노봉규盧鳳奎와 어머니 안봉은安奉恩 사이에서 3형제 중 셋째로 태어났다. 1921년에 정일正佾의 한자를 바꾸어 正一로 개명하였다.[6] 호는 송한頌翰이며,[7] 일우一愚와 화봉華奉 등의 필명을 썼다.

스무 살까지 한학을 배웠다. 사서四書를 떼고 삼경三經에 들어갈 즈음 한학을 배운 후의 미래에 회의를 품었다. 그의 표현을 빌리면 "재장齋長이니 장의掌議니 하는 재임齋任의 유건儒巾 쓰기에 머리가 썩고 능참봉陵參奉 음양립陰陽笠에 진저리"가 났다. 이후 무사안일에 빠져 여자와 술로 매일을 보냈다. 스스로 호걸남아로 자임했지만 사회에서 볼 때는 방탕아에 불과했다고 술회하였다. 1년여를 방황하다가 자기의 운명에 "노력의 진화가 최선의 법칙이란 것을 자각"한 뒤 비로소 신학문에 뜻을 두었다.[8] 진남포의 삼숭학교三崇學校 고등과[9]에 들어가 1909년 7월에 졸업하였다.[10]

삼숭학교를 졸업한 뒤에 감리교 선교사 해리스(Merriman Colbert

---

6 1958년 무렵에는 다시 다른 한자인 定一로 개명한 상태였다. 盧定一, 『國士와 政治人』, 國士院, 1958, 표지.

7 盧正一, 『頌翰 盧正一 著作集: 自主統一의 길』, 盧正一著作集編纂會, 1971.

8 文學士 盧正一, 「世界一周 山 넘고 물 건너」, 『開闢』 19, 1922. 1, 121쪽.

9 중등과라는 기록도 있다. 「崇校冬試」, 『大韓每日申報』(국한문판) 1909. 1. 29(2); 「猶太의 聖地싯지 踏破한 됴선 사람의 료졍일 씨」, 『매일신보』 1921. 5. 28(3).

10 「三崇卒業」, 『大韓每日申報』(국한문판) 1909. 7. 7(1).

Harris)¹¹의 주선으로 일본 유학을 떠났다. 아오야마가쿠인靑山學院 중학부를 거쳐 전문학교를 마치는 것을 목표로 하였지만 떠날 당시엔 구체적 계획을 세우지 못했던 듯하다. 20세를 넘은 나이에 중학부 5년, 전문학교 5년을 마쳐야 한다는 현실에 망연자실하였지만 이내 중학부를 3년 안에 마친다는 목표를 세웠다. 간다神田의 예비학교에서 1년간 기초 공부를 하고, 1914년 아오야마가쿠인 중학부를 3년 만에 졸업하였다.¹²

졸업 후 일시 귀국한 노정일은 1914년 3월 16일 평안남도 경찰부에서 여권(번호 163330)을 발급받았다. 여행지는 미국 오하이오이고, 목적은 신학 연구였다.¹³ 같은 해 9월 노정일은 미국 유학길에 올랐다. 9월 18일 미국 오리건주 타코마항에 상륙하여 오하이오주의 웨슬리언대학(Wesleyan University)으로 향하였다. 그는 어학 실력이 부족해 선과생으로 등록하고 고학으로 학교를 다녔다. 1915년 봄 학기에 정식으로 입학하여 1918년 6월 문학득업사文學得業士(B.A)를 받았다.¹⁴ 같은 해 가을 뉴

---

11 해리스(1846~1921)는 미국 오하이오주 빌스빌 출신이다. 1874년 일본 홋카이도 하코다테에서 선교사로 일하였다. 1904년 미국 감리회 총회에서 일본과 한국 주재 감독으로 피선되어 일본에 부임하였다. 1905년 엡윗청년회원들이 상동교회에 모여 을사늑약 반대운동을 벌였을 때 이를 해산시키는 등 시종일관 일본의 입장을 두둔하였다. 1916년에 은퇴하였다. 윤춘병, 『한국감리교회 외국인선교사』, 감리교본부 교육국, 1989, 153쪽.

12 아오야마가쿠인 재학 때의 일들에 대해서는 다음 글을 참고. 文學士 盧正一, 「世界一周 山 넘고 물 건너」, 123~125쪽; 文學士 盧正一, 「世界一周 山 넘고 물 건너(二)」, 『開闢』 20, 1922. 2, 76~82쪽.

13 본적지와 주소지는 진남포부鎭南浦府 원당면元塘面 방지산동仿芝山洞 7통 10호였다. 보증인은 없었다. 『外國旅券下付返納表進達一件』(日本 外務省 外交史料館 소장).

14 「본국으로부터 온 두 학생」, 『신한민보』 1914. 9. 24(1); 「노정일 씨의 분투적 생애」, 『신한민보』 1918. 7. 4(3).

욕주의 컬럼비아대학(Columbia University)에 진학하여 1919년 5월 문학사(M.A.) 학위를 받고, 이어 정치학과에서 사회학을 전공하였다.[15] 다시 드류신학교(Drew Theological seminary)에 들어가 신학득업사(B.D.)를 받았다.[16] 이어 영국으로 건너가 옥스퍼드대학(Oxford University)에서 철학과 사회학을 연구한 뒤 1921년 5월에 귀국하였다.[17]

그는 귀국하는 여정에 세계일주, 특히 기독교의 성지를 순례한 뒤 중국을 통해 진남포로 돌아왔다.[18] 귀국 후 노정일은 자신의 학문과 여행 경험을 조선인에게 전파하기 위해 평양을 시작으로 강연 활동에 나섰다. 이때부터 다시 미국으로 유학을 떠나는 1926년까지 조선 내의 주요 도시에서 2백 수십 회의 강연을 했다.[19] 그의 표현을 빌리면 강연은 "평소부터의 포부의 일단을 실현하기" 위한 것이었으며, 주로 "종교에 의한 사상 선도와 통치에 대한 이해 등을 역설"했다. 당국에서 자신의 강연에 한

---

15 「로정일 씨의 고학한 결과」, 『신한민보』 1919. 5. 31(3); 一愚, 「世界一周 山 넘고 물 건너(七)」, 『開闢』 25, 1922. 7, 91~92쪽.

16 一愚 盧正一, 「世界一周 山 넘고 물 건너(三)」, 『開闢』 21, 1922. 3, 79~85쪽.

17 노정일의 학위와 그 취득 시기에 대해서는 기록마다 다르다. 우선 사이토 총독에게 올린 「民心指導二關スル所懷ノ一端」에서는 웨슬리언대학(A.B.), 컬럼비아대학(M.A.), 드류신학교(B.A.)로 기록하였다. 「留美卒業生一覽表」, 『우라키』 1, 1925, 161쪽에는 각각 B.A.(1918), M.A.(1920), B.D(1921)로 기록되어 있다. 이 글에서는 『우라키』의 학위명을 따르되 학위 취득 연도는 노정일의 글과 신문 기사를 따랐다.

18 「猶太의 聖地싯지 踏破한 됴션 사람의 로정일 씨」, 『매일신보』 1921. 5. 28(3).

19 당시 노정일은 이 잡지 저 잡지에 '웅문雄文'을 싣는 틈틈이 강단에 올라 "우물쭈물한 어법語法"으로 민족의 장래를 열론熱論하였다고 한다. 舌禍者, 「檢鏡의 빗춴 中央日報와 盧正一」, 『批判』 14, 1932. 6, 57쪽.

번도 주의를 주지 않았음을 유쾌하게 생각하였다.[20] 〈표 4-1〉에서 보듯
이 그의 강연은 주로 철학과 종교에 관련된 주제였으며 강연회의 주최
단체나 장소도 대부분 기독교와 관련되었다.

〈표 4-1〉 1921~1927년 노정일의 강연 활동

일시		장소	주최	강연 제목	출전
1921	5. 24.	장대현예배당	평양기독교청년회	성지순례의 소감	동 1921. 5. 28.
	5. 30. 5. 31.	종로청년회관	조선여자교육회	구주여행의 소감 성지순례의 실감	동 1921. 5. 28. 매 1921. 5. 28.
	6. 26.	내리예배당(인천)			동 1921. 6. 24.
	9. 30.	장대현예배당		인생의 문화와 사회의 문제	동 1921. 10. 6.
	10. 9.		중앙기독교청년회	어대로 갈가	동 1921. 10. 9.
	10. 28.		중앙기독교청년회 소년부	영웅주의	매 1921. 10. 26.
	12. 3.	종로중앙청년회관	예수교청년연합회	인생의 이대二大 문제	동 1921. 12. 3.
	12. 27.	종로중앙청년회관		종교와 인생	동 1921. 12. 27.
1922	4. 24.	정동예배당	면학청년회	영웅국청년 英雄國靑年	매 1922. 4. 23.
	4. 29.		중앙기독교청년회 소년부	영미학생생활 英米學生生活	매 1922. 4. 29.
	5. 19.	태화여자관	태화여자관 엡윗청년회*	현대 인생 문제에 대하야	동 1922. 5. 19.
	6. 24.		인천의법청년회		동 1922. 6. 24.
1923	2. 21.		중앙기독교청년회	연애와 종교	매 1923. 2. 21.
	6. 3.		중앙기독교청년회	기독과 국민성	동 1923. 6. 3.

20 盧正一, 「民心指導ニ關スル所懷ノ一端」, 287~288쪽.

연도	날짜	장소	주최	연제	출전
1923	9. 8.	중앙예배당	중앙교회 의법청년회	자연주의와 기독교	매 1923. 9. 3.
	9. 30.	정동예배당	정동예배당	예수의 관대성	동 1923. 9. 30.
	10. 13.	정동제일예배당	배재고보기독청년회	예수의 경제훈	동 1923. 10. 10.
	12. 12.	정동예배당		동양선교총회 경과보고	동 1923. 12. 12.
1924	2. 10.		중앙기독교청년회	창조적 자각	동 1924. 2. 10.
	2. 16.	경성도서관	경성여자학원	현대와 여성의 지위	매 1924. 2. 16.
	3. 2.	중앙예배당	중앙예배당 엡윗청년회	동천東天의 욱일旭日이여	동 1924. 3. 2.
	4. 19.	석교교회	석교교회	실력의 종교	동 1924. 4. 15.
	4. 22.	중앙예배당	연희전문학교 문과	칸트와 그의 도덕관	매 1924. 4. 21.
	4. 24.		중앙기독교청년회	성공의 청년	동 1924. 4. 24.
	5. 18.	중앙예배당	중앙예배당	'활재신活在神— 활동活動의 인人'이요	매 1924. 5. 18.
	10. 17.	내리예배당	인천의법청년회	오인의 활로	동 1924. 10. 19.
	10. 18.	종로청년회관	조선여자교육회	기근동정음악회 (악사)	동 1924. 10. 17.
1925	3. 23.	중앙기독청년회관		구생救生의 도途 (농촌문제 강연)	동 1925. 3. 23.
1927	11. 27.	중앙예배당		사상의 정조貞操	동 1927. 11. 27.
	12. 10.	중앙기독청년회관	중앙유치원후원회	존영存榮의 도道 (독창 강연)	중 1927. 12. 9.

비고: 출전의 '동'은 동아일보, '매'는 『매일신보』, '중'은 『중외일보』의 줄임.

* 엡윗청년회는 감리교 청년회다. 엡워스(Epworth)는 감리교 창시자 존 웨슬리(John Wesley)의 고향이다. '인천의법청년회'의 '의법懿法'은 엡워스의 한자 표현이다.

노정일은 유학을 마치고 귀국한 해인 1921년부터 연희전문학교에서 교편을 잡았는데 1925년 6월 무렵 신병으로 학교를 휴직하였다.[21] 이혼 때문에 학교에서 파면되었다는 주장도 있지만[22] 관련 기록은 찾을 수 없다. 그는 1926년 1월 19일에 경기도 경찰부에서 여권(번호 41009)을 발급받은 뒤 다시 미국으로 유학을 떠났다.[23]

노정일은 1926년 6월 24일 천세헌千世憲 등의 보증으로 흥사단 가입을 신청했다.[24] 1910년대 미국 유학 중의 활동이나 귀국 후의 사회활동, 독실한 기독교인으로서 연희전문학교 교수를 역임한 경력 등을 고려하면 흥사단 가입 신청과 추천은 자연스러운 일이었다. 그러나 흥사단이 노정일의 단원 가입을 허락했는지는 확실하지 않다.[25] 이후 1927년 7월에 네브라스카주립대학에서 '교육철학과 종교' 전공으로 철학박사 학위를 받았다.[26]

1927년 박사 학위를 받고 귀국했지만 1921년만큼의 열렬한 환영은 없었다. 그의 구직과 사회활동도 예전과 달라졌다.[27] 우선 그는 연희전

---

21 「人事消息」, 『조선일보』 1925. 6. 19(2).

22 정일형, 『오직 한 길로—항일·반독재 투쟁사』, 을지서적, 1991, 62쪽.

23 『外國旅券下付返納表進達一件』(日本 外務省 外交史料館 소장).

24 請願人 盧正一, 「興士團入團書類一通」(독립기념관 소장).

25 흥사단에서 1986년에 발간한 『흥사단운동70년사』의 「단우명단」(619~646쪽)에는 노정일의 이름이 없다.

26 「盧正一氏 得位還國」, 『조선일보』 1927. 8. 17석(2); 「一九二六 一九二七 卒業生一覽」, 『우라키』 3, 1928. 4, 136쪽.

27 1927년 귀국 후 노정일의 세 가지 구직 활동은 다음 자료에 따랐다. 盧正一, 「民心指導二關スル所懷ノ一端」, 290~291쪽.

문학교에 복직하지 않고 막 신설된 경성제국대학의 교수가 되고자 했다. 조선감리교 감독이던 웰치(Herbert Welch, 越就)의 추천으로[28] 이케가미 시로池上四郎 정무총감, 오무라 다쿠이치大村卓- 철도국장, 마쓰무라 마쓰모리松村松盛 식산국장 등이 그를 경성제대 교수로 임용하도록 마쓰우라 시게지로松浦鎭次郎 경성제대 총장에게 소개했다고 하였다. 총독부 고위 관료들의 이러한 후원에도 불구하고 기독교 강좌를 신설하지 못해 그의 교수 임용은 좌절되었다고 주장했다.

네 사람의 임기를 고려해 볼 때 노정일과 이들의 만남은 대략 1928년 초였을 것이다.[29] 노정일의 바람대로라면 당시 경성제대의 학제상 기독교 강좌는 법문학부 철학과에 개설되어야 했다. 하지만 철학과에는 이미 종교학·종교사 강좌가 설치되어 아카마쓰 지조赤松智城가 담당 교수

---

28 웰치(1862~1969) 감독은 1905년부터 11년간 노정일의 모교인 웨슬리언대학의 총장을 역임하였다. 1914년 가을 노정일을 직접 면접하였고, 이후 노정일의 생활과 학업에 큰 도움을 주었다. 1916년 5월 미 감리회 감독으로 피선되자 미 감리회 한국 및 일본 감독으로 자원하여 1928년까지 재임하였다. The Rebirth of Korea를 저술하여 3·1운동의 진상을 미국에 알렸다. 윤춘병, 『한국감리교회 외국인선교사』, 115쪽; 오하요 웨슬리안대학교 로정일, 「감리교회와 한국선교회의 전도」, 『신한민보』 1916. 6. 8(1); 엠.에(M.A) 一愚, 「世界一周 山 넘고 물 건너(四)」, 『開闢』 23, 1922. 4, 84~85쪽; 一愚, 「世界一周 山 넘고 물 건너(五)」, 『開闢』 24, 1922. 5, 122~125쪽.

29 이케가미 시로(1927. 12. 23~1929. 3. 26), 오무라 다쿠이치(1925. 5. 26~1934. 12. 24), 마쓰무라 마쓰모리(1929. 11. 8~1931. 7. 22), 마쓰우라 시게지로(1927. 7. 19~1929. 10. 9). 이때 마쓰무라는 아직 식산국장으로 승진하기 전이었고 아마도 총독관방 비서과장(1927. 8. 12~1928. 3. 29) 재직 시절이었을 것이다. 安龍植 編,『朝鮮總督府下 日本人官僚 研究 II』, 延世大學校 社會科學研究所, 2002, 433·542~544·656쪽; 安龍植 編,『朝鮮總督府下 日本人官僚 研究 III (人名別)』, 延世大學校 社會科學研究所, 2003, 197쪽.

로 있었다.[30] 강좌 신설은 오직 칙령으로만 가능하며, 조선총독부나 경성제대의 행정 조치가 아닌 일본 정부와 제국의회의 동의가 필요한 사항이었다. 게다가 널리 알려졌다시피 해방으로 경성제대가 폐교되는 시점까지 법문학부에서 조선인을 교수로 임용한 일은 없었다. 이것은 개교 당시부터 조선총독부와 경성제대가 묵시적으로 합의한 사항이었다.

경성제대 임용이 좌절된 뒤 그는 다시 학무국 시학관에 추천되었으나 역시 실현되지 못하였다고 주장했다. 노정일은 그 원인을 자신을 후원했던 학무국장 이진호의 실각으로[31] 파악했다. 이것도 경성제대 교수 임용 문제와 마찬가지로 관료들의 의례적 인사와 소개를 노정일이 과장되게 해석한 측면이 크다.

총독부 학무국 시학관은 고등교육기관의 사찰과 교육정책 전반에 걸친 실무에 참여하는 자리로, 총독부의 교육정책이 학교 현장에서 제대로 시행되고 있는지를 관리·감독하는 역할을 수행했다. 최소 2년 이상 중등학교장의 경력이 있거나 최소 3년의 주임관(고등관) 경력을 가진 관료 중에서 임용하도록 법으로 규정했기 때문에 노정일은 자격조차 갖추지 못하였다. 일본이 조선을 통치한 전 기간에 걸쳐 조선인 시학관의 현원現員은 1명으로서, 그나마 시학관을 역임한 조선인은 5명에 지나지 않았다.[32]

---

30 정근식·정진성·박명규·정준영·조정우·김미정, 『식민권력과 근대지식: 경성제국대학 연구』, 서울대학교출판문화원, 2011, 346~349쪽.

31 이진호는 1924년 12월 12일에 학무국장으로 임명되고 1929년 1월 19일에 퇴직했다. 安龍植 編, 『韓國行政史研究(Ⅱ)―1920年~1945年 8月까지의 韓人官僚의 任免狀況』, 大永文化社, 1994, 229쪽.

32 이기훈, 「식민지의 교육행정과 조선인 교육관료―視學官과 視學을 중심으로」, 『梨花史學研究』 36, 이화사학연구소, 2008.

구직 활동이 실패로 돌아간 뒤 그는 중추원 참의이자 친일단체 국민
협회 회장인 윤갑병尹甲炳과 함께 조선산업청년단을 조직하여 활동했다.
이 단체는 "조선인에게 가장 모자라며, 통치상 가장 긴급하고 기본이 되
리라고 생각하는 광업 진흥, 근로정신의 함양"을 위해 노력했지만 구체
적 실적을 거두지 못했다. 다만 이 일로 윤갑병의 신용을 얻었는지 윤갑
병은 사이토 총독에게 그를 칙임 대우의 중추원 참의로 추천했다. 윤갑
병은 "도지사를 퇴관한 자나 귀족, 실업계의 유수한 인사"들이 중추원 참
의로 추천되는 현실을 이야기하고, 조선의 '지식계급'에게 총독부가 "흉
금을 열고, 민의를 맞이하는 일종의 대영단을 내려 특별히 등용"할 것을
건의하였다. 이러한 조치는 중추원 개혁을 말하는 목소리가 나오는 즈음
에 민심에 커다란 좋은 영향을 끼칠 것이라 제안하였다.[33] 하지만 이 또
한 제도 개선이 이루어지지 않아서 성공하지 못했다.

이처럼 추진하는 일마다 성공하지 못했지만, 그럴수록 조선총독부와
관계는 돈독해졌다. 1929년 말에는 경무국의 의뢰로 「특종신문 경영안」,
곧 『매일신보』의 개혁안을 제출했다. 1930년 4월에는 사이토 총독을 만
나서 자신의 포부를 밝혔다. 그는 이후 자신의 생명을 조선 통치에 바칠
것을 다짐하고[34] 사이토에게 주기적으로 국내 정세, 주요 단체와 인물의
동향, 자신이 추진하는 사업의 진행 상황을 상세히, 그리고 수시로 보고
했다. 이러한 충성의 결과로 "관변에 신임이 두터우며 사이토 총독의 양

---

33 「尹甲炳 → 齋藤實 書翰」 날짜 미상, 『齋藤實文書』 16, 高麗書林, 319~321쪽.

34 盧正一, 「民心指導ニ關スル所懷ノ一端」, 290쪽.

자"라는 세간의 평가를 얻었다.[35]

노정일은 1930년 10월부터 사이토의 후원을 받아 『중외일보』의 인수전에 뛰어들었다. 『중외일보』는 1931년 6월 19일 종간호를 내고 휴간하다, 9월 2일에 주식회사 중외일보사가 해산되었다. 같은 해 10월 14일 그는 『중외일보』의 제호를 중앙일보로 고치고 사장에 취임했으며, 11월 27일 『중외일보』의 지령을 계승하여 1493호로 중앙일보를 발행하였다. 노정일의 취임에도 경영난은 여전해서 1932년 4월 공무국 직원 전원이 밀린 급료를 요구하는 파업을 벌이고, 5월 4일에는 편집국장 이하 전 직원이 파업에 참여하였다. 5월 5일 노정일은 당국에 휴간계를 제출하고, 최선익과 윤희중에게 발행권을 넘겼다.[36]

중앙일보 사장을 그만둔 뒤 1945년까지 노정일의 행적은 묘연하다. 사실관계에서 부정확한 점이 있지만 사후에 출간된 저작집의 서문을 보면, 중앙일보 퇴직 후부터 해방될 때까지 농촌에서 살았다고 한다. 1945년 12월에 서울 인근인 경기도 일산에 중등 정도의 3년제 조선축산학교 설립을 학무당국에 신청하였다.[37] 이후 '조국 분단의 슬픔'으로 다시 농촌에 은거하여 '고행과 시련'을 겪으며 "자주통일의 길을 세계 사조의 흐름 속에서 찾고자" 저작과 강연에 몰두하다가 1960년에 사망했다. 해방 이후에 그가 쓴 저작들로는 『자주통일의 기본이념』(1949), 『신질서 정도령新秩序 鄭道令』(1951), 『국사國土와 정치인』(1958) 등과 이를 다시 편집한

---

35 舌禍者, 「檢鏡의 빗췬 中央日報와 盧正一」, 58쪽.

36 정진석, 『한국언론사』, 나남출판, 1991, 426~428쪽.

37 「일산에 畜産學校를 設立」, 『조선일보』 1945. 12. 8(2). 실제로 설립되었는지 확인할 수 없다.

『자주통일의 길』(1971) 등이 있다.[38]

3. 노정일의 언론관

노정일은 미국 유학 중에 유학생에게 결코 적지 않은 금액을 독립 의
연금(3원), 조선동포 구제금(7원), 독립 경축비(10원) 등으로 냈다.[39] 또 시
카고지방회와 뉴욕지방회 등이 개최한 국치일 기념회나 독립선언기념
경축대회 등에서 식순의 하나인 축가를 불렀다.[40] 그는 웨슬리언대학을
졸업한 1918년 6월 이후에는 유학생회에서 열심히 활동하였다.

하지만 그는 1930년 4월 28일 사이토 총독을 만나서 올린 보고서에
는 이러한 사실을 감추었다. 이 보고서에서 그는 자신의 경력과 사상, 외
국 식민지 통치에 대한 소감, 조선 통치에 대한 견해, 조선인의 공통된
단점, 민심 지도의 필요성 등을 밝혔다.

노정일은 오랜 해외 생활로 자주 '불온운동'에 참여할 기회가 있었지
만 일찍부터 "제국의 조선 통치에 대한 확고 불변한 신념"을 가졌으며,
죽은 해리스 박사의 간절한 지도로 '불온운동'에 참여하지 않았다고 하

---

38 金一平, 「序文」, 『頌翰盧正一著作集: 自主統一의 길』, 盧正一著作集編纂會, 1971, 3~4
쪽과 판권란의 「저자 약력」 참조.

39 「독립의연」, 『신한민보』 1919. 9. 13(3); 「내디동포구제금」, 『신한민보』 1919. 9. 25(3);
「뉴욕디방독립경축비」, 『신한민보』 1920. 4. 2(2).

40 「국티일각디방─쉬카고(지셩)디방회」, 『신한민보』 1918. 9. 12(2); 「뉴욕디방회의 개
관식 거행」, 『신한민보』1919. 9. 30(3); 「독립선언긔념경축─뉴욕디방동포경축회」,
『신한민보』 1920. 3. 23(3).

였다. 또 자진해서 일본인 유학생과 서로 의논하여 재미 조선인을 설득하고 외국인의 잘못된 조선 문제 인식도 풀도록 한 사실이 있음을 강조하였다. 이러한 소신을 뉴욕에서 일본인[41]에게 말하고 조선 귀국을 권유받았지만 학업 때문에 영국으로 가야 했고, 이때 "다시 올 수 없는 기회"를 놓쳐서 불행하다고 생각했다. 그러나 외려 유학과 해외여행을 통해 얻은 지식으로 일본과 조선 동화의 필요성과 그것을 가능하게 할 정책을 깊이 깨닫게 되었다고 역설하였다.[42] 이것은 1차 유학 때의 일로서 노정일의 유학 당시 및 귀국 후 행적과도 일치하지 않는다.

노정일은 사이토에게 보낸 보고서와 편지들에서 당시 전개되던 민족운동을 분석하고 자신의 의견을 제시하였다. 그는 조선의 사상계를 신간회와 관련 있는 비타협적 독립운동, "잠행적인 주의 선전"을 통해 점차 표면화되는 공산주의운동, 식자識者나 재산가와 청년 또는 유학생들의 독립을 전제로 하는 자치운동, 국민협회 일파 등의 참정권운동으로 구분하였다.[43]

신간회는 비타협적으로 독립만을 주장하고, 공산주의운동은 통치와 너무 반대되고, 친일을 표방하는 국민협회는 대다수 민중의 참 요구와 동떨어졌다고 노정일은 분석하였다. 동아일보 간부와 천도교의 영수는 야합해서 합법적인 내정자치운동을 일으키고 있으며, 그들은 "독립 소동" 이후 독립을 바랄 수 없다고 믿는 민심을 모아서 국면을 전환하려는

---

41 뉴욕에서 만난 일본인은 오자키尾崎와 히비키日丕인데, 누구인지 확인하지 못했다.

42 盧正一, 「民心指導ニ關スル所懷ノ一端」, 289~290쪽.

43 위의 글, 305쪽.

것으로 보았다. 비록 온건하지만 운동이 진전함에 따라 합법적 조직력으로 통치의 앞날을 험악하게 만들고 "걱정의 씨앗"을 뿌리게 될 것으로 우려하였다.[44]

노정일은 당국에서 "보호하고 찬성하는 자치운동과 일반이 아는 것"은 차이가 있으며 자치운동의 최후 목적은 독립이라고 보고하였다.[45] "분리 독립을 전제"로 하는 자치운동은 "융화·동화의 근본을 파괴한다"고 보았다.[46] 1931년부터 조선의 지방자치가 확대되면서 자치를 표방하는 운동이 확산되는 상황에 대한 경계였다.

조선은 식민지가 되어서는 안 되며, 조선 통치의 근본 방침은 일시동인一視同仁의 성지聖旨에 따라야 한다는 게 노정일의 신념이었다. 그는 일본과 조선의 관계를 동문동족同文同族이며 지리적·인문적 관계와 세계에서 제국의 지위로 고찰하더라도 가장 밀접하다고 생각했다. 따라서 그에게 동화는 "숙명적"이었다.[47]

동화의 대상인 조선인은 긴 역사 덕택에 정신문화에서 결코 다른 민족에게 뒤지지 않았다. 반면에 물질 방면에서는 원시 상태를 벗어나지 못하였는데, 산업적·기업적 정신이 부족했기 때문이었다. 후자의 정신이 없는 민족은 자연도태의 법칙을 면할 수 없으며 스스로 멸망을 초래하게 되었다. 게으름, 의뢰심, 부화뇌동, 경솔부박, 탁상공론, 미래나 과거보다

---

44 盧正一,「破格的指導運動ノ助長ヲ望ム」1930. 8. 30,『齋藤實文書』16, 高麗書林, 1990, 327쪽.

45 『齋藤實文書』16, 252~254쪽.

46 「華峰報告書」1930. 11. 26,『齋藤實文書』16, 222쪽.

47 盧正一,「民心指導ニ關スル所懷ノ一端」, 301~302쪽.

4장: 일제하 노정일의 언론관과 중앙일보 경영 | 135

회상 중시, 인내심의 부족 등 조선인의 단점으로 거론되는 사실을 부정할 수 없었다.

또 조선인들은 자기 자신에게 구하지 않고 얻고자 하는 사상을 뿌리 깊게 갖고 있으며, 무지하기 때문에 얻을 수 있는 것도 얻지 못하는 경우가 있었다. 게다가 이긴 자나 우월한 자를 흠모하고 그들에게 배워야 하지만 그렇게 하기를 싫어하며, 오히려 시기하고 혐오해서 폄하하고 더욱 고식적으로 퇴영退嬰해 가는 단점을 지니고 있었다. 따라서 노정일은 이러한 조선인의 단점을 극복하기 위해서 정치 외에 민족성의 개량과 교육이 필요하며, 이것을 효과적으로 수행하려면 언론이 올바른 역할을 해야 한다고 주장하였다.[48]

윤갑병은 노정일을 사이토에게 추천하면서 "언론으로 민심 지도를 맡을 각오를 하고 있으나 때가 오지 않아서 할 일 없이 세월을 보내고 있어서 애석"하다고 하였다.[49] 노정일은 2차 귀국 후 한글신문이 "통치 공적"을 망가트린다고 생각하였다.

노정일은 동아일보를 순전한 중립기관이 아니며 언론기관의 궤를 벗어났다고 보았다. 동아일보는 "2천만 조선 민의의 표현"이라 자칭하면서 독립사상의 고취나 반통치적 주장을 본업으로 삼고 있다는 것이었다.[50] 조선일보는 동아일보만큼 주의 주장에 속박되지 않았지만 현재의 경영자(신석우—인용자)가 있는 한 그들이 조선총독부의 녹祿을 먹는다 해도

---

48 盧正一,「民心指導ニ關スル所懷ノ一端」, 309~312쪽.

49「尹甲炳→齋藤實 書翰」날짜 미상.

50「華峰報告書」, 220~221쪽.

바뀌지 않을 것이라 하였다.[51] 또한 『매일신보』의 주장을 "총독부가 취입한 레코드를 돌리며 내는 소리"라고 혹평하였다.[52]

노정일은 조선 통치를 위해서는 당국의 정책만으로 충분하지 않으며, 민심을 이끌어 갈 선각자와 언론기관이 필요하다고 생각하였다. 그 언론기관의 사명은 "조선의 현상現狀으로 하여금 한 걸음씩 향상시키고, 그 성취에 따라서 의무 이행을 확대하고, 권리를 신장시켜서 내지인들과 지知・재財・덕력德力에서 현격한 차이를 좁히고 차차 동등한 지위에 올라가서 완전한 동화의 열매를 맺게" 하며 동아일보 등의 주장과 싸우며 민심을 올바르게 유도하는 것이었다. 그러던 차에 1929년 겨울 경무국에서 『매일신보』의 개혁안을 의뢰하자 「특종신문 경영안」을 작성해 제출하였다. 일차적으로 『매일신보』가 위에 말한 역할을 다해야 한다는 것이었다. 하지만 여러 사정으로 노정일의 안은 채택되지 않았다.

그 뒤 일본으로 가서 '조선사정신문朝鮮事情新聞'을 발간할 계획을 세웠다. 일본의 정치가, 학자, 일반인에게 조선과 조선인의 실정을 정확히 이해시키는 일이 일본의 지도자나 조선인에게 급하고 이롭다는 판단이었다. 자본과 판권이 없어 조선에서 신문 발행을 포기하고 일본행을 추진하던 중이었다. 사이토에게는 곧 출발할 준비를 하고 있으니, 신문사업에 사이토의 "간절한 지도", 곧 자금 지원을 부탁하였다.[53] 노정일이 자금지원을 요청한 신문은 『중외일보』였고, 때는 1930년 말 무렵이었다.

---

51 『齋藤實文書』 16, 434쪽.

52 「華峰報告書」, 221~222쪽.

53 盧正一, 「民心指導ニ關スル所懷ノ一端」, 298~299쪽.

4. 노정일의 『중외일보』 인수

『중외일보』는 1926년 9월 18일자로 창간된 신문이었다. 『시대일보』의 발행권이 취소되자 이상협이 총독부의 발행 허가를 받아 1926년 11월 15일부터 발행하였다. 4면 발행에 월정 구독료 60전으로 '값싸고 좋은 신문'을 표방하며 야심차게 출발하였지만, 경영진의 출자 규모가 적어 처음부터 재정난에 부딪혔다. 창간한 지 4개월 후부터 임금을 제대로 지불하지 못하였고, 심지어 편집국원들이 월급 없이 매달 1원씩 나눠 가지는 일도 있었다. 일상적 재정난이 지속되는 가운데 1928년에는 두 번의 필화 사건으로 관련자가 처벌받고, 무기정간 처분까지 받았다.

1929년 2월 정간이 해제되면서 3월부터 안희제安熙濟의 백산무역회사에 참여했던 이우식李愚植이 새로운 출자자로 등장하였다. 조합제를 거쳐 같은 해 9월부터 자본금 15만 원의 주식회사로 전환하고 안희제가 사장을 맡았다. 안희제는 사장 취임 직후 지면을 무리하게 8면으로 늘렸다가 오히려 경영 곤란에 빠지게 되었다. 게다가 일시불로 불입하기로 약정했던 15만 원의 주식회사 자본금이 들어오지 않으면서, 다시 1929년 12월부터 사원들의 임금을 지급하지 못하였다. 이렇듯 재정난에 시달리던 『중외일보』는 1930년 10월 15일부터 10일간 휴간하였다가 속간 비용을 마련하지 못하여 계속 휴간하였다.[54]

노정일은 사이토 총독에게 제출한 「특종신문 경영안」에서 조선일보, 동아일보, 『매일신보』 등 한글신문의 현황과 논조를 분석하였다. 이어

---

54 박용규, 『식민지 시기 언론과 언론인』, 195~197쪽.

『중외일보』의 현황을 설명하면서 "속간되는 날짜는 연기에 연기를 거듭하여 파쟁이 끝나지 않"아서 이제는 "누구든지 공짜로(사실 거기까지는 아니겠지만—원문) 준다고 하는 데까지 왔"으며, 이렇게 된 김에 "이것을 주워서 해보면 어떨까 하는 생각"을 하게 되었다고 하였다.[55] 곧 노정일은 1930년 10월의 휴간 이후 속간의 기미가 보이지 않자 인수할 생각을 품게 되었다.

자본금이 없었던 노정일은 사이토 총독의 힘을 빌리려고 하였다. 그래서 우선 인수를 공짜로 할 수 있고, 문제의 중외일보 주식회사를 해산할 수 있으며, 저당 잡힌 기계 등을 양수讓受받는 경우만 제외하면 채무를 책임질 필요도 없다고 보고하였다. 단, 저당 잡힌 기계 등의 양수 비용 3,000엔, 전화 매입비 1,200엔, 사옥과 기구 등의 수리비 800엔 등 사업 개시에 필요한 비용으로 대략 5,000엔을 예상하였다. 사업은 언제든지 시작할 수 있지만 신년 축하 광고를 받으려면 연말 안에 하는 게 좋다고 덧붙였다. 노정일이 경영 실패의 중요한 원인으로 지목한 사옥 문제에 대해서는 사옥을 신축하되 시내 적당한 장소의 관유지를 무상으로 불하받고, 자금은 은행이나 건물회사에서 연부 상환 방법으로 차입할 것을 제시하였다.[56] 달리 말해 인수와 사업 개시, 그리고 사옥 신축에 필요한 자금과 편의를 모두 사이토 총독에게 요청한 것이었다.

---

55 『齋藤實文書』16, 433~436쪽. 작성 시점이 나와 있지는 않다. 다만 첫 문장의 "올봄 처음으로 각하를 배미拜眉했을 때"와 "세밑을 맞이하여 회고하면", 그리고 동아일보 "해금 후의 동지의 지면을 볼 때에 첫 주는"이라는 문장에서 단서를 찾을 수 있다. 동아일보는 1930년 4월 16일에 정간 처분을 받아 9월 2일에 속간하였다. 이로써 노정일과 사이토의 첫 만남도 1930년 봄에 이루어졌음을 짐작할 수 있다.

56 위의 자료, 437~438쪽.

한편 『중외일보』 안에서는 1931년 2월 10일 휴간 만기를 앞두고 총독부에 더 이상의 휴간 신청을 하기 어렵지 않겠느냐는 회의론이 일어났다. 이에 원세훈元世勳, 김찬성金贊成, 김남주金南柱, 임유동林有棟 등이 경영권을 맡아서 『중외일보』를 속간하였다. 그들에게 돈이 있어 맡은 게 아니라 일단 맡아 놓고 돈을 구하자는 것이었다.[57] 편집국장 김형원도 기자들과 함께 납본을 통해 신문 발행을 이어 가려고 했다. 그렇지만 이것은 발행권 유지를 위한 명목상의 발행일 뿐이어서 4월부터 다시 휴간에 들어갔고, 결국 9월 2일에 주식회사 중외일보가 해산되었다.[58]

노정일은 1931년 2월 18일에 『중외일보』의 현상을 사이토에게 편지로 보고하였다. 그가 분석하기에 『중외일보』를 노리는 부동 자금은 신간회 원산지회 집행위원장 강기덕康基德의 1만 엔, 변호사 이인李仁의 2만 엔, 학용품 회사인 주식회사 삼중사三重社 사장 김봉두金奉斗의 시가 3만 엔의 건물, 그리고 『중외일보』의 상무취체역 임유동이 주선 중인 1만 엔 등 총 7만 엔이었다. 노정일은 여기에 1만 엔을 더하면 신문사의 상당한 기초를 만들 수 있을 것으로 생각하였다. 그가 1만 엔을 출자하여 앞선 출자자의 명예욕을 만족시키고, 자신은 중역의 한 사람으로 참가하여 편집에 간섭하겠다고 했다. 나아가 기회가 되면 5만 엔 정도를 추가로 투자해서 『중외일보』의 전부를 장악하겠다는[59] 야심을 드러냈다. 물론 이 비용은 사이토에게서 나와야 했다.

---

57 舌禍者, 「檢鏡의 빗췬 中央日報와 盧正一」, 56쪽.

58 박용규, 『식민지 시기 언론과 언론인』, 197쪽.

59 『齋藤實文書』 16, 266~267쪽.

하지만 이 편지를 받고도 사이토는 자금을 지원하지 않았다. 3월 27일 노정일은 다시 사이토에게 간절하게 편지를 썼다. 김봉두 등은 3,000원 이상의 속간 자금을 지원했는데, 사옥으로 쓸 예정이던 김봉두의 건물을 매각하기로 계약을 체결했다는 내용이었다. 노정일은 자신이 적극적으로 진출하지 않았던 탓에 김봉두가 실망한 것처럼 서술하였다. 자신이 "책임질 언질"을 하지 않았지만 그들의 "물질적 손실과 정신적 고통"을 볼 때 참으로 미안하다고 덧붙였다. "문장보국文章報國"이 자신에게 허락된 유일한 사명인데 지금 와서 손을 떼기는 어려우며, 82세의 노모가 아들의 출세만을 기다리다가 그것을 보지 못하면 사람의 자식으로서 견딜 수 없다고 호소하였다.[60]

『중외일보』의 판권을 인수하려던 사람은 노정일 외에도 진주 출신의 김찬성과 『중외일보』 기자인 김남주가 있었다. 이 두 사람은 의욕은 있지만 재정 능력의 부족으로 새로운 출자자를 찾고 있었다. 반면, 노정일은 자신을 대리해서 『중외일보』 인수에 나설 사람이 필요했다. 김찬성·김남주와 노정일의 접촉은 1931년 4월에 이루어졌다. 노정일은 두 사람을 만나기 전에 김봉두의 2층 건물과 그가 경영하는 삼중사의 전화기 2대, 기타 금고 등을 2만 원에 매수하였다.[61]

김찬성은 노정일에게 출자자가 누구인지를 물었다. 노정일은 당장은 사옥과 전화 등밖에 없지만 앞으로 상당한 자금이 나올 터이며 사옥의 원소유자는 자신의 사돈인 "공주의 정한명鄭漢明 씨"라고 답하면서 이후

---

60 위의 문서, 248~250쪽.

61 舌禍者,「檢鏡의 빗쵠 中央日報와 盧正一」, 56쪽.

의 자금줄은 "백만장자로 떠드는" 정한명임을 암시하였다.[62] 당시 노정일
과 정한명은 영리회사를 경영할 계획이라는 소문이 떠돌았다. 김남주는
노정일과 정한명을 오가며 그 자금을 『중외일보』 속간 자금으로 끌어냈
다는 평가를 받았다.[63]

　이것은 노정일의 계략이었다. 그는 1927년 미국에서 귀국할 때 스스
로 "예수교 및 일반에서 사회사업을 하기 위해 많은 자금을 갖고 왔다는
소문"을 냈다. 그 때문에 『중외일보』 발행 자금이 거기서 나왔다고 믿는
사람도 있었다. 또 그는 사돈인 정한명에게 사이토의 '후원'을 말하고 협
조를 구하였다. 정한명은 노정일의 사업에 상당한 금액을 제공했다고 세
상에 알려지는 데 동의하였다. 하지만 종로경찰서의 의뢰를 받은 충남경
찰부의 조사에서, 정한명은 노정일의 사업에 재력을 원조할 생각은 없으
나 노정일의 요청대로 출자를 가장하는 내용을 세상에 말한 적은 있다고
답변하였다. 노정일은 1931년 9월 16일자 편지에서 정한명이 재력을 원
조할 정도가 되지 못함을 사이토에게 실토하였다.[64]

　이 자금은 노정일의 편지를 받은 사이토의 지원금 3만 엔에서 나왔
다. 훗날 사이가 틀어졌지만 김남주는 사이토에게 "각하의 돈 3만 엔"[65]

---

62 舌禍者, 위의 글, 56쪽.

63 朴來春, 「盧正一과 中央日報」, 『第一線』 2-5, 1932. 6, 67쪽. 박래춘의 글에서 정한민
　은 정한명의 오기다.

64 「盧正一 → 齋藤實 書翰」 1931. 9. 16(일본국회도서관 헌정자료실 소장), 분류번호
　1903-7.

65 「金南柱 → 齋藤實 書翰」 1932. 11. 26. "노정일 씨의 의견서는 전부 소생의 창작이고
　초안을 정밀하게 베낀 것입니다. 노 씨가 작년 4월에 각하의 돈 3만 엔으로 집 구입
　및 유흥과 사치에 낭비하여, 소생이 충고한 후로부터는 서로 뜸해졌습니다. 요즘 『중

142 | 조선·동아일보의 탄생

이라 편지에 썼고, 김찬성은 "노 씨가 달리 얻어 온 것"[66]이라고 하였다. 노정일은 1931년 9월 30일자 편지에서 건물을 자신의 명의로 하였지만 "각하의 소유물"이라 썼다.[67]

김찬성은 또 노정일에게 누가 사장이 될 것이며, 판권을 누구 소유로 할 것인지 물었다. 노정일은 판권을 김찬성에게, 사장은 채권자 중에 일임한다고 말했다. 김찬성은 안희제로부터 『중외일보』 판권을 넘겨받는 판권 양여 운동에 성공하였다. 김찬성은 판권을 인수하더라도 제호를 갈지 않고 명의를 노정일로도 하지 않으며 옛 사원의 절반 이상은 채용하겠다고 제안했다. 이리하여 일단 안희제가 판권을 김찬성에게 넘겼다. 안희제는 보증금 300원을 챙겼다.[68]

1931년 9월 2일 해산 무렵의 중외일보사는 공칭자본금 15만 엔의 주식회사였다. 주식 총수는 3,000주였으나, 주금이 불입되어 실제로 발행된 주식 수는 1,800주에 지나지 않았다. 총자본금 15만 엔 중에서 어음 2만 1,998엔 75전과 미불 주금 3만 8,000엔(개산액槪算額)을 합쳐 6만 엔 정도의 주금이 납입되지 않았다. 곧 실자본금은 8만~9만 엔 정도였다.

외일보』를 발간했으나 노 씨는 수입을 사용私用으로 썼기 때문에 3월부터 월급 지불 불능에 빠져서 5월 4일에 휴간하고, 사원 및 지국의 보증금을 지불하지 않아서 현재 분쟁 중입니다. 노 씨는 지금 각하의 진력으로 『매일신보』 부사장에 취임한다는 풍문이 많으므로 각하는 손을 떼시는 것이 좋을 듯합니다."

66 鄭錫泰,「朝鮮日報 中央日報를 永久完全하게 救出할 方策」,『三千里』 4-7, 1932. 7, 28쪽.

67 「盧正——→ 齋藤實 書翰」 1931. 9. 30(일본국회도서관 헌정자료실 소장), 분류번호 1903-7.

68 舌禍者,「檢鏡의 빗쵠 中央日報와 盧正一」, 57쪽; 「中外日報 來月上旬 發行豫定」,『조선일보』 1931. 10. 21석(2).

자산	금액	부채	금액
미수입 신문 대금	32,248엔 24전	경리, 물건 대금	24,680엔 12전
미수입 광고 요금	10,238엔 79전		
집기 및 비품	15,000엔		
보증금(철도·우편·총독부)	950엔	인건비	13,725엔 87전
받을 어음	29,478엔 66전		
계	88,015엔 79전	계	38,405엔 99전
차감 자산 계			49,609엔 80전

비고: '자산 계'의 88,015엔 79전은 87,915엔 69전의 잘못이고, '차감자산 계'의 49,609엔 80전은 49,509엔 70전의 잘못이다.

주식 분포의 상태를 보면 중역 이우식이 1,000주를 소유하였고, 나머지는 적은 수로 분산되어 있었다. 발행부수는 유가지有價紙 2만 5,000부이며, 지국과 분국의 총수는 250개소였다. 종업원 수는 편집국 25명, 영업국 23명, 공장 40명 등 총 88명이었다. 자산과 부채의 현황은 〈표 4-2〉와 같았다.[69]

『중외일보』 인수 과정에서 사이토 외에 조선총독부의 지원을 살펴볼 필요가 있다. 사이토는 1929년 8월 17일에 조선총독으로 재임해서 1931년 6월 17일에 사임하였다. 그 후임은 우가키 가즈시게宇垣一成였다. 흔히 총독에 관계없이 조선총독부를 동일하게 생각하지만 『중외일보』 인수 과정은 학계의 '상식'과 달랐다.

노정일은 사이토 총독을 직접 대면하거나 그에게 서면으로 보고서를

---

69 「株式會社中外日報經營案」, 『齋藤實文書』 16, 463~465쪽.

제출한 적도 있다. 사이토 총독이 조선을 떠난 뒤에는 주로 서면이나 전보, 아주 급할 때는 항공우편을 이용하기도 했다. 실무적인 문제는 곤도 쓰네타카近藤常尙와 상의했다. 곤도는 1926년 5월부터 경무국 도서과장, 1929년 5월부터 총독비서관, 같은 해 11월부터 총독관방 비서과장, 1932년 8월부터 경무국 보안과장을 지냈다.

「특종신문 경영안」도 곤도를 통해서 제출했다. 1931년 8월 16일 편지에서는 곤도와 자주 만난다고 썼다. 중외일보사가 해산된 뒤 새로운 자금이 필요하던 때 쓴 9월 30일의 편지에서 총독부의 도움을 받지 못했음을 알 수 있다. 노정일은 총독부에서 곤도와 다나카田中를 만나 자금 문제를 상의했지만 새 총독에게는 자신의 관계와 자금 문제를 말하지 않기로 결정하였다. 우가키는 "금전에 대해서 들어오는 일은 있어도 나가는 일은 절망"이라는 이유였다. 그래서 노정일은 사이토에게 "특단의 자정慈情"을 베풀어 줄 것을 간청하였다.

노정일의 『중외일보』 인수 자금은 박용규의 주장처럼 김남주와 김찬성의 노력으로 구해지지 않았다. 사이토가 조선총독을 사임했기 때문에 조선총독부의 자금으로도 볼 수 없다. 자금 출처는 사이토의 기밀비였다. 『중외일보』 해산과 중앙일보 창간을 조선총독부의 언론정책으로 보기 어려운 이유다.

5. 노정일의 중앙일보

1931년 10월 15일 『중외일보』의 판권, 곧 발행인의 명의가 김찬성에게 넘어갔다.[70] 이면의 노정일을 보지 못한 당대의 여론은 김찬성을 중심으로 한 "신경영자의 일파"가 견지동 60번지 옛 조선도서주식회사의 2층 양옥을 1만 2,500원에 매입하고 활자와 윤전기를 새로 구입했으며, 사옥 뒤편에 8,000원을 들여 공장을 신축한 것으로 보았다.[71]

중앙일보는 11월 27일자 「속간사」에서 종래의 주식회사를 해체하는 것 외에 『중외일보』와 네 가지가 다르다고 밝혔다. 첫째로 내부 진용 외에 『중외일보』를 폐지하고 중앙일보로 개칭하며, 둘째로 좁은 옛 사옥을 버리고 견지동의 신축 사옥으로 이전하며, 셋째로 독자의 경제적 부담을 고려하여 구독료를 내리며, 넷째로 양보다는 질을 중시해서 집약적 편집법으로 지면을 4면으로 축소했다는 것이다. 이와 동시에 여론의 대표기관, 정의의 옹호기관, 엄정한 비판기관이라는 3개 신조를 천명했다.[72]

중앙일보의 임원으로는 이사장에 홍성숙洪性肅, 책임이사 노정일, 이사 정한명의 진용을 갖추고 안희제를 고문으로 추대하였다.[73] 그런데 창간 과정에서 노정일이 발행인을 김찬성에서 자신으로 바꾸는[74] 바람에

---

70 14일이라는 주장도 있다. 李鍾洙, 「朝鮮新聞史, 思想變遷을 中心으로」, 『東光』 28, 1931. 12, 75쪽.

71 「中外日報의 近況」, 『三千里』 3-11, 1931. 11, 27쪽; 朴來春, 「盧正一과 中央日報」, 67쪽.

72 「續刊에 際하야—삼가 大衆의 支持를 바랍니다」, 『中央日報』 1931. 11. 27(1). 「속간사」와 다르게 "조선에 유일한 최렴최량最廉最良한 대중 본위의 신문"이라는 목표 아래 ①대중의 신문, ②여론의 지침, ③엄정한 비판, ④신속한 보도를 표어로 내세웠다는 기록도 있다. 靑光, 「세동채 가는 中央日報의 新陣營」, 『東光』 28, 1931. 12, 106쪽.

73 「本社任員一同」, 『중앙일보』 1931. 11. 27(1).

74 발행인 변경을 두고 노정일과 김찬성이 벌인 공개 논전은 다음 기사를 참조. 朴相浩, 「突然 休刊한 中央日報 紛糾事件의 裏面」, 『東光』 34, 1932. 6, 27~29쪽.

직책	창간 당시 (1931년 11월 27일)*	1932년		
		2월 4일	3월 24일	4월 2일
사장	노정일			
편집국장	강매			
편집부장	김남주			김남주
정경부장	배성룡			김남주(겸임)
사회부장	박팔양			박영희(겸임)
지방부장	유광렬			박팔양
학예부장	박영희			박영희
영업국장	김찬성			
판매부장		홍덕유		
광고부장			김석택	
서무과장	권헌규			
회계과장	김영제			

출전: 「本社任員一同」, 『중앙일보』, 1931. 11. 27(1); 「本社辭令」, 『중앙일보』, 1932. 2. 4(1); 「本社辭令」, 『중앙일보』, 1932. 3. 24(1); 「本社辭令」, 『중앙일보』, 1932. 4. 2(1).

* 잡지 『동광』은 중앙일보 「사고」와 다르게 편집부장을 정리부장으로, 정경부장을 경제부장으로 기록하였다. 또 정리부 기자로서 이홍직과 이풍규, 정치부 기자로서 임영달, 사회부 기자로서 김세용, 신경순, 이상호 등을 추가하였다. 靑光, 「세동채 가는 中央日報의 新陣營」, 『東光』 28, 1931. 12, 106쪽.

분규가 발생하고 사원의 파면이 잇달았다.[75] 〈표 4-3〉에서는 창간 당시와 휴간 직전인 1932년 4월 2일까지의 주요 간부 인사를 정리하였다. 이를 보면 4월 인사에서 정경부장 배성룡과 지방부장 유광렬이 경질되었음을 알 수 있다.

---

75 박용규, 『식민지 시기 언론과 언론인』, 208~209쪽.

중앙일보는 자금난으로 경영 상태도 좋지 못했지만 신문의 논지나 질이 좋지 못하다는 비난을 받았다. 곧 중앙일보는 같은 시대 사람들에게 조선의 민간지로서 자격을 갖추지 못했다는 평을 받았다. 설화자舌禍者는 "신문 수준에 이르지 못한 신문"일뿐 아니라 사설은 "냄새나는 황분통黃糞桶에서 방금 주워 낸 듯이 악취가 코를 돌릴 지경"이라고 혹평했다.[76] 냄새난다는 설화자의 인상평에서 더 나아가 박래춘은 문제 삼을 만한 사설 몇 가지를 예로 들었다.

> 사설[특히 續刊詞 新年詞(속간사 신년사)며 최근의 「目的(목적)과 手段(수단)」, 「超(초)맑시즘의 樹立(수립)」 등]은 총독부에 보내어 보통학교의 수신 교과 편찬의 자료로나 쓰일 것이다. 그 문장의 유치함은 중학교 일년생의 작문이다. 편즙체재는 一九世紀式(19세기식)이요. 誤字(오자)의 數(수)가 正字(정자)보담 더 만타. 삽화와 만화는 그야말로 만화가의 만화 재료다. 뉴-스는 항용 삼사일씩 뒤진다. 이것은 신문이 아니라 신문지다. 이럴 바에야 조선의 민간지의 대립으로부터 정립이 될 필요가 중앙일보 자체로 보나 독자편으로 보나 절대로 업지 아니하냐. 동아와 조선 이외의 신문을 그래도 요구한다면 매신이 잇지 아니한가.[77]

신문 자체의 수준이 떨어져서 한낱 종이에 불과하며, 사설은 보통학교 수신 교과서에나 들어갈 내용이라고 했다. 조선의 민간지인데 조선인

---

76 舌禍者, 「檢鏡의 빗쵠 中央日報와 盧正一(續)」, 『批判』 2-7, 1932. 8, 72쪽.

77 朴來春, 「盧正一과 中央日報」, 66쪽.

이 아닌 총독부의 입장을 대변한다는 비판이었다. 날선 악평이었지만, 사실 그러한 신문 논조는 노정일의 중앙일보 창간 목적이기도 했다. 다만 『매일신보』와 다른, 『매일신보』를 넘어서는 '어용지'를 원했는데 결과는 『매일신보』조차 되지 못했다.

여기서 구식 편집 체재나 많은 오자, 신문新聞이 아닌 구문舊聞으로서 뉴스를 검토할 여유는 없다. 사장의 경영 잘못도 있지만 신문 제작은 편집국의 몫이기 때문이기도 하다. 단지 노정일이 추구했던 '언론'이 당대의 비판과 일치하는지 확인할 필요는 있다.

1932년 3월 15일자 「목적과 수단」은[78] 장황한 글이지만 요지는 간단했다. 곧 "아무리 숭고한 목적을 위하여서라도 결코 졸렬한 수단을 취하지 아니하여"야 한다는 내용이다. 3월 13일부터 중앙일보는 조선일보의 '만주동포 위문금 횡령 사건'을 유일하게 보도하였다.[79] 이에 대한 당대 사회의 비난이 있었던지 '횡령 사건'의 "동기와 결과의 불일치"를 강조하며 사설의 필자는 중앙일보의 입장을 옹호하였다. 이 사건으로 조선일보 사장 안재홍과 영업국장 이승복이 구속되고, 그 여파로 사채업자인 임경래가 신문 발행권을 차지함으로써 1년여에 걸친 '조선일보 분규'가 시작되었다. 직접 이름을 언급하지 않았지만 다음 날의 사설도 「목적과 수단」의 연속이었다.[80] 박래춘의 비판은 민족주의 진영의 주요한 축이었던

---

[78] 「目的과 手段—動機와 結果의 不一致」, 『중앙일보』 1932. 3. 15(1).

[79] 「朝鮮日報幹部等을 橫領嫌疑로 拘引取調」, 『중앙일보』 1932. 3. 13(2); 「安社長은 釋放코 取調는 進行」, 『중앙일보』 1932. 3. 14(2); 「李局長은 釋放 不拘束으로 取調繼續」, 『중앙일보』 1932. 3. 16(2).

[80] 「嚴政批判의 效果—民衆毁譽의 偉大한 힘」, 『중앙일보』 1932. 3. 16(1).

조선일보를 파국으로 몰고 간 데 대한 비난의 성격도 있었다.

1932년 4월 12일자 논설「초맑시즘 수립에 대하야」는 학생의 사상 문제 해결을 위한 당국의 대책을 소개하였다. 곧 학생의 사상 문제는 맑시즘 문제이며 그 대책의 요점은 초맑시즘 수립, 다시 말해 현대인의 사상 경향이 맑스에게 가지 않도록 하는 문제라고 하였다. 현대의 불안과 결함이 맑스 이론의 출생 배경이며, 이것이 다시 세상에서 동감과 공명을 불렀다는 것이다. 만약 현대의 불안이 사라지고 사회생활이 완전히 평화로워지면 맑스 이론은 사회 진화에서 필연적인 한 과정에 불과해질 것으로 보았다. 따라서 일본의 내무성 사회국이 입안한 "산업 평화 정책의 급속 실현을 기도하여 실업 방지, 노동자 보험, 사회보험, 각종 보호 등의 실현"을 긴급한 문제로 보았다.[81] 이 사설은 며칠 전 실린「산업평화정책에 매진하라」의 연장이었다.[82]

1월 22일자 논설에서도 비슷한 주장을 했다. 일본 문부성이 제시한 학생 좌경사상의 원인 일곱 가지에 대해 "학생의 주위와 환경이 사상 격화의 원인됨을 중시하고 학생의 내부적 존재, 즉 그 심적心的 발동激動에 대하여 경시輕視한 관觀이 있다"고 진단하였다. 현대 청년의 좌경운동이 발생하는 원인을 현대에 유행하는 맑스나 레닌 등의 사회학설에서 찾고, 그 같은 외부적 충동을 청산한대도 사상의 격화를 방지하기 어렵다고 보았다. 선결 과제는 "사상의 절대 해방"뿐이었다.[83] "사상의 해방"은 1월 7

---

81 「超맑시즘 樹立에 對하야」, 『중앙일보』 1932. 4. 12(1).

82 「産業平和政策에 邁進하라」, 『중앙일보』 1932. 4. 9(1).

83 「思想激化問題―먼저 思想을 解放」, 『중앙일보』 1932. 1. 22(1).

일 사설에서도 주장한 내용이었다.[84]

중앙일보의 논지는 1면 제호 옆에 게재된 사설류에서 알 수 있다. 이곳에는 중앙평단, 평단, 논설이라 제목을 단 글이 매일 실렸다. 중앙평단은 1931년 11월 29일부터 12월 11일까지의 제목이었다. 12월 12일부터 이듬해 1월 18일까지는 평단으로 바뀌었는데 10여 회 정도는 논설이 대신하였다. 그리고 1932년 1월 19일부터 4월 29일까지는 논설만 실렸다. 누가 논설위원이었는지 확실히 알 수 없지만 정치 분야는 편집부장 김남주, 경제 분야는 정경부장 배성룡이 맡았을 것이다.[85]

신년사를 제외하면 아무리 빨라도 1932년 2월 말까지는 노정일이 사설이나 평단에 개입하지 않았던 듯하다. 누가 집필했든지 문제의 사설은 민족주의도 사회주의도 아니었다. 뚜렷한 방향 제시 없이 사회문제를 관념적으로 해석해서 희석시킬 뿐이었다.

노정일은 『중외일보』 인수에 성공했음에도 결국 중앙일보를 통해서 자신의 이상을 구현하는 데 실패하였다. 그는 철저하게 사이토 총독의 지원에만 의지했을 뿐 신문사 인수 과정에서 동지를 규합하지 못했다. 오히려 그들을 이용한 후 버리면서 신문사의 내부 갈등을 증폭시켰다. 또 확실한 운영자금의 마련 없이 신문사 경영에 나섰다. 속임수는 이내 들통났고, 중앙일보 창간 이후 사이토의 지원도 없었다. 『매일신보』가 조선인들의 배척을 받는 상황에서 그와 유사한 입장을 표방한 중앙일보

---

84 「思想解放을 提唱함―特히 勇敢有爲의 靑年에게」, 『중앙일보』 1932. 1. 7(1).

85 1932년 신년호 특집으로 김남주는 1월 1일부터 5일까지 「日本政界의 回顧와 展望」을 4회, 배성룡은 1월 1일부터 3월 26일까지 「朝鮮經濟의 現在와 將來―恐慌의 破局的 過程」을 63회 연재하였다.

가 환영을 받기는 어려웠다. 『매일신보』를 대체하여 조선 통치에 기여하
려던 그의 포부는 언론계에 분란을, 자신에게는 오명만 남겼다.

노정일 씨에 대하여는 세상에 毀譽相伴(훼예상반)의 여러 말이 전하나
공정히 말하야 조선신문의 신망을 끄을 대신문사의 수뇌자 될 인격을
못 가진 이엇다. 그는 쟁의에 참가한 사원을 冷遇(냉우)하고 사회 인사
의 충고를 물리치고 專橫來幾(전횡래기)에 사장의 의자와 판권을 수만
의 대금으로 팔엇다. 역대 사장의 인적 권위는 씨에 이르러 九天(구천)
의 ×에 구을엇다 할가.[86]

---

86 「鬪志滿腹의 歷代巨頭」, 『三千里』 5-4, 1933. 4, 27쪽.

5장. 1930년대 언론의 상업화와 조선·동아일보의 선택

1. 친일의 계기를 둘러싼 논점

경무국 도서과에서 한글신문과 출판물 검열을 담당하던 히로세 시로廣瀬四郎는 『경무휘보警務彙報』 1936년 6월호에 「언문신문의 역사 및 현황」이라는 기사를 투고했다. 이 글에서 그는 1920년대와 달리 1931년 만주사변 이후 한글신문 기사와 논설이 상당히 '개선'되었다고 평가했다. 그러면서도 "제국의 신문으로서 국가의 진전進展에 협익協翼하고 국민 지도에 기여하는가"라는 질문에는 아직 "아니다"라고 했다.

그런데 『경무휘보』 1939년 11월호에 쓴 「지나사변 발생 당시 언문신문의 회고」라는 글에서 그는 자신의 예상이 틀렸음을 인정했다. 1937년 7월 중일전쟁을 계기로 동아일보와 조선일보 지면이 총독부가 원했던 방향으로 '개선'된 것이다.

나는 언문신문 지면 개선 변화의 완벽을 보려면 상당히 장구한 세월이
필요하겠다고 예단했으나 겨우 1년여 동안에 내 예상이 완전히 끝났다.

그것은 부끄러우면서도 진실로 기쁜 일이다.

히로세의 두 글은 1930년대 조선총독부의 언론정책을 비롯한 언론
사 연구에 많은 시사점을 준다. 그중에서도 1937년 중일전쟁 이후 동아
일보와 조선일보의 논조 변화, 곧 지면이 '친일적'으로 변했다는 점이 특
히 주목된다. 조선일보와 동아일보 폐간 직전의 논조가 조선총독부의 기
관지 『매일신보』와 다를 바 없었다는 점은 일찍부터 지적되었다.[1] 그 기
점을 언제로 볼 것인가는 명확하지 않지만, 대략 1930년대 후반, 특히
1936년 8월 일장기 말소 사건이나 1937년 7월 중일전쟁 이후에 그러한
경향이 고착화된 것으로 이해하고 있다.[2]

다만 '지면과 논지의 변화' 계기를 어디서 찾을 것인지가 쟁점이었다.
곧 총독부 탄압에 의한 부득이한 것인가, 아니면 자발성을 내포한 것인
가 하는 점이다. 전자의 경우 일장기 말소 사건과 중일전쟁, 그 이후 총
독부의 언론 압박 등이 예로 제시되며, 그들 나름대로 조선 문화 수호와
진흥에 노력했던 점이 강조된다.[3] 후자의 경우 두 신문의 저항성보다 타
협성이 강조된다. 타협성의 배경으로는 신문을 이윤 창출을 목표로 하는
기업으로 간주하고 이를 보호하고 발전시키기 위해 불가피했다거나[4] 창

---

1 崔埈, 『韓國新聞史』, 一潮閣, 1960, 312쪽.

2 최민지, 『일제하 민족언론사론』, 일월서각, 1978, 221~225쪽; 조선일보 80년社史편찬
실, 『朝鮮日報80年史 上』, 조선일보사, 2000, 469쪽; 동아일보사, 『민족과 더불어 80
년: 동아일보 1920~2000』, 동아일보사, 2000, 257~261쪽.

3 창간 80주년(2000년) 이후 동아일보와 조선일보에서 펴낸 사사류社史類가 이에 해당
한다.

4 최민지, 『일제하 민족언론사론』, 358쪽.

5장: 1930년대 언론의 상업화와 조선·동아일보의 선택 | 155

간 배경과 주체에서 비롯된 태생적 문제도[5] 제기되었다.

애초 이 쟁점은 일제하 두 신문의 성격을 '민족지' 또는 '친일지' 중 무엇으로 규정할 것인가에서 시작했다. 앞서 보았듯이 특히 1930년대 후반 시기를 집중적으로 검토했다. 두 주장 모두 사설과 보도 기사, 활동, 증언 등으로 자신들의 논거를 입증하면서 팽팽하게 대치하였다. 그런데 '민족지'나 '친일지'라는 규정은 20년이라는 적지 않은 시간의 변화를 간과할 뿐 아니라 신문사를 시종일관 '정치결사'로 간주하는 오류를 범하였다. 또 두 주장은 모두 성격을 미리 규정한 뒤 그에 맞는 사료를 찾은 듯하다. 이 경우 상대측 주장과 그쪽 관련 사료가 나오는 배경을 이해할 수 없게 되어, 결국 서로 소통하지 않는 주장만 난무하였다.

따라서 필자는 1937년을 전후하여 동아일보와 조선일보 편집방침이 변화했다는 점을 전제로 하여, 그 전환의 계기와 내적 요인을 밝혔다. 이를 위해 우선 저항과 협조의 기로에서 후자를 선택한 요인으로 1930년대 언론의 상업화를 검토하였다. 언론의 상업화는 신문사를 이윤을 얻으려는 기업적 가치에 더 주목하는 현상이다. 이러한 현상은 1920년대부터 제기되었지만 1930년대에 본격화되어[6] 신문사의 운영 목표와 권력관계

---

5 정운현, 「『조선일보』와 사주 방응모의 친일행각」, 『왜? 조선일보인가』, 인물과사상사, 2000. 정운현은 조선일보의 경우 창간부터 폐간까지 일관되게 '민족적'이지 않았다고 주장한다.

6 언론의 상업화는 당대부터 제기되었다. 박용규는 이 문제를 폭넓은 자료 구사를 통해 종합적이고 체계적으로 다루었다. 최민지가 신문의 기업적 성격을 태생적인 것으로 본 데 비해, 박용규는 1930년대 들어 기업의 성격이 강조된 것으로 이해하였다. 반면에 이정훈은 한국 언론의 상업화 과정을 다룬 연구 검토를 통해, 1933년의 상업화가 언론사 자체의 내적 변화에만 맞춰졌을 뿐 그것을 가능케 하는 당대 조선 사회의 물적 구조에 대한 분석에는 소홀했다고 비판하였다. 박용규, 「일제하 민간지 기자

등을 변화시켰다. 편집방침 전환에 격렬히 저항한 '비국민' 기자가 다수 존재하고 민족주의의 지도적 지위를 여전히 포기하지 않으려 했음에도 왜 신문사들은 총독부의 방침에 부득이 또는 순순히 따라갔는가. 조선일보, 동아일보, 『조선중앙일보』의 사례를 살핌으로써 이 질문에 답하였다.

다음으로 1936년과 1937년을 전후한 총독부 언론정책의 내용과 강도를 검토한다. 총독부는 무소불위의 권력을 지녔지만 항상 조선인의 여론을 의식한 까닭에 일방적 조치를 무조건 강요할 수는 없었다. 총독부의 언론정책은 시기와 상황에 따라 유동적이었다. 1930년대 후반 한글신문의 편집방침을 전환시킨 총독부 탄압의 실체를 일장기 말소 사건과 중일전쟁의 발발을 전후하여 구체적으로 검증할 필요가 있다.

2. 1930년대 초 언론계의 재편과 상업화

1930년대 초 언론계의 재편

1920년 조선총독부의 유화책으로 조선일보, 동아일보, 『시사신문』이 창간되었다. 이 중 『시사신문』은 1921년에 사장 민원식이 사망한 이후 주간지인 『시사평론』으로 전환했다. 따라서 조선총독부 기관지인 『매일

집단의 사회적 특성의 변화과정에 관한 연구―직업의식과 직업적 특성의 변화를 중심으로」, 서울대학교 신문학과 박사학위논문, 1994 중 제2장 '일제의 언론정책과 민간지의 기업화'(이 장은 2015년에 소명출판에서 발간된 『식민지 시기 언론과 언론인』 59~111쪽에 일부 수정하여 재수록. 본서에서는 2015년의 저서를 인용함); 이정훈, 「한국 언론의 상업화 논의에 관한 비판적 검토」, 『한국언론정보학보』 62-2, 한국언론정보학회, 2013.

신보』를 제외하면 전국을 대상으로 한 한글신문은 조선일보와 동아일보만 남았다. 1924년 최남선의 『시대일보』가 창간되면서 다시 3대 신문 경쟁체제로 돌입했다. 『시대일보』는 참신한 기획과 지면으로 동아·조선일보를 위협했지만 이내 경영난에 빠졌고, 끝내 발행권을 이상협이 주도한 『중외일보』로 넘겼다.

그리하여 1920년대 이후 조선인을 주 독자층으로 한 한글신문은 동아·조선 그리고 『중외일보』, 이렇게 세 신문으로 정립되었다. 그러나 김성수라는 든든한 배경을 둔 동아일보를 제외하면 두 신문은 고질적인 경영난에 시달렸다. 1930년대 들어 경영난과 그에 따른 연쇄 파동으로 신문사 소유주의 변동과 기자들의 대규모 이동이 있었다. 그 결과 각 신문의 성격도 상당 부분 변할 수밖에 없었다.

소유주 변경은 먼저 『중외일보』에서 시작되었다. 1926년 9월 18일 '신문계의 귀재'로 불리던 이상협을 발행인으로 하여 창간된 『중외일보』는 참신한 기획으로 신문계의 한 축을 담당했다. 하지만 잦은 압수와 한 차례의 무기정간으로 재정난에 봉착했다. 1930년 2월 15일 발행인 겸 편집인을 안희제로 바꾸는 등 자구책 마련에 힘썼지만, 결국 10월 13일부터 자진 휴간에 들어갔다. 이후 김형원 등 일부 사원이 속간시켰지만 1931년 6월 19일 종간호를 내고 9월 2일 주식회사의 해산으로 역사에서 사라졌다.[7]

종간된 『중외일보』는 1931년 10월 발행권을 사들인 노정일에 의해 중앙일보로 다시 출발했다. 친일적 성향으로 지탄받던 노정일은 새로운

---

7 정진석, 『한국언론사』, 나남출판, 1990, 422~426쪽.

진용으로 중앙일보를 경영했지만, 운영 미숙과 재정 부족 등으로 제대로 신문을 발행해 보지 못한 채 1932년 5월부터 휴간했다. 이후 중앙일보의 판권은 최선익과 윤희중에게 인수되어 1932년 10월부터 속간되었다.[8]

한편 중앙일보를 인수한 최선익과 윤희중은 당시 출옥한 지 얼마 되지 않은 여운형을 사장으로 추대했고, 여운형은 중앙일보의 제호를 조선중앙일보로 바꾸어 발행했다. 여운형의 사장 취임 당시, 편집국은 조선일보 출신들이 다수를 차지했다. 이들은 대개 조선일보 경영권 분쟁 때 최선익과 함께 안재홍·이승복에 반대한 사람들로, 퇴사 후 노정일의 중앙일보로 옮겼다가 최선익 등에게 신문이 인수되자 그대로 눌러앉았다. 편집진은 1934년 7월 주식회사로 전환될 때[9] 크게 변하였다. 이때는 조선일보 출신들이 다수 퇴사하고 사회주의운동에 관여했거나 여운형과 개인적인 인연으로 입사한 인사들이 늘었다.

1935년 중반 『조선중앙일보』 내에서 경영권 분쟁이 발생했을 때, 최선익이 떠나면서 사장 여운형과 전무 윤희중이 신문 운영을 주도하게 되었다. 이때 홍증식, 김동성 등 조선일보 출신 기자들이 떠나고, 그 자리를 김남천, 임원근, 김복진, 고경흠, 인정식, 이우적 등 다수의 사회주의운동가들이 차지했다. 이처럼 1935년 이후에는 여운형과 정치적 입장을

---

8 박용규, 『식민지 시기 언론과 언론인』, 소명출판, 2015, 358쪽.

9 『조선중앙일보』는 처음에 자본금 20만 원의 개인회사로 운영되다가 1934년 7월부터 비로소 자본금 30만 원의 주식회사가 되었다. 동아일보가 1921년부터 자본금 35만 원의 주식회사로 출발하고, 조선일보가 1933년 방응모의 인수 후 자본금 50만 원의 주식회사가 된 것에 비하면 주식회사로의 전환이 늦었고 자본금도 적었다. 그나마 실제 현금으로 불입된 자본금도 10만여 원에 불과해 운영에 어려움을 겪었다. 박용규, 위의 책, 364쪽.

같이하거나 개인적으로 가까운 기자들이 다수를 이루었다.[10] 그러나 사세 확장을 위해 성낙헌의 자본금 20만 원을 들여오면서 여운형의 지배력은 균열을 보이기 시작했다.

이 무렵 조선일보도 판권 인수 분쟁에 휩싸여 있었다. 1932년 3월 안재홍과 영업국장 이승복이 만주동포 위문금 횡령 혐의로 구속되었다. 4월의 이사회에서 안재홍, 이승복과 편집국장 한기악이 책임지고 사표를 냈고, 새로운 사장으로 조선교육협회 대표인 유진태가 추대되었다. 그런데 조선일보 판권이 고리대금업자 임경래에게 넘어가면서 복잡한 판권다툼이 일어났다. 이승복이 임경래에게 조선일보 판권을 담보로 회사 운영자금을 빌렸는데 이를 갚지 못한 채 수감되자, 임경래가 6월 1일자로 발행인 명의 변경 신고를 해버렸기 때문이다. 기존의 경영권 대립은 신석우·최선익 대 안재홍·이승복과 후자를 지지하는 사원회였는데, 임경래의 등장으로 임경래 대 사원회·신석우·최선익의 연합으로 바뀌었다. 이후 임경래를 매개로 조선일보의 판권 분쟁은 1933년 3월 방응모의 승리로 끝날 때까지 복잡하게 전개되었다.[11]

비슷한 시기에 동아일보를 제외한 유력한 두 한글신문이 판권 분쟁에 휩싸이자 이해관계를 달리하는 여러 세력들이 판권을 인수하기 위해 경쟁했다. 최종적으로 최선익·윤희중과 방응모가 각각 중앙일보와 조선일보를 인수하지만, 이와 별개로 주요한과 조병옥도 활발하게 움직였다.

---

10 『조선중앙일보』의 구성원에 대해서는 다음의 글을 참조. 박용규, 위의 책, 369~371쪽; 한종민, 「『조선중앙일보』의 식민지 현실 인식과 세계정세 인식」, 『지역과 역사』 41, 부경역사연구소, 2017, 272~273쪽.

11 이 책의 「3장: 1930년대 초 조선일보의 부침과 잡지 『신조선新朝鮮』」 참조.

두 사람은 1920년대 중반 이후 수양동우회의 성격을 정치운동단체로 전환시키자는 데 의견을 같이하고 있었다.[12] 당시 경무국은 이러한 움직임을 동우회의 조직적 신문 인수 노력으로 분석했다.[13]

동우회의 신문 인수 작업은 조만식을 간판으로 내세우면서 조병옥과 주요한이 교섭에 나섰다. 조병옥은 먼저 중앙일보사 지국장들과 함께 판권을 인수하려고 했지만 자금 부족으로 실패했다.[14] 중앙일보 인수에 실패한 뒤 조병옥과 주요한은 임경래에게서 조선일보를 인수하는 데 성공하여 조만식을 사장으로 추대하고, 11월 23일 속간호를 발행했다. 그러나 경영권을 둘러싼 다툼은 여전했고 재정도 부족했다.[15] 이를 타개하기 위해 조만식 등은 방응모에게 조선일보를 인수할 것을 제안했고,[16] 방응모가 이를 수락함으로써 조선일보는 안정적으로 발행되었다.

한편 조선일보가 새 진용을 짜기 위해 동아일보의 핵심 기자들을 스카우트했을 때 편집국장인 이광수도 함께 옮겼다.[17] 이광수는 주요한, 조

---

12 조배원, 「수양동우회 연구」, 『도산사상연구』 6, 흥사단출판부, 2000, 147~160쪽.

13 조선총독부 경무국, 『最近における朝鮮の治安狀況(昭和八年)』, 1934, 66~67쪽.

14 壁上生, 「新聞屍의 幽靈戰—朝鮮中央兩報의 뒷 消息」, 『第一線』 제2권 제9호, 1932. 10, 49쪽. 이때 "모 박사某博士가 사장이 되느니 모 시인이 편집장이 되느니 또 관서의 모 명망가가 사장이 되느니" 하는 풍설이 돌았다고 한다. 모 박사, 모 시인, 모 명망가는 각각 조병옥, 주요한, 조만식으로 짐작된다(漫談子, 「朝鮮의 新聞들을 도마에 올녀노코」, 『第一線』 제2권 제8호, 1932. 9, 65쪽).

15 조선일보사사편찬위원회, 『조선일보50년사』, 조선일보사, 1970, 141~142쪽. 이때 조만식은 사장, 조병옥은 전무 겸 영업국장, 주요한은 편집국장 겸 편집부장을 맡았다.

16 조선일보80년社史편찬실, 『朝鮮日報80年史 上』, 387~388쪽.

17 1933년 7월 사장에 취임한 방응모는 공격적인 경영으로 이광수, 서춘, 김동진, 함상훈, 신태익 등 동아일보에서 오랫동안 핵심적인 역할을 맡았던 기자를 스카우트했다.

병옥과 동우회의 진로를 놓고 대립하지만, 외부 세력의 동우회 공격에는 함께 대응하는 등 1931년 이후에는 행동을 같이했다. 1931년 동우회는 '회세會勢 진흥 4개년 계획'을 결정하고 기관지 『동광』을 속간하는 등 대내외 활동을 활발히 전개했다.[18] 동우회가 조직적으로 신문을 인수하려 했는지는 미지수이지만, 유력한 회원들의 조선일보 인수는 이러한 활동의 연장으로 보아야 할 것이다.[19]

1933년 7월 방응모가 사장으로 취임한 후에도 조만식, 이광수, 주요한, 조병옥 등은 고문, 부사장, 편집국장, 전무취체역, 취체역 등으로 경영과 제작의 요직에 배치되어 있었다.[20] 그러나 방응모는 의욕적으로 사업을 전개하고 적극적으로 경영권을 행사했다. 동우회 세력은 '사시社是와 경영 문제'를 놓고 방응모와 잦은 의견 충돌을 보였지만,[21] 최대주주이자 사장이며 경영에 능력을 보이는 방응모와 대립하기에는 역부족이

방응모, 이광수, 서춘의 고향이 모두 평안북도 정주인 까닭에 당시는 이들의 조선일보행을 지연地緣으로 설명하기도 했다(黄金山人, 「東亞·朝鮮의 一騎戰」, 『號外』 창간호, 1933. 12, 10~12쪽). 이와 달리 이광수와 방응모가 오산학교에서 맺은 인연을 강조하는 견해도 있다(이동욱, 『계초 방응모』, 방일영문화재단, 1996, 237~238쪽). 그러나 이광수가 스스로 밝힌 적은 없지만, 동아일보 주류인 김성수·송진우와 1930년대 초의 정세 인식을 달리하면서 동우회를 통한 새로운 운동 구상을 가졌을 가능성이 있다.

18 조배원, 「수양동우회·동우회 연구」, 성균관대학교 사학과 석사학위논문, 1998, 62~66쪽.

19 조병옥은 "민족의 얼을 살리고 무식대중을 널리 계몽시키고 민족문화를 향상시켜 민족운동의 커다란 역할을 할 수 있는 길은 오로지 언론을 창달하는 길밖에 없다"고 회고했다(조병옥, 『나의 회고록』, 민교사, 1959, 116~117쪽).

20 조선일보사사편찬위원회, 『조선일보50년사』, 193~197쪽.

21 조병옥, 『나의 회고록』, 123쪽.

었다.[22]

이처럼 처음에는 동우회 세력이 방응모를 영입했지만, 이내 동우회 세력이 이탈하면서 방응모가 조선일보의 방향을 주도하게 되었다. 일찍이 동아일보는 1925년부터 김성수가 막강한 자본을 바탕으로 경영과 편집권까지 장악했는데,[23] 조선일보도 방응모의 사장 취임을 계기로 하여 소유주의 언론관이 편집에 영향을 미치게 되었다. 소유주가 명확한 동아일보나 조선일보와 달리 『조선중앙일보』는 몇 사람의 대주주로 나뉘어 있었다. 그런 까닭에 외부에서 영입된 사장 여운형은 다른 신문사에 비해 상대적으로 운신의 폭이 넓었고, 편집국의 진용을 구성할 때도 그의 의중이 많이 반영되었다. 자본이 취약하여 경영은 불안했지만 한편으로 『조선중앙일보』가 제한적이나마 다른 신문과 차별적 논조를 보일 수 있는 바탕이 되었다.[24]

1930년대 초 언론의 상업화

1920년 조선일보, 동아일보, 『시사신문』이 창간된 이래 최대 난점은 경영난이었다. 당시의 한 논자는 신문의 발전을 저해하는 요인에 대해 문맹으로 인한 독자 부족, 상공업 미발달로 인한 광고 시장의 협소, 검열

---

22 조병옥 사임을 시발로 1934년 1월에 주요한, 5월에 이광수가 조선일보를 떠났다.

23 동아일보가 1924년 '내분'을 겪을 때 김성수와 그의 형제들은 주식을 대거 사들여 확실한 대주주로 부상했다. 또 김성수와 송진우에 반대하던 기자들이 동아일보를 떠나 조선일보에 들어가 혁신했을 때 동아일보사에서는 김성수와 송진우가 각각 사장과 주필·편집국장을 맡았다. 이 책의 「2장: 1924년 동아일보 개혁운동과 언론계의 재편」 참조.

24 박용규, 『식민지 시기 언론과 언론인』, 372~374쪽.

로 대변되는 총독부의 언론통제 등을 지적했다.[25] 일차적으로 구독자층의 제한이 필연적으로 판매 부수 확장에 제약으로 작용했다. 각 신문들은 이런 제약을 극복하기 위해 다양한 시도를 전개했지만,[26] 기본적으로 당시 조선인들은 신문을 구독할 만한 경제적 여유를 가지지 못했다는 점에서 한계가 있었다.

그래서 당시 신문들은 일찍부터 광고 시장 증대에 힘을 쏟았지만, 조선의 산업 개발이 아직 미약했기 때문에 자연히 일본으로 눈을 돌리게 되었다. 동아일보가 1923년 상무취체역 겸 편집국장인 이상협을 일본에 보내 일본 상품 광고를 적극적으로 유치한 이래, 신문사들은 일본 상품 광고 유치를 위해 치열한 경쟁을 벌였다. 특히 1933년에 방응모가 조선일보를 인수한 뒤 경쟁은 더욱 심해졌다. 1933년 이후에는 세 신문 모두 일본에 지국을 설치하여 광고 업무를 하거나, 일본 광고주를 초청하여 접대하는 일이 빈번해졌다.[27]

당시 신문들의 일본 상품 광고 의존도는 〈표 5-1〉의 통계표를 통해 알 수 있다. 이를 보면 1923년도 동아일보 전체 광고량에서 도쿄와 오사카 등의 일본 상품 광고 비중은 36.1%였다. 일본 상품 광고의 비중은 이듬해 50%에 육박하다가 1925년부터는 항상 60% 내외에서 오르내렸다. 동아일보보다 늦었지만 조선일보도 1927년 일본 상품 광고의 비중이

---

25 김경재, 「조선신문의 대중적 비판」, 『개벽』 1935년 3월호, 24쪽.

26 조선일보와 동아일보가 정력적으로 추진했던 '문자보급운동'도 영업국장의 시각에서 보면 잠재적 독자층을 개발하려는 판매 전략의 하나에 불과하다는 시각도 있었다(漢陽過客, 「三大新聞參謀長論」, 『三千里』 1934. 8, 32~33쪽).

27 박용규, 『식민지 시기 언론과 언론인』, 93~94쪽.

<표 5-1> 신문광고 행수 통계표

(단위: 행, %)

연도	동아일보			조선일보			『매일신보』		
	조선	일본	계	조선	일본	계	조선	일본	계
1923	419,634	237,214	656,848				339,970	262,132	602,102
	63.9	36.1	100				56.5	43.5	100
1924	326,117	311,365	637,482				423,792	430,260	854,052
	51.2	48.8	100				49.6	50.4	100
1925	302,672	449,293	751,965				419,617	401,310	820,927
	40.3	59.7	100				51.1	48.9	100
1926	325,593	401,267	726,860	397,338	384,247	781,585	324,139	421,214	745,353
	44.8	55.2	100	50.8	49.2	100	43.5	56.5	100
1927	453,976	492,834	946,810	342,341	452,915	795,256	370,248	392,877	763,125
	47.9	52.1	100	43.0	57.0	100	48.5	51.5	100
1928	352,202	627,804	980,006	255,491	328,855	584,346	397,596	443,126	840,722
	35.9	64.1	100	43.7	56.3	100	47.3	52.7	100
1929	415,558	652,932	1,068,490	437,901	395,769	833,670	369,704	487,630	857,334
	39.9	60.1	100	52.5	47.5	100	43.1	56.9	100
1930	299,034	374,901	673,935	481,603	587,987	1,069,590	498,374	605,517	1,103,891
	44.4	55.6	100	45.0	55.0	100	45.1	54.9	100
1931	319,646	562,022	881,668	416,084	573,972	990,056	535,333	734,988	1,270,321
	36.3	63.7	100	42.0	58.0	100	42.1	57.9	100
1932	452,292	590,782	1,043,074	294,556	297,343	591,899	496,337	814,993	1,311,330
	43.4	56.6	100	49.8	50.2	100	37.8	62.2	100
1933	533,647	737,453	1,271,100	336,136	299,711	635,847	443,449	808,059	1,251,508
	42.0	58.0	100	52.9	47.1	100	35.4	64.6	100
1934	564,479	1,136,000	1,700,479	444,677	1,007,643	1,452,320	449,083	844,534	1,293,617
	33.2	66.8	100	44.3	55.7	100	34.7	65.3	100
1935	752,668	1,289,356	2,042,024	732,390	1,506,187	2,238,577	694,196	761,132	1,455,328
	36.9	63.1	100	32.7	67.3	100	47.7	52.3	100

출전: 日本電報通信社, 『신문총람新聞總攬』 1924~1936년판.

50%를 넘어섰고, 정간이나 내분 등이 있었던 해를 제외하면 항상 그 수준을 유지했다. 광고량에서 차이가 있지만, 이러한 현상은 『매일신보』도 마찬가지였다. 특히 조선일보가 방응모 체제로 전환한 다음 해인 1934년

<표 5-2> 신문 발행 지면에서 광고면의 비율

	동아일보		조선일보		『매일신보』		『경성일보』		『조선신문』		『부산일보』	
	광고면/발행면	평균	광고면/발행면	평균	광고면/발행면	평균	광고면/발행면	평균	광고면/발행면	평균	광고면/발행면	평균
1931	882 / 4,268	20%	990 / 4,609	21%	1,270 / 4,846	26%	3,002 / 7,983	38%	1,971 / 5,894	33%	1,985 / 5,299	37%
1933	1,271 / 5,307	24%	636 / 4,085	16%	1,252 / 5,073	25%	3,149 / 8,100	39%	2,029 / 7,086	29%	2,497 / 6,986	36%
1934	1,701 / 6,710	26%	1,452 / 5,916	25%	1,294 / 5,079	26%	3,371 / 8,237	41%	2,060 / 7,065	29%	2,744 / 7,173	38%
1935	2,042 / 6,830	29%	2,239 / 6,907	32%	1,455 / 6,031	24%	3,592 / 8,580	42%	2,309 / 7,846	29%	2,702 / 7,862	34%

출전: 日本電報通信社, 『신문총람』 1932~1936년판.

부터 두 신문의 광고량이 비약적으로 증가했는데, 그만큼 두 신문의 경쟁이 치열해졌음을 알 수 있다.

또 당시에는 동아일보와 조선일보가 증자增資, 증축, 증면 등 3증增에만 몰두한다는 비판도 제기되었다.[28] 특히 증면은 사실 전달의 측면보다 광고 지면의 확보 차원에서 이루어졌는데, <표 5-2>가 그러한 사실을 잘 보여 준다.[29]

이 조사가 시작된 1931년 이후 약 4년 동안 동아·조선일보는 9~11% 증가한 반면, 『매일신보』는 감소했다. 이 시기 조선에서 발행되던 신문 중 광고 수주 1위를 차지하던 『경성일보』만 4% 증가했을 뿐 2, 3위의

---

28 김동환, 「반도언론계半島言論界」, 『삼천리』, 1935. 8, 9쪽.

29 동아일보와 조선일보는 1931년부터 집계되었다. 『조선중앙일보』의 통계는 없어서 수록하지 않았다.

『부산일보』와 『조선신문』은 3~4% 감소했다. 이를 통해서도 동아·조선일보 두 신문의 광고 수주전이 치열했음을 알 수 있다.

필연적으로 언론의 상업화는 신문 지면에도 영향을 미쳤다. 〈표 5-1〉에서 보듯이 4개월 이상 정간당했던 1928년(조선일보)과 1930년(동아일보)의 광고 행수는 전년에 비해 격감했다. 약 50여 일간 정간되었던 1926년(동아일보)의 광고 행수도 성장세가 멈춤과 함께 감소했다.[30] 곧 과거 저항의 상징이었던 압수나 정간은 이윤 창출을 목표로 하는 기업 경영을 위해서는 가능한 한 피해야 할 사항이 되었다.[31] 동아일보 편집국장으로 재직한 주요한은 되도록이면 "압수를 당하지 아니할 정도"의 논조를 유지하는 것이 1930년을 전후한 시기의 회사 방침이었다면서 편집국장이 "총독부 도서과의 대행기관"인지 자학했다.[32] 또 1929년에 조선일보 편집국장 대리를 역임했던 이선근도 자신의 주된 임무가 신문 기사를 검토하여 "일제의 검열 수준을 벗어나는 데" 있었다고 회고했다.[33]

이러한 현상으로 일제에 대한 비판적 논조가 급격히 완화되거나 소멸되었고, 특정한 정치적 입장에 기반을 둔 주장보다 단순한 사실 전달

---

30 1931년부터 1933년까지 조선일보 광고 수주의 부진은 경영권 분쟁으로 신문을 제대로 발행하지 못한 탓이었다.

31 정간이 신문사에 주는 경제적 타격은 막대했다. 우선 독자들에게 구독료를 받을 수 없고, 광고를 수주할 수도 없었다. 그러면서도 사원의 월급은 지불해야 했다.

32 주요한, 「만보산사건과 송사장과 그 사설」, 한국신문연구소 편, 『언론비화50편』, 한국신문연구소, 1978, 111쪽.

33 이선근·남재희·조남조 대담, 「편집국장론」, 『신문평론』 46, 1974, 37쪽(박용규, 「일제하 민간지 기자집단의 사회적 특성의 변화과정에 관한 연구―직업의식과 직업적 특성의 변화를 중심으로」, 73쪽에서 재인용).

이라는 보도중심주의로 전환했으며, 정치적인 문제보다 문화나 오락 등에 관한 기사가 급격히 늘어났다.[34]

그렇다면 언론의 상업화가 진전되는 과정에서 나오는 비판적 기사를 어떻게 평가해야 할까. 총독부의 검열관은 다음과 같이 설명했다.

> 어떻게 하면 독자를 더 많이 획득할 수 있을 것인가. 그것은 기교奇矯한 곡필曲筆을 농롱하는 것이나, 이 경우 행정처분에 회부되거나 차압되어 경영을 할 수 없으므로 행정처분에 회부되지 않는 범위 내에서 가능한 나쁜 기사를 게재하여 독자의 환심을 사려고 노력하는 것이 목하 언문 신문의 현상이다.[35]

달리 말해 구독자 수는 광고 수주와 직결되는데, 대다수 독자들은 총독부의 정책을 비판하면서 민족의식을 고양하는 기사를 좋아했다. 그런데 독자의 기호를 따르다 보면 불가피하게 경영상의 손실을 가져올 수 있었다. 독자를 만족시키면서도 총독부를 불편하게 하지 않는 기사를 생산하는 게 편집국장의 능력이었다. 총독부 검열관은 이러한 경향을 '신문상품시대'라 부르면서 이전의 독립운동시대, 혁명운동시대, 실력양성주의시대와 구별했다. 이때의 핵심 상품은 저항이라기보다 일본과 구별되는 존재로서 '조선' 또는 '민족'을 끊임없이 강조하는 것이었다.

이처럼 1930년대 들어 조선·동아일보가 상업화를 주도해 가는 속에

---

34 박용규, 『식민지 시기 언론과 언론인』, 98~111쪽.

35 廣瀨四郎(警務局圖書課), 「諺文新聞の歷史及び現況」, 『警務彙報』 362, 1936. 6, 44쪽.

서도『조선중앙일보』에서는 조금 다른 움직임을 발견할 수 있다. 경영자의 책임상 일본인 광고주 유치 활동에 나서긴 했지만, 기본적으로 여운형은 신문들 간의 판매나 광고를 위한 지나친 경쟁을 자제할 필요가 있다는 입장에 서 있었다.[36] 『중앙일보』주필 이관구는 1928년 정간 이후 조선일보가 '신문 상품화에 급급'했던 것을 비판했다.[37] 그는 언론기관의 사명으로서 "우리를 지배하는 정치의 내면을 민중 앞에 밝히거나 우리의 주장을 선전하고 이념 투쟁을 전개시켜서 일반 민중을 정치적으로 훈련"시켜야 한다고 주장했다. 곧 조선의 언론은 "각 개인 각 단체의 정치적 의식을 집중하야 이것을 다시 민족적으로 자각"시키는 게 가장 중요한 당면 임무였다.[38] 논설반과 편집부·정치부 차장을 역임한 배성룡도 조선의 신문이 민중의 '사회의식'과 '민족의식'을 대변하고 항일의식에 근거한 '소신과 의욕'을 적나라하게 반영하는 '정치적 기능'을 회복해야 한다고 역설했다.[39] 『조선중앙일보』에서는 1920년대 언론의 정치·사회적 기능과 1930년대 상업화 추세가 충돌하는 가운데 여전히 전자를 중시하는 흐름이 지지를 얻고 있었다.

36 박용규, 『식민지 시기 언론과 언론인』, 363쪽.

37 「同業 朝報의 復興을 爲하야」, 『中央日報』1932. 11. 12(1).

38 「言論機關政策의 必要」, 『조선일보』1928. 2. 4(1).

39 김기승, 『한국근현대 사회사상사 연구─배성룡의 진보적 민족주의론』, 신서원, 1994, 47쪽.

3. 1936년 일장기 말소 사건의 발생과
동아·『조선중앙일보』의 선택

일장기 말소 사건 전후 조선총독부의 언론정책

3·1운동 이후 총독부는 문화정치를 표방하면서 세 신문을 허가했다. 굴뚝으로 연기가 배출되는 것처럼 조선인의 신문을 통해 그들의 불만을 어느 정도 배출시키고, 신문으로 표출되는 조선인들의 불만을 미리 살핌으로써 3·1운동과 같은 사태의 재연을 방지하겠다는 의도였다.[40] 그에 따라 총독부는 자신들이 신뢰하면서도 통제 가능한 개인과 단체에 신문을 허가했다. 곧 후작 박영효에게 동아일보를, 대정친목회에 조선일보를, 민원식을 대표로 하는 국민협회에 『시사신문』을 허가했다. 그들의 표현대로 하면 한글신문은 최초에는 모두 친일단체의 수뇌자에게 허가되었지만 이내 '배일자'의 수중으로 들어갔다.[41]

선택적 허가로써 한글신문을 통제하려던 시도는 실패로 돌아갔다. 문화정치를 표방한 이상 한 번 허가한 신문을 폐간시키기는 총독부로서도 쉬운 일은 아니었다.[42] 따라서 총독부의 주요 임무는 신문이 제작되어 반포되기 이전에 검열을 통해서 기사 내용을 미리 통제하는 것이었다. 신

---

40 朝鮮行政編輯總局, 『朝鮮統治秘話』, 帝國地方行政學會, 1937, 208~211쪽.

41 廣瀬四郎(警務局圖書課), 「諺文新聞の歷史及び現況」, 『警務彙報』 362, 1936. 6, 37~38·42쪽.

42 1920년대에 신문지법으로 허가를 받은 잡지 중 『신생활』과 『개벽』이 발행 금지(폐간) 처분을 받았다. 같은 신문지법의 적용을 받지만 일간지와 잡지의 사회적 비중은 엄연히 차이가 있다. 두 잡지의 직접적인 폐간 사유는 사회주의 선전이었다.

문사에는 미리 검열의 기준이 제시되었고, 그것을 위반했을 때는 삭제, 발행 정지, 압수, 발행 금지 등의 행정처분에 처해졌다.[43]

1920년대에 한글신문은 발행 정지(정간)를 8번 당하고, 압수 처분은 신문사별로 수백 건 이상을 당했다. 이러한 현상은 총독부의 언론통제가 가혹했음을 보여 주는 한편으로 기자들의 저항이 끊이지 않았음을 시사한다. 총독부조차 1920년대의 "신문인은 모두 지사로서 자임하여 신문지가 차압 처분에 부쳐지는 것을 명예같이 여겨 각 신문지가 경쟁하여 독필毒筆"[44]을 생산한다고 인정할 정도였다.

기자들의 '독필'은 총독부의 정책을 강력하게 비판하는 것 외에 용어를 달리 사용하는 것만으로도 민족의식을 효과적으로 심어 주었다. 이를테면 "내지(일본)를 가리켜 저 나라彼國라 쓰고, 조선을 아국이라 실언失言하고, 일본어를 외래어라 부르며 조선어를 국어라 칭한다. 일병一兵, 일경日警, 일거류민, 일인, 왜녀 등 기록하면 한이 없다"는 등이었다. 총독부의 검열로도 어쩔 수 없었던 이러한 기사 쓰기를 통해 기자들은 "일본과 조선이 한 나라가 아니라 전혀 별개의 독립국가"라는 의식을 심어 주고자 했다.[45]

그런데 총독부는 1929년의 광주학생운동 사건 이후 한글신문들에 어떠한 변화가 있음을 감지했다. 1930년 들어 행정처분 건수가 부쩍 줄어들었다. 그뿐만 아니라 예전에는 묵살하여 쓰지도 않던 '국가적 경사'를

---

43 恒綠, 「朝鮮に於ける出版物の考察(その二)」, 『警務彙報』 294, 1930. 10, 49쪽.

44 廣瀨四郎, 「諺文新聞の歷史及び現況」, 42쪽.

45 立田淸辰(警務局 圖書課長), 「1930年の朝鮮出版界の回顧」, 『警務彙報』 297, 1931. 1, 18쪽.

다루고 황실 기사도 쓰는 등 합법적 필치를 보인다고 총독부는 평가하였다.[46] 실제로 1930년대에 한글신문의 필봉이 무뎌졌음을 당대에 발행된 잡지들에서 어렵지 않게 확인할 수 있다.

그렇다고 하여 한글신문들이 총독부가 원하는 방향, 곧 『매일신보』와 같은 기사를 생산하지는 않았다. 직접적인 언급은 조심하지만 여전히 총독부는 비판의 대상이었다. 앞서 본 대로 언론의 상업화가 심화되면서 총독부와 독자를 다 같이 의식해야 하는 신문들의 자구책이었다.

총독부도 이러한 상황을 정확히 파악하고 있었다. 조선일보 등이 총독부를 만족시키는 쪽으로 편집방침을 개편하는 것은 오랜 시일이 걸릴 것으로 판단했다. 요구 사항은 명확했지만 서두를 수가 없었다. 1936년부터 총독부는 천천히 압박을 가했다. 1936년 1월 1일 신문에 총독의 제자題字와 연두사가 게재되었다. 또 일본의 국경일인 기원절과 천장절에 관련 기사가 3단으로 처리되었다. 이를 발판으로 총독부는 「언문신문지면 개선사항」을 정하여 각 신문사를 대상으로 실행에 옮길 계획을 세웠다.[47] 대략 여섯 가지 사항이었는데, 위반 시 제재 규정이 없었기 때문에 명령보다는 협조 요청에 가까웠다. 이러한 총독부의 신중한 통제정책은 일장기 말소 사건을 계기로 180도로 전환했다.

1936년 8월 9일, 제11회 베를린올림픽 마라톤 경기에서 손기정이 한국 역사상 최초로, 그것도 세계 신기록으로 우승하는 쾌거를 이루었다. 조선뿐 아니라 일본의 신문들도 호외와 특집으로 손기정의 마라톤 우승

---

46 立田淸辰, 위의 글, 19쪽.

47 廣瀨四郞, 「諺文新聞の歷史及び現況」, 46쪽.

을 축하했다. 동아일보를 비롯한 조선의 한글신문들은 손기정의 승리를 한민족의 승리로 간주하여 연일 민족의 자긍심을 높이는 사설과 기사로 지면을 채웠다.[48] 이러한 분위기를 총독부는 다음과 같이 표현하면서 자신들의 생각을 드러냈다.

> 손기정이 세계올림픽 마라톤 경기에서 우승하자 언문諺文 각 신문은 미친 듯이 기뻐하면서 이를 '아등我等의 승리'라 보도하고 민중은 이에 자극되어 민족의식이 갑자기 대두하고, 혹은 조선인만의 기념체육관을 설립하려고 계획하거나 혹은 손기정 등의 학비를 부담하려 하며, 혹은 금품을 수여授與하려는 행동 등이 속출하고, 신문지는 다시 이를 기특한 행위로 여겨 대서특필하는 등 열광적 태도를 보이기에 이르렀다. 애초에 손기정의 우승은 제국의 선수로서 출장한 것으로서 내지(일본—인용자)와 조선이 함께 축복해야 할 일에 속하고 내선인內鮮人의 대립은 결단코 허락할 수 없는 것이나 감정상 기분을 참작할 여지가 있다고 인정되어 신문지를 검열할 때도 특히 심하게 내선융화를 해치지 않는 범위 내에서 관용의 태도를 취하여 앞서 본 '아등의 승리'라고 한 것은 불문에 부쳤다.[49]

이러한 방침에 따라 8월 11일자 동아일보가 사설 「세계제패의 조선 마라손」에서 "지금 손, 남 양兩 용사의 세계적 우승은 시드는 조선의 자

---

48 「三千里特別時報—日章旗抹消事件眞相」, 『三千里』 제8권 제11호, 1936. 11, 15~16쪽.

49 警務局 圖書課, 「東亞日報發行停止處分理由」, 『朝鮮出版警察月報』 제96호, 1936. 9.

는 피를 구르게 하였고"라고 민족의식을 강조했음에도 총독부는 아직 조선 독립을 달성하려는 게 아니라면서 역시 불문에 부쳤다.

그런데 예상하지 못한 일이 발생했다. 8월 13일자 동아일보와『조선 중앙일보』가 판을 달리하면서 시상대에 서 있는 손기정의 가슴에 새겨진 일장기를 지워 버렸다. 하지만 워낙 사진의 전송 상태가 좋지 못하고 인쇄도 조악해서 경무국의 검열관도 미처 그 사실을 발견하지 못했다. 일장기 말소는 당사자들 외에는 알 수 없는 하나의 해프닝으로 끝나는가 싶었다. 그러나 동아일보가 또다시 그 편집 형태를 되살리면서 파문은 일파만파로 커졌다. 8월 25일자 동아일보 1판에는 손기정 선수의 가슴에 일장기가 있었으나 2판에서는 사라져 버렸다.[50]

손기정의 우승으로 인한 민족의식의 고양에 위기의식을 느끼던 총독부의 입장은 강경했다. 당일자 동아일보의 발매·반포를 금지하고, 운동부 기자 이길용과 화백 이상범 등 다수의 관계자를 연행하여 취조했다. 이어 동아일보를 무기정간시켰다. 총독부는『조선중앙일보』의 사진도 재수사하여 관련자들을 구속시켰다. 일장기가 말소된 사실조차 몰랐던『조선중앙일보』의 경영진은 조선총독부의 예봉을 피하기 위해 2주간 자진 휴간하겠다는 의사를 표시했다. 그러나 조선총독부는 이 제안을 거부했다. 결국 9월 4일『조선중앙일보』는 사실상의 정간과 다를 바 없는, 9월 6일부터 당국의 허가가 있을 때까지 휴간하겠다는 사고를 낼 수밖에 없

---

50 일장기 말소 사건의 경위와 그 후의 상황에 대해서는 다음 글들을 참고. 최인진,『손기정·남승룡 가슴의 일장기를 지우다』, 신구문화사, 2006, 31~44·87~90쪽; 채백,『사라진 일장기의 진실』, 커뮤니케이션북스, 2008, 101~112쪽.

었다.[51]

총독부에게 이 사건은 '울고 싶은데 뺨 때려 주는 격'이었다. 경무국
장은 이 같은 '비국민적 태도'에 대해서는 앞으로도 엄중히 단속하겠다
는 방침을 밝혔다.[52] 그리고 동아일보에게는 정간 해제 조건 중 하나로서
이전의 「언문신문지면 개선사항」보다 훨씬 강화된 「언문신문지면 쇄신
요항」을 수용할 것을 강요했다. 전자가 6항이었음에 비해 후자는 18항이
고 내용도 구체적이었다. 예를 들면 「개선사항」에서 황실 기사는 "성의
를 다하는 것"으로 족했지만 「쇄신요항」에서는 "정중히 취급하여 지면의
상단 중요한 장소에 근기謹記하고, 특히 오자나 탈자 등이 없도록 주의"
해야 했다. 또 「쇄신요항」은 "조선의 역사적 인물, 산악, 고적 등에 관한
기사로서 민족의식을 자극하거나 배일 사상을 고조할 혐의가 있는 기사"
는 게재하지 말도록 지시했다.[53] 이러한 '보도지침'은 자구 하나하나까지
지시한 「편집에 관한 희망 및 주의사항」(1939)으로 정점에 다다랐다.[54]

이처럼 '해야 할 것'의 항목이 늘어나고 구체적으로 되는 것과 함께
'하지 말아야 할 것'인 검열 표준도 개정되었다. 조선에서 신문의 검열은

---

51 「重疊한 半島言論界의 不祥事, 東亞日報停刊 中央日報休刊」, 『삼천리』 제8권 제11호,
1936. 11, 32쪽.

52 위의 글, 29쪽.

53 東亞日報社, 『東亞日報社史 卷一』, 동아일보사, 1975, 375~376쪽.

54 예를 들어 일본을 가리키는 왜구, 도이島夷, 적추賊酋 등의 문자, 조선 역대 왕에 성
상聖上, 금상今上 등의 문자를 금하였다. 임진왜란 당시 일본군의 만행을 쓰지 못하
게 하였고, 연호는 황기皇期 또는 메이지明治, 다이쇼大正, 쇼와昭和를 쓰도록 강요
했다. 동아일보사, 위의 책, 376쪽; 조선일보사 사료연구실, 『조선일보 사람들: 일제시
대 편』, 랜덤하우스중앙, 2004, 397~399쪽.

한말부터 신문지법에 의해 이루어졌다. 총독부 설치 이후에는 1917년 3월 29일 「부내훈갑附內訓甲 제2호」를 정하여 각 도에 통첩하였다. 이후 신문 종류와 상황이 달라짐에 따라 내용이 추가되고 변경되었다. 1936년 8월 현재 사용 중인 「참고표준」은 앞의 「부내훈갑 제2호」를 기준으로 하고, 내무성에서 정한 표준에 조선의 특수 사항을 더하여 참고하도록 한 것이었다. 「참고표준」은 일반표준과 특수표준으로 나뉘었다. 기사의 내용을 검토하는 일반표준은 치안방해가 15항목, 풍속괴란이 9항목이었다.[55]

이 「참고표준」은 1937년의 어느 시점에 「일반검열표준」으로 개정되었다. 「일반검열표준」은 이전의 「참고표준」보다 치안방해와 풍속괴란 항목이 각각 15/9항목에서 28/14항목으로 대폭 증가했다. 「일반검열표준」은 「참고표준」의 항목을 구체화하는 동시에 1937년 들어서 바뀐 상황을 반영하는 항목이 추가되었다. 예를 들어 신궁·황릉·신사 등과 조국肇國의 유래와 국사國史의 대체大體 등 황국신민화에 관한 항목이 추가되었다. 또 중일전쟁이 진행되는 와중에 군질軍秩 문란이나 군민軍民 이간, 반군反軍 사상에 관한 항목도 새로이 등장했다.[56] 이처럼 총독부의 언론통제는 일장기 말소 사건으로 물꼬를 트고, 중일전쟁으로 쐐기를 박았다.

---

55 兼田要(警務局 圖書課), 「新聞の取締に就て」, 『警務彙報』 365, 1936. 9, 56~57쪽. 필자는 본서 5장의 저본이 되는 논문을 2005년에 발표했는데(『역사비평』 70, 2005), 당시 복사 상태의 불량으로 치안방해 항목을 14항목으로 독해했지만 이번에 15항목으로 바로잡았다.

56 朝鮮總督府 警務局 圖書課, 『朝鮮出版警察槪要(昭和十一年)』, 1937. 12, 76~78쪽. 이것으로 보아 「일반검열표준」은 아무리 빨라도 중일전쟁이 발발한 7월 이후와 『조선출판경찰개요』가 발간된 12월 전에 처음으로 적용되었다.

일장기 말소 사건과 동아일보

일장기 말소 사건이 터지자 동아일보 경영진은 일부 기자들의 어리석은 행위로 치부하면서[57] 즉시 복간을 위해 총독부와 교섭에 나섰다. 과거의 경험으로 볼 때 이러한 사건이 발생하면 총독부의 요구 조건을 어느 정도 수용하고 몇 달 안에 복간되는 게 통례였다. 당시 언론계에는 동아일보의 교섭 노력과 총독부의 요구 사항, 그리고 늦어도 연말에는 발행 정지의 해제가 있을 것으로 전망하는 구체적인 풍문도 나돌았다.[58]

당시에 떠돌던 믿을 만한 풍설에 따르면 총독부의 요구 사항은 '지면의 철저한 개혁'과 '인사 개혁'이었는데, 실제로도 그러했다. 그런데 전자는 후자의 결과에 귀속되는 것이었다. 총독부는 그 구체적 방침으로 사장을 비롯해 사건의 직접 책임자와 사원 중의 요시찰인 및 요주의인 등 평소 불온하게 여기던 사원들의 축출을 지시했다. 이를 통해 동아일보 내의 진용과 분위기를 '일신'시켜 총독부의 시책을 잘 따르도록 하겠다는 계획이었다. 총독부가 동아일보에 제시한 요구 사항, 아니 명령은 아래와 같았다.

1) 동아일보 사장 송진우는 인책 사임할 것.
2) 발행 겸 편집인 명의는 새로 사장이 될 자에게 변경 수속을 이행할 것.
3) 사장, 부사장, 주필, 편집국장을 임용할 때는 미리 당국의 승인을 받을 것.

---

[57] 송진우가 이길용 기자를 질책하면서 "성냥개비로 고루누각을 태워 버렸다"고 한 말이 대표적이다. 仁村紀念會, 『仁村金性洙傳』 東亞日報社, 1976, 389쪽.

[58] 「三千里特別時報─東亞日報는 언제 解禁되나」, 『三千里』 제8권 제11호, 1936. 11, 31쪽.

4) 당국에서 부적당하다고 인정한 간부 및 사원, 사건 책임자는 면출시
키고 사내의 다른 직무에 종사시키지 않는다. 그 명단은 아래와 같다.
송진우(사장, 정요) 장덕수(부사장, 정요) 양원모(영업국장, 정요) 김준연
(주필, 정요) 설의식(편집국장, 정요) 이여성(조사부장, 정요) 박찬희(지방
부장, 특요) 최승만(잡지부 주임, 보요)[59] 이길용(운동부장) 신낙균(사진과
장) 현진건(사회부 기자) 장용서(사회부 기자) 서영호(사진부원). 계 13
명.

5) 새로 동아일보 발행명의인으로 되는 자는 당국이 지정한 항목에 따
라 지면 쇄신에 대해 서약할 것.

6) 위의 명령은 사장 송진우 또는 양원모에 대해 행하고 김성수, 송진
우, 양원모 삼인은 금후 책임지고 일체의 처리를 수행할 것.[60]

'불온한' 사원을 퇴직시키는 데서 나아가 이 명령의 핵심은 사장을

---

59 정요政要, 특요特要, 보요普要는 각각 정치 요시찰인, 특별 요시찰인, 보통 요시찰인
의 줄임말이다. 1930년대에 총독부는 민족주의자를 정치로, 공산주의자를 특별로 구
분하였고, 보통은 이념에 관계없이 '위험한 사상'의 소지자에 해당되었다. 또 정치·
특별과 보통의 구별은 위법 사실의 유무에 따랐다. 장신, 「일제하의 요시찰과 『왜정
시대인물사료』」, 『역사문제연구』 11, 역사문제연구소, 2003, 149쪽.

60 朝鮮總督府 警務局長, 「東亞日報發行停止處分ノ解除ニ至ル經過'及'朝鮮中央日報休
刊後ノ經緯'送附ニ關スル件」 1937. 6. 11; 김경일 편, 『韓國民族解放運動史資料集』
제3권, 영진문화사, 1993, 269~271쪽. 이 문서는 동아일보의 정간을 해제한 후 각 도
지사를 비롯해 주요 관리에게 동아일보의 정간과 해제, 『조선중앙일보』의 휴간 경위
를 보고한 것이다. 문서는 각각 동아일보와 『조선중앙일보』를 다룬 두 개의 글로 이
루어져 있다. 일장기 말소 사건을 전후로 한 총독부의 언론정책을 여과 없이 보여
주는 일급 자료다. 이하 각주에서 인용할 때는 각각 「동아일보정간처분경과」와 「조
선중앙일보휴간경위」로 줄이겠다. 아울러 이 자료는 채백, 『사라진 일장기의 진실』,
185~201쪽에 번역 수록되었다.

비롯한 주요 간부의 인사에 있었다. 총독부는 사장 송진우의 모든 권한을 신임 사장에게 넘길 것을 요구하면서, 그 사장의 인선에 직접 관계하고 그를 통해 '지면의 쇄신'을 꾀하고자 했다. 따라서 송진우의 후임을 누구로 삼을 것인가가 정간 해제의 최대 관건이 되었다.

정간 후 처음 열린 10월 12일의 동아일보 취체역회의는 결산 보고와 제15회 주주총회 일자(10월 28일)를 결정했을 뿐 정간에 따른 후속 인사를 하지 않았다. 뒤이은 11월 11일에 열린 취체역회의에서 비로소 송진우의 사장 사임안이 통과되고, 양원모를 전무취체역으로 결정하는 동시에 사장사무대리로 결정하였다.[61] 한편 실질적인 동아일보의 소유주인 김성수는 총독부에 아무런 유감을 표시하지 않은 채 "절대 사장으로 출마하지 않는다. 또 내부에서도 동아일보사에 관계하지 않는다"고 공언한 뒤 자신과 처, 그 외 한 명이 가진 주식 4,710주를 무상·무조건으로 송진우에게 양도하였다.[62] 그리고 11월 19일의 취체역회의는 김성수의 취체역 사임안을 통과시켰다.[63]

총독부는 이것을 사장에서 물러난 송진우에게 실권을 주려는 행위로 이해하였다. 곧 송진우가 주주의 자격으로 취체역 지위를 확보한 뒤 김성수를 대행하며, 또 새로운 사장이 송진우를 대행하면서 결과적으로는 김성수가 동아일보를 조종하려 한다고 본 것이다. 총독부가 보기에 이렇게 되면 간부를 바꾸더라도 아무런 의미가 없었다.

---

61 株式會社 東亞日報社, 『大正八年九月以降 取締役會決議錄』, 77~78쪽.

62 「동아일보정간처분경과」, 273쪽. 총독부는 동아일보의 실질적 소유주인 김성수에게 사과와 재발 방지 서약을 기대하였다.

63 株式會社 東亞日報社, 『大正八年九月以降 取締役會決議錄』, 79쪽.

총독부는 동아일보에서 추천한 양원모, 장덕수, 고재욱, 김용무, 김병로 등의 사장 인선을 모두 거부했다. 총독부가 보기에 이들은 정리 대상(양원모, 장덕수)이거나 김성수의 인척(고재욱)이었다. 또 김성수가 경영하는 보성전문학교의 교장으로서 그의 '심복'(김용무)이거나 김성수와 밀접한 관계에 있는 동향인으로서 강렬한 '공산계 민족주의자'(김병로)였다. 총독부는 김성수와 송진우의 '괴뢰'가 되지 않을 인물을 사장으로 세워서 '지면 개선'의 실적을 올리고자 했다.[64] 반면에 동아일보는 총독부의 뜻을 저지하기 위해 백방으로 노력하면서 자신의 뜻을 체현할 수 있는 인물을 계속 모색했다.[65]

이와 함께 동아일보는 "당국은 처음부터 해정解停(정간 해제)의 뜻이 없었다. 무단정치의 재현"이라고 총독부를 비판하면서 음으로 양으로 조건 완화를 도모하였다. 또 "현 취체역의 밖에서 사장을 선임하면 반드시 동아일보는 자멸하고 말 것이니, 이에 먼저 폐간하고 전업하는 것만 같지 못하다. 이렇게 되면 당국은 궁지에 빠질 것"이라거나 "당국은 드디어 굴복하여 조만간 속간 허용을 내정"하였다는 소문을 퍼뜨리면서 총독부를 압박하였다.[66]

이처럼 폐간도 불사할 것 같은 동아일보의 태도에 총독부는 미동도 하지 않았다. 오히려 총독부는 1937년 5월 들어 정해진 방침에 따라 해

---

64 「동아일보정간처분경과」, 274~275쪽. 총독부는 해동은행의 취체역인 김연수와 문상우를 새 사장으로 용인했지만, 본인들이 고사하는 바람에 뜻을 이루지 못했다.

65 「兩新聞社의 情報—停刊中의 兩大新聞, 엇재서 아직 못 나오나?」, 『삼천리』 제9권 제1호, 1937. 1, 9~10쪽.

66 「동아일보정간처분경과」, 275~276쪽.

결하지 않으려면 속히 폐간계를 제출할 것을 동아일보에 통고했다. 폐간과 굴복의 기로에 서서 고민하던 동아일보는, 오랜 정간으로 생활고에 시달리던 사원과 직공의 요청을 받아들이고 주식회사의 파탄을 막는다는 명분으로 총독부의 최후 통첩을 수용했다. 동아일보는 취체역회의를 개최하고 백관수와 옥선진을 사장 후보로 선출한 뒤, 5월 12일자로 총독부에 원서願書를 제출했다.[67]

총독부는 백관수를 새 사장으로 내락하면서 동아일보에게 ① 서약서를 제출할 것,[68] ② 전前 사장의 소유 주식(所有株)을 새 사장에게 양도할 것, ③ 전 사장은 취체역을 사임할 것, ④ 해정에 당해서 사고社告를 게재할 것을 지시했다. 이에 따라 송진우는 주식 4,810주 중 4,000주를 백관수에게 양도하고 수속을 종료했다. 또 5월 31일에 개최된 동아일보 임시 주주총회에서 취체역 김성수와 송진우가 인책 사임하고, 보궐선거로 백관수 및 중추원 참의인 현준호가 선출되었다.[69] 바로 뒤에 열린 취체역 회의에서는 백관수를 사장으로 추천하고 편집국장을 사장이 겸임하기로 결정하면서 법적 수속을 마무리하였다.[70] 최종적으로 6월 1일 사장 백관수는 경무국장 미쓰하시 고이치로三橋孝一郎에게 서약서를 제출하고, 총

---

67 위의 글, 276~277쪽.

68 서약서의 내용은 지도정신의 시정, 「언문신문지면 쇄신요항」의 준수, 불량사원의 정리(앞서 본 13명 지정) 및 재임용의 승인, 사장이 발행명의인이 되는 원칙의 준수, 사장·부사장·주필·편집국장의 임명 및 선임의 승인, 위 서약사항 위반 시 제재를 받는다는 것이었다.

69 「동아일보정간처분경과」, 288쪽.

70 株式會社 東亞日報社, 『取締役會決議錄』, 79쪽.

18개항의 「언문신문지면 쇄신요항」을 받아들였다.[71] 이어 6월 2일자로 동아일보는 정간에서 해제되었다.

일장기 말소 사건과 『조선중앙일보』

뒤늦게 『조선중앙일보』도 일장기를 말소한 사실이 드러나자, 동아일보의 경우와 마찬가지로 총독부는 사장 여운형과 편집국장 윤희중을 불러 책임을 물은 뒤 사장 이하 간부 13명의 인책 사직을 강요했다. 총독부는 이 조치를 통해 '책임자 및 불량 기자'를 도태시키고 '우량'한 사장 및 간부를 추천하여 신문 지면의 쇄신이 확실해진다면 언제라도 속간시키겠다는 방침을 세웠다.[72] 이에 따라 사장 여운형은 10월 초순에 취체역 회의를 열어 휴간에 이르게 된 사정을 설명하고 자기를 비롯한 간부 및 관련 기자의 사직 의사를 밝혔다.

이로써 『조선중앙일보』는 곧 속간할 듯 보였지만 경영권 분쟁이 발생하면서 속간을 기약할 수 없게 되었다. 1936년 3월 『조선중앙일보』는 성낙헌의 20만 원을 들여와 자본금을 50만 원으로 증자하였다. 『조선중앙일보』는 이 자금을 바탕으로 12면으로 증면하고 신문값을 1원으로 인상하는 등 사세를 확장했다. 성낙헌은 이 자금을 배경으로 영업국장과 경리국장 등의 지분을 확보하였다.[73] 새로운 취체역의 진출로 인한 미세한 갈등은, 휴간 사태를 계기로 전면화되었다.

---

71 서약서의 내용은 「동아일보정간처분경과」, 281~282쪽 참조.

72 「조선중앙일보휴간경위」, 296~297쪽.

73 舌火者, 「風前燈火의 朝鮮中央日報—수수꺾기 같은 八萬圓 事件」, 『批判』 제5권 제2호, 1937. 2, 81~82쪽.

성낙헌의 조카 성원경은 경영권을 차지하기 위해 사장 여운형의 퇴진운동을 하는 한편, 총독부를 상대로 속간을 위한 운동을 개시했다. 속간을 위해 『조선중앙일보』의 정화 및 지면의 개선을 '서약'하고 이를 인수하여 경영하겠다는 계획이었다. 여운형의 "경영상의 무능"을 비판하면서 빨리 신문을 발행하여 '호구지책'을 삼겠다는 사원도 늘어갔다. 반면에 사임의 뜻을 나타낸 여운형을 만류하는 움직임도 만만치 않았다. 성원경을 지지하는 취체역을 제외한 대다수는 사장과 진퇴를 같이해야 한다면서 여운형의 사표를 철회시켰다. 또 여운형의 사임설이 전해지자 각 지국장과 분국장을 중심으로 여운형의 사장 유임운동이 전개되었다.[74]

그러나 11월 초순에 경무국에서 다시 여운형을 호출하여 책임질 것을 강요하자, 취체역회는 총독부의 태도가 강경함을 알아채고 사장 및 현역 간부 전체의 사직을 결의하였다.[75] 이에 '8만 원 사건'[76]으로 물러나 있던 성원경 등의 경영권 도전이 거세지자, 주주들은 속간을 물 건너간 것으로 판단하고 청산 절차에 들어갔다. 『조선중앙일보』는 결국 속간을 하지 못한 채 1937년 11월 5일자로 발행 허가의 효력이 상실되어 폐간되었다.

『조선중앙일보』 폐간의 일차적 원인은 오랜 재정난과 그로 인한 경영권 분쟁이었다.[77] 그런데 『조선중앙일보』의 경영권 분쟁에는 단순히 사장

---

74 「조선중앙일보휴간경위」, 297쪽.

75 「兩大新聞 特報」, 『삼천리』 제8권 제12호, 1936. 12, 12~13쪽.

76 舌火者, 「風前燈火의 朝鮮中央日報 —수수꺾기 같은 八萬圓 事件」, 82~85쪽.

77 정진석, 『한국언론사』, 430쪽.

자리를 누가 차지하느냐가 아니라 신문을 어떠한 방향으로 이끌어 갈 것인가의 문제가 잠재되어 있었다. 신문의 사명, 곧 언론관의 대립이 경영진 내에서 전개되었다.

경영면에서 여운형을 비판했던 성원경 등은 청산 절차를 밟던 1937년에 들어와서도 경영권을 확보하여 신문을 속간하려는 의지를 보였다. 앞서 보았듯이 성원경은 총독부의 요구 사항을 충실히 수행하겠다는 태도였다. 곧 총독부의 뜻을 충실히 반영하여 기존의 『조선중앙일보』와 그 성격을 달리하는 노선도 불사하겠다는 것이었다. 이는 신문을 기업으로 인식하고 경영상의 안정, 나아가서 이익을 얻겠다는 생각이었다. 성원경 등은 『조선중앙일보』에 출자하면서 영업국장과 경리국장 등의 지분을 확보했는데, 이러한 경험도 신문의 방향을 결정하는 데 영향을 끼쳤을 것이다.

반면에 여운형은 사원들의 생존권 문제를 고민하면서도 성원경 등을 주도로 한 속간에는 동의하지 않았다. 여운형과 그를 추종하던 그룹은 신문 경영에 대한 야심을 버리고 "『조선중앙일보』의 운명은 다하였다"고 하면서 폐간을 당연시하였다.[78] 여운형은 취체역 취임을 위해 양도받았던 주식을 다시 돌려주었지만 발행인의 자리에서 물러나지 않았다.[79] 주식을 돌려주었기 때문에 여운형은 이제 대주주가 아니었으며, 따라서 경

---

78 「조선중앙일보휴간경위」, 301쪽.

79 위의 글, 298쪽. 대개 취체역에 취임하려면 일정한 주식을 취득하는 것을 원칙으로 했다. 여운형은 주로 해외에서 거주하다 감옥에서 출옥한 뒤 사장으로 영입되었다. 따라서 그는 주식을 취득할 만한 경제적 여력이 없었으므로 대주주였던 최선익이 자신 소유의 주식 일부를 여운형에게 양도하였다. 이러한 경우는 다른 신문사에서도 마찬가지였고, 퇴직할 때는 다시 돌려주는 게 관례였다.

영권 다툼에는 관여할 수 없었다. 대신, 법적으로 유효한 발행인의 자리를 고수하면서 『조선중앙일보』의 변절을 저지했다. 경영상의 책임 때문에 상업화에 휩쓸리지 않을 수 없었지만, 언론의 사명을 더 이상 감당할 수 없다면 차라리 폐간이 낫다는 판단이었다. 그 언론의 사명은 『조선중앙일보』를 다른 신문과 구별되게 만든 기자들의 것이었고, 여운형은 그들의 생각을 대변하였다.

4. 중일전쟁의 발발과 조선일보[80]

일장기 말소 사건으로 동아일보와 『조선중앙일보』는 심각한 타격을 입었지만, 조선일보는 상대적으로 호황을 누렸다. 두 신문의 정간과 휴간으로 광고와 구독자가 조선일보로 몰렸다.[81] 이처럼 일장기 말소 사건은

---

80 중일전쟁 이후 편집방침의 변경을 둘러싸고 전개된 조선일보 내부의 갈등은 다음 문서에 전적으로 의존하였다(京鍾警高秘 제4466호의 1, 「朝鮮日報社ノ非國民的行爲ニ關スル件」 1938. 5. 24). 이 문서는 1938년 5월 24일자로 경성 종로경찰서장이 경기도 경찰부장에게 보고한 것이다. 제목 그대로 조선일보사 내의 시국에 순응하지 않는 '비국민' 사원(주로 기자)들의 행위가 주된 내용이다. 다시 말해 조선일보의 방향이 '국민적' 입장으로 선회하였음에도 불구하고 내부에서 이에 반발하는 사원들을 다루고 있다. 이런 점에서 이 문서는 총독부의 언론통제에 대한 조선일보 기자들의 저항을 보여 주는 동시에 조선일보의 '친일화' 과정을 설명해 주는 중요한 자료다. 이 문서의 원본은 국사편찬위원회에 소장되어 있으며, 국사편찬위원회 한국사데이터베이스(db.history.go.kr/)에서 열람할 수 있다. 이하 각주로 인용할 때는 「조선일보사의 비국민적 행위」로 줄이겠다. 쪽수는 화면상의 이미지 장수에 따랐다.

81 "東亞, 中央 兩紙의 停休刊에 따라, 朝鮮日報의 판매 부수의 躍進은 놀날 만하야 웬만한 大都會에서는 2倍 大의 독자를 획득하였다. 모 소식통의 관측에는 적어도 과거 2개월간에 2만 부는 증가하였다고 보며 每日申報 또한 萬여 부의 增紙라 한다. 그뿐

조선일보의 성장을 촉진했지만, 다른 한편으로 총독부와의 관계를 고민하도록 만들었다. 일장기 말소 사건을 처리하면서 총독부는 단순히 '잘못된' 행위를 처벌하는 데 그치지 않고, 자신들이 원하는 방향을 적극적으로 강요하였다.[82] 예전처럼 적당한 선에서 타협하여 마무리하는 방식은 더 이상 기대할 수 없었다. 게다가 대동민우회 같은 관제조직이 조선일보의 기사를 트집 잡고 협박하는 일도 발생했다. 언제 어떠한 방식일지는 예측할 수 없지만 동아일보와 『조선중앙일보』로 향했던 칼날이 조선일보를 비켜 가지 않을 것만은 확실했다.

경무국의 검열 담당자는 일장기 말소 사건 이후 조선일보를 평가하면서 "당국의 과감한 처단에 놀라서 필봉을 고치고, 기사의 편집 지면에 세심한 주의를 기울여 조선일보의 기사 수준은 동아일보 정간 해제 이전에 이미 현저히 고양"되었다고 말했다. 그 실례로 1937년 1월 1일자 신문 1면에 게재된 총독의 사진을 들었다.[83] 1937년 신년호의 신문 1면은 예년과 달리 등장인물과 내용이 크게 달랐다. 일왕 부부의 사진이 1면에 처음으로 등장했고 조선총독의 연두사, 정무총감과 경무국장의 연두 소감도 함께 실렸다.[84] 당시의 주필 서춘은 1937년 신년호에 적색으로 인

더러 서울 안에서만 大每, 大朝가 각각 1천 부 이상 증가되었다 하니 東亞, 中央의 兩紙 독자는 비록 일시적 현상일는지 未知이나 朝鮮, 每日, 大每, 大朝 등에 거지반 흡수된 셈이며 그밧게 광고의 범람은 또한 놀날 만하야 現有諸 신문지는 재정적으로 대풍년을 맛난 격이라 한다." 「三千里特別時報—東亞日報는 언제 解禁되나」, 14쪽.

82 동아일보의 정간 해제에 즈음하여 발표한 미쓰하시 경무국장의 담화가 이를 잘 보여준다. 「동아일보정간처분경과」, 290~292쪽.

83 廣瀨四郎, 「支那事變發生當時の諺文新聞の回顧」, 『警務彙報』 403, 1939. 11, 16쪽.

84 조선일보사사편찬실, 『조선일보 역사 단숨에 읽기 1920~』, 조선일보사, 2004, 73쪽.

쇄된 일장기를 제1면에 게재하려 했지만 편집국장 김형원의 반발로 불발되었다.[85] 이처럼 신년호의 지면은 총독부의 강요와 조선일보 내부에서 시류에 순응하려는 움직임이 서로 맞물려 만들어졌다고 할 수 있다.

이러한 상황에서 1937년 7월 7일 중일전쟁이 발발하고, 9일에 언론을 통해 발표되었다. 경무국은 7월 12일에 경성부 내에서 발행되는 신문사 대표 및 각 지국장 50여 명을 불러 중일전쟁에 대한 언론기관의 협력을 요청하였다. 또 7월 13일에는 총독이 직접 조선에 있는 언론계 대표자를 불러서 시국에 협조할 것을 요망하였다.[86] 이처럼 총독부가 경고성 요청에 나선 까닭은, 『매일신보』를 제외하면 조선일보와 동아일보 등이 이 사건에 대해 침묵하고 논평을 회피한다고 보았기 때문이었다.[87]

그렇지만 총독부의 압박이 있기 이전인 7월 11일에 조선일보에서는 사장 방응모, 주필 서춘, 편집국장 김형원, 영업국장 김광수 등이 참가한 가운데 긴급회의가 개최되었다. 먼저 서춘이 중일전쟁의 중대성을 설명하고 편집방침 개혁의 필요성을 주장했다. 종래 외국인의 신문처럼 "일본군, 중국군, 장개석 씨"와 같은 용어를 사용하는 대신에 "아군, 황군, 지나, 장개석" 등으로 고치고, 논설은 일본 국민의 입장에서 게재할 것을 제안하였다. 용어를 개정하고 논지에 변화를 주자는 것이었다. 이에 대해 편집국장 김형원과 영업국장 김광수가 반대하였다. 반대의 이유인즉슨 ①주필의 주장대로 하면 『매일신보』와 다를 바 없으며, ②조선 혼에

---

85 「조선일보사의 비국민적 행위」, 5쪽.

86 최민지, 『일제하 민족언론사론』, 226~227쪽.

87 「支那事變ニ對スル諺文新聞ノ論調(昭和十二年七月) 第一輯」, 『朝鮮出版警察月報』 108, 1937. 9, 62쪽.

반하여 민중의 지지를 잃고 부수가 줄어들며, ③개혁의 필요가 있다 하더라도 당국의 명령 때문에 어쩔 수 없는 경우에 개혁해야지 자발적으로 하는 것은 불가하다는 것이었다.

서춘은 다시 이를 반박하면서 세 가지 이유를 들었다. 우선 첫째로 용어와 논설의 개혁으로 민중의 지지를 잃는 것과 당국의 발행 금지 처분에 따른 독자 감소로 인한 손해 중 어느 것이 큰가. 둘째로 당국의 명령을 기다리던 신문경고시대는 이미 과거의 일로서 현재는 예고 혹은 경고를 하지 않고 괘씸하면 바로 발행 금지 처분을 받는다. 그리고 민중을 지도할 임무에 있는 신문이 민중을 1919년의 독립소요와 같은 방면으로 이끄는 것은 적당하지 않다. 셋째로 이미 대동민우회가 조선일보의 기사를 고발하고 힐문했을 때 심각한 위험과 곤란을 느꼈는데, 앞으로는 대동민우회에 한정되지 않고 국수단체로부터 어떠한 박해를 받을 것인지 생각하기 어렵지 않다. 이처럼 주장이 팽팽한 가운데 사장 방응모가 조선일보의 입장을 최종적으로 정리하였다. 동아일보는 일장기 문제로 이미 몇십만 엔의 손해를 입었고, 신문이 민중을 1919년처럼 지도하기는 불가하다면서 방응모는 주필의 손을 들어 주었다.[88] 편집국장과 영업국장은 동의하지 않았지만 사장에게 복종할 수밖에 없었다.

이러한 결정의 배경은 무엇보다 일장기 말소 사건을 계기로 총독부의 언론정책이 달라졌다는 인식이 영향을 미쳤다. 1935년까지는 기사가 법에 저촉되지 않는 한 지장이 없었지만, 1936년부터는 태도를 일변하여 기사로써 '국민'된 입장을 보이지 않으면 존립하기 힘들다는 것이었다.

---

88 이상 「조선일보사의 비국민적 행위」, 7~13쪽.

곧 탄압받기 이전에 미리 총독부가 원하는 방향으로 나아감으로써 신문사가 입을 피해를 최소화해야 한다는 논리였다. 동아일보처럼 당할 수 없다는 견해였다.

여기에 더해 이제 더 이상 신문이 민족을 계몽하고 각성시킨다는 언론관의 포기 선언이었다. '민족과 조선'을 상품으로 삼아 독자와 총독부 사이에서 행하던 줄타기를 그만두고, 이제는 기업으로서 경영에 충실하겠다는 판단이었다. 서춘은 신문에 국민적 기사를 쓰고 황실의 기사를 게재하는 것은 당연한 행위로서 '시류에 순응'해야 한다고 주장했다.[89] '시류의 순응'은 단순한 굴복이 아니라 독자들의 관심에 순응한다는 의미였다.[90] 당시 동아일보는 항복 선언을 하고 나서도 약속의 이행에 머뭇거렸는데, 조선일보는 수세적 국면을 공세로 전환하여 선점하겠다는 의도였다.

그러나 간부회의의 결과가 즉각 반영되지는 않았던 것으로 보인다.[91] 중일전쟁을 다룬 조선일보의 최초의 사설은 7월 16일자 「유언비어에 대하여」였다. 이 사설은 같은 날 동아일보의 「비상시와 오인의 자중」이라는 사설과 함께 총독부로부터 '국민의 의기'와는 한층 동떨어져 있다는 평가를 받았다. 그러면서도 1928년의 제남 사건이나 1931년의 만주사변

---

89 위의 글, 32~33쪽.

90 서춘은 『매일신보』의 가격 경쟁력과 다루는 주제, 곧 도회道會의 활동을 다룬 정치 기사나 민중 생활과 밀접한 관련을 지닌 경제 기사를 예로 들어, 『매일신보』에게 독자를 뺏길 수도 있음을 주장했다. 위의 글, 38쪽.

91 종로경찰서의 보고에는 회의가 있던 당일(7월 11일)자 2회째 호외부터 일본 국민의 태도로 편집되었다고 판단하였지만, 그것이 확연히 드러나는 시점은 7월 19일부터라고 할 수 있다.

당시 "아군을 침략군으로 하고, 발포나 총살 등의 잘못은 황군에 있다"고 하던 보도 태도와는 큰 차이가 있음도 인정되었다.[92] '국민적' 입장의 편집은 7월 19일자 지면에서 일본군을 아군과 황군으로 고치면서 시작되었다. 이후 「총후의 임무」(8월 2일), 「현대전의 특징」(8월 14일), 「지나사변과 국민의 각오」(8월 23일) 등의 사설과 기사로 편집방침이 변하였음을 내외에 드러냈다.[93]

이러한 신문의 태도 변화에 대해 조선일보 안팎에서 반발이 격렬하게 일어났다. 이 일로 인하여 서춘은 사방팔방에 적을 두게 되었고, 무기명 협박문을 50~60통이나 받았다. 사내에서는 김형원, 김광수뿐 아니라 함상훈, 이은상 등이 서춘을 노골적으로 비난하였다.[94] 이처럼 사내외에서 서춘을 총독부의 '스파이', '앞잡이' 등으로 백안시하였지만, 방응모의 지지로 신문 발행, 곧 편집방침에 지장을 받지 않았다고 경찰 문서는 보고하였다.

그런데 규모를 알 수 없으나 일시적으로 조선일보를 끊는 독자도 있었던 듯하다. 1937년 10월 5일 이 문제로 다시 4인이 참석한 간부회의가 열렸다. 방응모는 신문 부수 감소의 원인으로서 ① 전시 불경기, ② 대

---

92 「支那事變ニ對スル諺文新聞ノ論調(昭和十二年七月) 第一輯」, 61쪽. 동아일보와 조선일보는 중일전쟁의 발발을 보도하면서 일본군으로부터 제공받은 대로 사건의 책임을 중국 측에 돌렸다.

93 이렇듯 조선일보가 자발적으로 입장을 선명히 하자, 총독부는 동아일보를 압박하였다. 경무국 도서과는 7월 25일과 26일 동아일보 사장 백관수를 호출하고 "조선일보는 이렇게 국민적 태도로써 기사를 편집하는데 동아일보는 왜 태도를 고치지 않느냐"고 질책하였다. 정간 해제 이후 관망하던 동아일보도 조선일보의 뒤를 따랐다.

94 조선일보사 사료연구실, 『조선일보 사람들: 일제시대 편』, 345·354·432쪽.

금독촉을 엄중히 한 까닭에 각 지국에서 수금이 확실한 것만 부수로 보고, ③ 신문 기사의 우경화 등을 제시한 뒤 참가자의 의견을 물었다. 서춘을 제외한 3명은 우경화를 이유로 들었고, 방응모는 이에 대한 서춘의 의견을 물으면서 압박하였다. 경찰 보고서는 이를 '방응모의 표변豹變'이라 표현했는데, 이 회의는 사실상 서춘을 희생양으로 삼기 위한 사전 포석이었다. 서춘은 10월 8일에 열린 간부회의에서 5일의 방응모의 발언을 상기시키며, 신문의 우경화는 자신만의 책임이 아니라 7월 11일에 열린 간부회의의 결과에 따른 것이라고 항변했다. 곧 방응모가 우경화의 책임자라는 주장이었다.

10월 9일에는 사장, 주필, 편집국장, 영업국장 외에도 편집국의 7개 부서, 영업국의 4개 부서, 그리고 각 지방의 사원 등 총 23명이 참석한 전례 없는 회의가 개최되었다. 회의 안건은 예의 독자 감소 문제였으며, 그 원인은 우경화에 따른 조선인 독자의 흥미 감소로 모아졌다. 회의는 10월 12일에 다시 재개되고, 분위기는 주필 서춘에게 모든 책임을 전가하였다. 10월 5일의 회의와 마찬가지로 서춘은 7월 11일 이후의 편집방침은 간부회의 결정을 수행한 것일 뿐이라고 주장했다.

편집방침의 전환과 독자 감소의 원인에 대한 조선일보 내부의 책임론은 11월 24일 주필 서춘과 편집국장 김형원의 동반 사직으로 마무리되었다.[95] 이어 조선일보는 1938년 1월 22일에 함상훈을 편집국장에 임명하고, 2월 27일에는 이훈구를 주필로 임명하였다.

---

95 김형원은 조선일보를 『매일신보』처럼 만든다고 서춘을 격렬히 비난하였지만, 그 자신은 조선일보를 떠난 지 반년도 지나지 않은 1938년 5월에 『매일신보』의 편집국장으로 입사했다. 정진석, 『한국언론사연구』, 일조각, 1983, 286쪽.

이렇듯 내외부의 반발로 인사를 실시했지만 조선일보의 편집방침은 다시 과거로 돌아가지 않았다.[96] 날로 강화되는 총독부의 언론통제에 정면으로 대응할 수 없던 탓도 있겠지만 사장의 경영방침을 수정할 만한 새로운 요인이 발생하지 않았기 때문이었다. 오히려 전쟁에 대한 일반의 관심이 높아짐에 따라 중일전쟁 중 상하이 함락, 난징 함락 등 전황에 큰 기복이 있을 때마다 신문 부수가 증가하였다. 무엇보다 광고량이 줄어들지 않고 심지어 어떤 방면은 증가하였다.[97]

편집방침의 전환을 논의하는 회의 때 김광수와 김형원은 독자들의 기호로서 '조선'의 정서를 중시하였다. 그리고 독자들의 항의도 잇달았다. 하지만 방응모와 서춘은 예전과 같은 편집방침을 고수하면서 신문을 발행하기 불가능하다고 여겼다. 신문의 논조가 다 그렇고 그런 상황에서 신문 구독 자체를 포기하는 게 아니라면 조선일보 독자들이 굳이 『매일신보』나 동아일보를 볼 리 없다는 생각도 하였을 것이다. 조선일보는 민족의 계도자보다 수익성 좋은 기업을 선택했다. 방향이 정해진 이상 망설일 필요가 없었다. 이후 사장 방응모는 '친일행위'로 비판받는 총독부의 각종 행사에 다방면으로 참석했다. 이는 압력으로 인한 마지못한 출석이라기보다 유능한 경영자의 적극적인 활동이었다.

---

96 조선일보 내에 '비국민적' 기자들이 적지 않았지만 이미 기자들은 1920년대의 '지사'가 아니라 신문사에 고용된 샐러리맨에 지나지 않았다. 신문의 방향에 이의를 제기할 수는 있지만 주식회사의 경영에 관여할 수는 없었다. 박용규, 「일제하 민간지 기자집단의 사회적 특성의 변화과정에 관한 연구—직업의식과 직업적 특성의 변화를 중심으로」, 165~171쪽.

97 「戰時下의 新聞社長의 態度, 思想統制·物資統制의 長期戰下인 오늘날에 잇서 三大新聞社의 今後 進路는 如何한가」, 『삼천리』 제10권 제10호, 1938. 1, 33~34쪽.

5. 언론에서 기업으로

1937년 동아일보, 『조선중앙일보』, 조선일보는 선택의 갈림길에 섰다. 신문을 계속 발행할 것인가 아니면 폐간할 것인가. 조선 '민족의 대변자'라는 타이틀을 고수할 것인가 아니면 일본 국민 중에서 조선 거주자의 입장을 대변하는 것으로 전환할 것인가.

언론의 상업화는 이미 1920년대 들어 시작되었지만 1933년 언론계의 재편이 이루어지면서 본격화되었다. 세 신문은 정도의 차이는 있지만 독자를 확대하고 광고 수입을 늘려 신문 경영의 안정을 도모하려고 노력했다. 이를 위해서는 신문이 끊임없이 매일 발간되는 것이 전제되어야 했으며, 1920년대처럼 압수나 장기간의 정간을 당하는 일을 피해야 했다. 1930년대 초반 압수 건수의 감소는 신문 지면의 변화에 따른 것이지 총독부의 탄압이 약해진 탓은 아니었다. 편집국장의 사전 검열관 역할이 주요했다.

그러나 세 신문과 총독부의 대립각이 해소되지는 않았다. 독자들은 여전히 총독부와 그 실정에 대해 비판할 것을 요구하였다. 광고 수주는 독자 수에 비례하였으므로 총독부의 검열을 피하면서 독자의 요구를 반영해야 했다. 여전히 '민족'은 주요한 상품이었다. 총독부가 보기에 1920년대에 비해 신문 지면이 많이 개선되었다고는 해도 일본 국민의 자세는 아니었다. 그렇지만 농촌진흥운동 등 사회안정책을 적극 실시하고 지방자치제의 확대 등으로 조선인을 회유하려던 총독부로서는 강압적인 언론통제책을 쓸 수 없었다. 강력한 탄압은 공산주의 운동에 가하는 것으로 족했다. 총독부의 선책은 장기적이고 점진적인 방법이었다.

그런데 1936년 8월의 일장기 말소 사건은 상황을 급변시켰다. 총독부는 동아일보와 『조선중앙일보』의 인사에 개입함으로써 신문의 편집방침을 바꾸려고 했다. 과거처럼 교섭을 통해 해결할 수 없었다. 동아일보는 속간을 위해 총독부의 요구 조건을 수용했다. 이로써 더 이상 '2천만 민중의 표현기관'이 될 수 없었다. 한편 『조선중앙일보』는 취약한 자본과 그로 인한 경영권 분쟁이 발생하였다. 경영권 분쟁의 이면에는 『조선중앙일보』의 진로에 대한 상이한 견해가 충돌하고 있었다. 한쪽은 새로운 자본의 투입으로 경영권을 확보하여 신문기업의 위치를 탄탄히 하고자 한 입장이었다. 다른 한쪽은 민중을 계몽시키지 못하고 민족의 의사를 최소한이라도 표현할 수 없다면 신문으로서의 사명은 끝났다고 보는 입장이었다. 후자는 여건상 상황을 주도할 수 없었지만 속간에 동의하지 않음으로써 『조선중앙일보』의 역사성을 지켰다.

　　일장기 말소 사건과 그 이후의 처리 과정은 다른 언론들에게도 결단을 요구했다. 조선일보는 탄압이 들어오기 전에 먼저 총독부의 요구를 수용하기로 결정했다. 조선일보에 거는 내외부의 기대가 적지 않았지만 사장의 결단으로 '싸우다 죽는 길'보다는 미리 순응하여 피해를 덜 입는 방식을 선택했다. 어느 방식이나 조선인을 계몽하는 것이었지만, 새로 선택한 길은 조선의 장래가 아니라 일본의 장래를 위한 것이었다. 과거에 조선과 일본을 분리해 사고하던 것이 아니라 조선을 일본에 일치시키는 것이었다. 1937년 중일전쟁 이후 수많은 지식인이 저항을 포기하고 전향을 선언했듯이, 조선일보는 일본의 미래에 자신의 운명을 걸었다.

　　이전보다 강해진 총독부의 압박 속에 세 신문은 운명을 달리하였다. 『조선중앙일보』는 종래의 언론관을 고수하면서 폐간을 선택했다. 동아일보는 기업이냐 민족이냐 양자택일의 갈림길에서 전자를 택했다. 동아일보는 총독부의 조건을 수용하여 속간한 뒤에도 적극적으로 나서지 않았다. 조선일보는 다가올 위험을 예감한 뒤 자신의 진로를 결정하고 곧바로 지면에 옮겼다.

경위야 어찌되었든 1937년 이후 동아·조선일보의 지면은 『매일신보』와 큰 차이가 없었다. 그런데도 총독부는 동아·조선일보를 폐간시킨다는 방침을 세웠다. 폐간을 막기 위해 총독부에 협력했던 동아·조선일보로서는 이러한 조치를 그대로 받아들일 수 없었다. 총독부의 목적은 전시 물자 조절의 목적 외에 동아와 조선으로 상징되는 이미지를 없애 버리는 것이었다. 지금은 실체가 없다 하더라도 조선인들이 두 신문을 통해 '조선'을 떠올리는 것을 원천 봉쇄하겠다는 의도였다. 내외의 비난을 감수하며 총독부에 협조했지만 결과는 폐간이었다. 만약 폐간을 당하지 않고 총독부와 패전의 운명을 같이하였다면 어떻게 되었을까. 아이로니컬하게도 두 신문의 강제 폐간은 '훈장'이 되어 해방 후 복간의 명분을 만들어 주었다. 결과적으로 총독부는 동아·조선일보에게 병도 주고 약도 준 셈이었다.

6장. 조선총독부의 언론통제와 동아일보·조선일보 폐간

1. 의문의 강제 폐간

1940년 8월 10일, 한때 '민족지'를 자임하던 동아일보와 조선일보가 문을 닫았다. 두 신문의 직원 상당수는 『매일신보』로 흡수되었다. 1937년 7월 중일전쟁 발발 이후 조선총독부의 강제에 굴복하여 제국의 국책에 순응하고 시국 인식의 확산에 노력했음에도[1] 결과는 폐간이었다. 이즈음 전쟁 특수로 부수와 매출이 동시에 늘어나던 상황을 생각하면 두 신문이 폐간을 원하지 않았음을 충분히 짐작할 수 있다.[2]

전쟁으로 인한 용지난, 그리고 일본에서도 이미 언론통제가 실시되던 상황을 언급하면서 자진 폐간을 주장한 연구도 있다.[3] 하지만 두 신문사

---

1 崔民之, 『日帝下 民族言論史論』, 일월서각, 1978, 315쪽.

2 장신, 「1930년대 언론의 상업화와 조선·동아일보의 선택」, 『역사비평』 제70호, 역사비평사, 2005.

3 최영태, 「조선일보 폐간을 둘러싼 논란과 진실」, 『역사비평』 제66호, 역사비평사, 2004.

는 자발적으로 폐간에 동의하지는 않았다. 조선총독부의 치밀한 언론통제 계획이 두 신문사의 목줄을 서서히, 그리고 때로는 강압적으로 조였음을 부인할 수 없다.[4] 동아일보는 폐간을 막기 위해 조선총독부 전직 고관들을 중심으로 조직된 중앙조선협회에 로비를 했다. 중앙조선협회가 제국의회에서 조선총독에게 두 신문 폐간의 부적절함을 비판했음에도 조선총독부는 아랑곳하지 않았다.[5]

극비로 진행된 조선총독부의 언론통제 계획이 발굴되기 전에는 두 신문사의 저항이 강제 폐간의 성격을 분명히 하였다. 그런데 두 신문사의 사사社史를 읽다 보면 무엇인가 이해할 수 없는 부분이 있었다. 왜 같이 저항했는데 동아일보에게만 탄압이 집중되었는가?[6] 조선일보는 조광사朝光社를 출판사업체로 분사시키고 동방문화학원 설립을 인가받아 폐간 이후를 도모할 수 있었던 반면에 왜 동아일보는 아무것도 남지 않았는가? 이미 동아일보가 일장기 말소 사건으로 『신동아』 등 잡지 사업을 접었던 사정을 고려해도 쉽사리 납득할 수 없었다. 이에 성주현은 경무

---

4 최유리, 「일제 말기 언론정책의 성격—동아·조선일보의 폐간을 중심으로」, 『이화사학연구』 20·21합집, 이화사학연구소, 1993; 박용규, 「일제 말기(1937~1945)의 언론통제정책과 언론구조변동」, 『韓國言論學報』 제46권 제1호, 한국언론학회, 2001; 정진석, 『언론조선총독부』, 커뮤니케이션북스, 2005, 173~179쪽.

5 Hyung Gu Lynn, 「中央朝鮮協會と政策決定過程—東亞日報·朝鮮日報强制廢刊事件を中心に」, 松田利彦 編, 『日本の朝鮮·臺灣支配と植民地官僚』, 國際日本文化硏究センター, 2008, 326~330쪽; 李炯植, 「南次郎總督時代における中央朝鮮協會」, 『日本歷史』 제720호, 2008, 70~75쪽(「미나미 지로 조선총독 시대의 중앙조선협회」, 박성수·송병권 편, 『동아시아, 인식과 역사적 실재—전시기(戰時期)에 대한 조명』, 아연출판부, 2014에 재수록).

6 Hyung Gu Lynn도 같은 문제를 제기하였다. Hyung Gu Lynn, 위의 글, 336쪽.

국장의 폐간 담화를 인용하여 조선일보가 동아일보보다 적극적으로 일제의 지배 정책에 순응하였으며, 이러한 인식을 불식시키기 위해 동아일보와 동시에 폐간되기를 희망했다고 추정하였다.[7] 결론을 미리 말하면 성주현의 추론은 맞았다.

이 궁금증은 2012년 말에 발간된 숭실대학교 한국기독교박물관의 해제집을 보면서 비로소 풀렸다. 이 책에는 「언문신문통제에 관한 건」이란 자료의 해제가 실려 있다. 1940년 2월 15일에 미쓰하시 고이치로 경무국장이 작성하여 정무총감에게 보고한 10장의 문서에는, 1939년에 수립한 「언문신문통제안」을 놓고 조선일보·동아일보와 협의한 경과가 기록되어 있다.[8] '자진'과 '강제' 폐간 논쟁의 결론을 내릴 수 있는 자료다.

6장은 크게 세 부분으로 구성된다. 첫째, 동아일보와 조선일보의 사사社史를 비교·분석하였다. 사사가 새롭게 나올 때마다 상대 신문사를 의식했는지 폐간 과정이 서로 바뀌었다. 이 때문에 사실과 창작의 경계가 불분명해졌다. 이에 사사가 사료를 근거로 집필되지 않고, 불분명한 회고와 추론에 의거하였음을 밝혔다. 둘째, 조선총독부가 추진한 언론통제 과정을 정리하였다. 이 내용은 이미 선행 연구에서 충분히 다루었지만 주 자료의 선후 관계를 확정하지 않았다. 필자는 총독부의 언론통제 방안이 입안·구체화·실행으로 이어지는 과정을 추적하였다. 마지막으로

---

7 성주현, 「1930년대 이후 한글신문의 구조적 변화와 기자들의 동향―『동아일보』와 『조선일보』를 중심으로」, 『한국민족운동사연구』 제58호, 한국민족운동사학회, 2009, 57~58쪽. 경무국장의 담화였는데 성주현은 정무총감으로 잘못 썼다.

8 차선혜, 「언문신문통제에 관한 건」, 『한국기독교박물관 소장 민족운동 자료 해제』, 숭실대학교 한국기독교박물관, 2012, 342~344쪽.

총독부가 조선일보·동아일보와 벌인 폐간 협의·압박 과정을 서술하였다. 기존 사사와 연구의 잘못을 고치는 한편, 조선일보와 총독부의 합의 내용을 새롭게 밝혔다.

2. 동아·조선일보의 뒤바뀐 역사

동아일보와 조선일보 두 신문사의 공식 역사가 처음 선보인 때는 창간 50주년을 기념한 1970년이었다.[9] 이후 조선일보는 매 10년마다 역사를 갱신하였고,[10] 때때로 약사를 발간하였다.[11] 동아일보는 80주년을 기념하여 간추린 역사를 선보였을 뿐이다.[12] 공식 역사는 아니지만 두 신문 관련자의 회고와 전기도 몇 편 나왔다.[13]

---

9 동아일보사, 『東亞日報社史 卷一』, 東亞日報社, 1970; 朝鮮日報社史編纂委員會, 『朝鮮日報五十年史』, 朝鮮日報社, 1970. 이하 각각 '동아50년사'와 '조선50년사'로 줄임.

10 朝鮮日報60년社史편찬위원회, 『朝鮮日報60年史』, 朝鮮日報社, 1980; 朝鮮日報70年史편찬위원회, 『朝鮮日報70年史 1』, 朝鮮日報社, 1990; 조선일보80년社史편찬실, 『朝鮮日報80年史 上』, 朝鮮日報社, 2000; 조선일보90년사史편찬실, 『朝鮮日報90年史 上—1920~1964』, 조선일보사, 2010; 조선일보100년사편찬실, 『朝鮮日報100年史 上—민족과 함께 한 세기』, 조선일보사, 2020. 이하 각각 '조선60년사', '조선70년사', '조선80년사', '조선90년사', '조선100년사'로 줄임.

11 조선일보사사편찬실, 『조선일보 역사 단숨에 읽기 1920~』, 조선일보사, 2004; 조선일보90년사사편찬실, 『신문 그 이상의 미디어, 조선일보: 간추린 조선일보 90년사』, 朝鮮日報社, 2010. 이하 각각 '조선80년약사'와 '조선90년약사'로 줄임.

12 東亞日報社, 『민족과 더불어 80년: 동아일보 1920~2000』, 동아일보사, 2000. 이하 '동아80년약사'로 줄임.

13 古下先生傳記編纂委員會, 『古下宋鎭禹先生傳』, 東亞日報社出版局, 1965; 仁村記念會

사사를 발간하기 이전, 폐간에 관련된 최초의 기록은 1945년 12월 동아일보 복간 직후에 나왔다.

폐간을 시킬 의사로 1940년 정초 이래 그의 부하들로 하여금 당시 본사 고문 송진우 씨와 사장 백관수 씨를 여러 차례 만나자 하여 자진 폐간을 강요하였던 것입니다. 그러나 너무도 무모한 강박임으로 단연코 거절하여 왔섯습니다. 그리고 삼월 중순에 송진우 씨가 동경 가서 본보에 대한 남차랑(미나미 지로南次郞 — 인용자) 비행을 탄핵하야 이것이 동경의회에까지 문제가 되었기 때문에 총독부에서는 좀 태도를 느치워 폐간설은 일시 잠잠하엿섯스나 그들은 유월 달에 드러 다시금 기정방침이니 이 이상 버티지 말고 속히 자진 폐간하자고 억압하였습니다.[14]

요약하면 이렇다. 총독부가 1940년 초에 송진우와 백관수를 불러 자진 폐간을 강요하였다. 동아일보는 자진 폐간을 거절한 뒤 3월 중순에 도쿄로 가서 로비를 하여 제국의회에서 이를 문제 삼았다. 그 결과 한때 폐간설이 잠시 누그러졌으나 조선총독부는 6월부터 재차 압박을 하였다. 현재 알려져 있는 폐간 과정은, 이미 해방 직후부터 공유되던 사실임을 알 수 있다.

編, 『仁村金性洙傳』, 인촌기념회, 1976; 啓礎傳記刊行會 編, 『啓礎方應謨傳』, 朝鮮日報社, 1980; 古下先生傳記編纂委員會 編, 『獨立을 向한 執念 — 古下宋鎭禹傳記』, 東亞日報社, 1990; 李東旭, 『啓礎 方應謨』, 방일영문화재단, 1996(『민족 계몽의 초석 방응모』, 지구촌, 1998 재간행); 조선일보사 사료연구실, 『조선일보 사람들: 일제시대편』, 랜덤하우스중앙, 2004.

14 「本報廢刊까지의 經路」, 『동아일보』 1945. 12. 2(2).

5년 뒤인 1950년에 당사자였던 백관수는 1940년 1월 15일에 미쓰하시 경무국장이 자신들을 관저로 불러서 폐간을 강요했다는 좀 더 구체적인 증언을 하였다.[15] 백관수의 회고에서 1월 15일이라는 날짜가 처음으로 등장하였다. 또한 이 회고에 따르면 이날 경무국장을 만난 사람은 백관수와 송진우뿐이었다. 한편 동아일보 이사를 지낸 김승문은 1940년 1월 상순에 미쓰하시 경무국장에게서 "사원위로금 정도는 고려할 터이니 동아일보를 자진 폐간하라"는 강제 명령을 받았다고 회고하였다.[16] 정초, 1월 상순 등으로 회고했지만 백관수가 말한 1월 15일의 다른 표현으로 보아도 무방하다. 세 회고는 폐간 압박을 조선일보 없이 동아일보만 받았음을 공통적으로 말하였다.

조선일보는 1965년 3월 5일에 나온 창간 45주년 기념호에서 1939년 12월에 '자진 폐간' 압박을 받았다고 처음으로 밝혔다. 그리고 사장 방응모는 이러한 압박을 단연히 거부하고 동아일보와 함께 '맹렬한 반대 투쟁'을 벌였다고 썼다. 공동 반대 투쟁설은 여기에서 처음 나왔는데, 1939년 12월부터인지 1940년 1월 15일부터인지 명확하지 않다.

> 1939년 12월 상순이었다. 총독부 三橋(미쓰하시) 경무국장은 조선일보 방응모 사장을 초치하여 자진 폐간을 종용하였다. 물론 청천의 벽력과도 같은 일방적인 강제 명령이었으나 방응모 사장은 단연 이를 거부하고 동업 동아일보와 결속하여 맹렬한 반대 투쟁을 전개하면서 계속 신

---

15 「六個月間鬪爭 日帝의 廢刊强要에ㅡ白寬洙氏懷古談」, 『동아일보』 1950. 4. 1(2).

16 本社理事 金勝文氏 回顧, 「東亞45年의 證言(9) 東亞日報의 强制廢刊」, 『동아일보』 1965. 4. 10(6).

문을 발행하였다.[17]

그런데 1965년 10월에 동아일보사에서 발행한 고하 송진우의 전기는 이전의 회고보다 폐간 과정을 더욱 상세하게 묘사하였지만 '자진 폐간' 의 강요 시기를 다르게 제시하였다.

1939년 11월 상순 총독부 경무국장 三橋(미쓰하시)는 동아일보의 백관 수, 조선일보 방응모 두 사람을 불러서, 두 신문은 시국에 발 맞추는 의 미로 자진하여 폐간하라고 종용했다. 이에 응하면 사원위로금 정도는 고려하겠다고 권고하기도 했다. 이러한 총독부의 언론말살정책에 대해 서 두 사장은 즉석에서 거부했다.[18]

송진우의 전기는 조선총독부의 '자진 폐간' 강요 시기를 1940년 1월 에서 1939년 11월 상순으로 두 달 앞당기면서 조선일보와 동아일보가 함께 당한 것으로 서술하였다. 회고와 달리 전기인데도 어떠한 다른 증 거도 제시하지는 않았다. 아마도 1965년 3월의 조선일보 창간 45주년 기 념호를 의식한 듯하다. 그런 까닭에 압박 시기를 조선일보 회고보다 한 달 앞당기면서 조선일보와 함께 자진 폐간을 강요당하고, 그 결과 공동 반대 투쟁에 나선 것으로 정리한 게 아닐까.

1970년에 나온 '동아50년사'는 기존의 알려진 사실 외에 새로운 내용

---

17 「不屈의 45年 前進의 歷程」, 『조선일보』 1965. 3. 5(4).

18 古下先生傳記編纂委員會, 『古下宋鎭禹先生傳』, 277~278쪽.

을 덧붙였다. 우선 자진 폐간의 종용이 1939년 11월 하순부터 시작되었고, 1940년 정월 초에 사장과 편집국장이 연례행사로 경무국장을 방문했을 때 동석한 경무국 간부가 느닷없이 폐간 이야기를 꺼냈다는 점을 추가하였다. 이후 1월 15일에 조선총독부가 동아일보와 조선일보의 사장을 불러 2월 11일까지 자진 폐간하여 『매일신보』와 통합할 것을 종용하였으며, 두 신문사는 즉석에서 압박을 거부하고 공동 투쟁할 것을 다짐했다고 서술하였다.[19] '동아50년사'는 송진우 전기의 11월 상순을 하순으로 바꾸고, 그 압박을 동아일보만 받은 것으로 보았다. 공동 압박은 1940년 1월 15일로 처리하였다. '동아50년사'의 서술은 이후 '동아80년약사'에도 반영되어 동아일보의 공식 입장이 되었다.[20]

앞서 본 창간 45주년 기념호 외에 조선일보의 초기 기록은 거의 없다. 당사자였던 방응모는 한국전쟁 때 납북되었다. 사내에서 극히 몇 사람을 제외하면 대부분의 편집국 기자들이 폐간 사실을 알게 된 때는 폐간 직전인 1940년 8월 초순이었다.[21] '조선50년사'는 45주년 기념호와 다르게 경무국장에게 불려 간 시점을 1939년 12월 하순으로 조정하고, 즉석에서 거부했다기보다는 "중역회의에서 결정할 문제"라며 총독부를 물러 나온 뒤에 공동 투쟁을 모색했다고 기술하였다. '조선50년사'는 1939년 12월의 모임과 1940년 1월의 모임을 섞어 기술하였다. 그런데 1970년부터 동아일보와 조선일보 두 신문 모두가 1940년 1월 15일의 모임에

---

19 東亞日報社, 『東亞日報社史 卷一』, 382~384쪽.

20 東亞日報社, 『민족과 더불어 80년: 동아일보 1920~2000』, 261~262쪽.

21 劉鳳榮, 「나의 證言」, 『조선일보』 1973. 12. 25(4); 朝鮮日報70年史편찬위원회, 『朝鮮日報70年史 1』, 375~376쪽.

백관수, 송진우, 방응모가 참석한 것으로 적었다.[22] '조선60년사'는 12월 상하순이라는 표현 외에 '조선50년사'를 전재하였다.[23]

'조선70년사'에서 주목할 내용은, 1939년 12월의 압박을 부정했다는 점이다. '조선70년사'는 "조선총독부가 1939년 12월 상순과 하순에 걸쳐 민족언론을 거세할 시책을 이미 수립해 놓고, 그때 경무국장이던 미쓰하시三橋를 시켜서 '보국체제報國體制'를 일원화一元化할 필요가 있음을 1939년 말부터 알렸다는 학설學說도 있다"[24]고 썼다. '조선80년사'는 '학설' 대신에 '연구'라고 썼다. 조선일보는 1939년 12월의 '자진 폐간' 강요를 아직 사실로 확인할 수 없는 학자들의 주장으로 간주하였다. 다만 조선일보는 1940년 1월 15일에 동아일보와 함께 총독부의 강요를 받은 것으로 단정하고, 그 이후의 공식 기록에도 이를 수용하였다.

이상으로 조선총독부가 '자진 폐간'을 언제 강요하였는지를 알아보았다. 동아일보는 1960년대까지 회고를 이용하여 1940년 1월을 주장하다가 송진우 전기 이래 1970년부터 1939년 11월을 정설로 삼았다. 반면에 조선일보는 1939년 12월을 주장하다가 1990년 이후로 1940년 1월을 주장하였다. 동아일보와 조선일보의 주장이 서로 맞바뀐 셈이다. 이외에 1976년에 나온 『인촌김성수전』을 토대로 그 시기를 1939년 12월 중순이라고 보는 견해들도 있다.[25]

---

22 朝鮮日報社史編纂委員會,『朝鮮日報五十年史』, 399~400쪽.

23 朝鮮日報60년社史편찬위원회,『朝鮮日報60年史』, 478~479쪽.

24 朝鮮日報70年史편찬위원회,『朝鮮日報70年史 1』, 372쪽; 조선일보80년社史편찬실, 『朝鮮日報80年史 上』, 505쪽.

25 仁村記念會 編,『仁村金性洙傳』, 411쪽; 古下先生傳記編纂委員會 編,『獨立을 向한

어쨌든 조선총독부가 두 신문사에게 '자진 폐간'을 종용했던 때는 크게 보아 1939년 11월과 12월, 1940년 1월로 나뉜다.[26] 이 각각의 시기에 경무국이 동아일보와 조선일보를 같이 불렀느냐, 따로 불렀느냐에 따라서 경우의 수가 달라진다. 두 신문사의 공식·비공식 역사 기록을 정리한 것이 〈표 6-1〉이다.

〈표 6-1〉 동아일보와 조선일보 관련 사사에 기록된 경무국의 신문 폐간 강제 시기

강압 시기		동아일보 측 기록	조선일보 측 기록
1939	11월 상순	고하송진우선생전(1965)	
	11월 하순	동아50년사(1970)	
	11월	동아80년약사(2000)	
	12월 상순		조선일보(1965. 3. 4.)
	12월 중순	인촌김성수전(1976) 고하송진우전기(1990)	조선일보 사람들: 일제시대 편(2004)
	12월 하순		조선50년사(1970)
	12월 상하순		조선60년사(1980)
1940	정초	동아일보(1945. 12. 2.)	
	1월 상순	동아일보(1965. 4. 10.)	
	1월 15일	백관수 회고(1950. 4. 1.)	조선70년사(1990), 조선80년사(2000), 조선80년약사(2004), 조선90년약사(2010), 조선100년사(2020)

執念—古下宋鎭禹傳記』, 397쪽; 조선일보사 사료연구실, 『조선일보 사람들: 일제시대 편』, 576쪽.

26 기록마다 두 신문의 자진 폐간 종용 시기가 다르다는 점을 이미 박용규와 Hyung Gu Lynn이 지적하였다. 박용규, 「일제 말기(1937~1945)의 언론통제정책과 언론구조변동」, 210쪽; Hyung Gu Lynn, 「中央朝鮮協會と政策決定過程—東亞日報·朝鮮日報強制廢刊事件を中心に」, 326쪽.

조선일보는 '자진 폐간' 강요를 받은 시점을 1939년 12월에서 1940년 1월로 한 달 미루면서 1월 15일을 전후한 시기의 새로운 내용들을 추가하였다.[27] '조선70년사'의 내용은 이후의 사사社史에서 계속 재생산되었다.[28] 첫째로 1940년 1월 3, 4일에 열린 본사와 각 주재기자의 연석회의를 소개하였다. 이 연석회의에서 방응모는 "사시社是를 재인식하여 실무 완수를 위해 노력하라"는 말을 남겼는데, 사사는 이를 두고 제2차 세계대전 발발로 닥쳐올 비상사태에 대한 대처 방안을 논의한 것으로 평가하였다. 둘째로 1월 22일의 중역회의를 소개하였다. 회의에서는 관권으로 강제 폐간에 이르게 될 경우를 대비하여 주필 이훈구를 부사장으로 겸임 발령하였다. 『조광朝光』, 『여성女性』, 『소년少年』의 출판을 담당하던 조선일보출판부를 독립시켜 주식회사 조광사로 발족시키고, 동방문화학원의 설립을 논의하였다.

셋째로 조선일보와 동아일보의 공동 활로를 모색한 내용을 소개하였다. 조선일보에서 사장 방응모, 주필 이훈구, 편집국장 함상훈, 그리고 동아일보에서 고문 송진우, 사장 백관수, 편집국장대리 고재욱 등이 자주 모였다. 그들은 ①가혹한 탄압이 오더라도 신문 제작을 계속하며, ②송진우를 도일케 하여, 총독무 경무국장을 역임하고 일본 귀족원 의원이던 마루야마 쓰루키치丸山鶴吉와 아카이케 아쓰시赤池濃를 만나 폐간 방침의

---

27 朝鮮日報70年史편찬위원회, 『朝鮮日報70年史 1』, 370~372쪽.

28 조선일보80년社史편찬실, 『朝鮮日報80年史 上』, 502~506쪽; 조선일보사사편찬실, 『조선일보 역사 단숨에 읽기 1920~』, 77쪽; 조선일보90년사사편찬실, 『신문 그 이상의 미디어, 조선일보─간추린 조선일보 90년사』, 124~125쪽; 조선일보100년사편찬실, 『朝鮮日報100年史 上─민족과 함께 한 세기』, 463~466쪽.

부당성을 지적하고 총독부 시책의 철회를 종용하며, ③국내외에서 총독부의 폐간 시책에 반대하는 여론 캠페인을 벌이며, ④폐간의 운명을 피할 수 없을 때라도 탄압에 굴하는 자진 폐간만은 안 하기로 논의했다고 한다. 그런데 ② 외에 나머지 내용은 사료에서 확인되지 않으며, ②마저도 동아일보의 단독 행동이었다.

이어 1월 15일 미쓰하시 경무국장이 백관수, 송진우, 방응모를 불러 기원절인 2월 11일까지 폐간하여 『매일신보』와 통합하도록 압박하였다고 서술하였다. "정세가 언론통제는 불가피하게 되었으며, 용지 정세도 어려워지고, 후방의 전시보국체제를 일원화할 필요가 있어 언론보국의 기관을 하나로 묶을 방침"을 세웠다는 게 경무국이 제시한 이유였다. 이에 두 신문사는 즉석에서 제안을 거부하고, 양사가 결속해 반대 투쟁할 것을 다짐하였음을 처음으로 밝혔다. 두 신문사의 역사에서 모두 공동 반대 투쟁의 다짐을 서술하고 있지만, 실제로 동아일보만 반대 투쟁을 하였다.

3. 조선총독부의 언론통제 계획

1930년대 후반 조선총독부의 언론통제 계획을 보여 주는 문건으로 이미 두 가지가 알려져 있다. 하나는 이미 1990년대부터 이용된 자료로서 「언문신문통제안」(이하 「통제안」으로 줄임)이다.[29] 다른 하나는 박용규와

---

29 민족문제연구소 편, 「諺文新聞統制案」, 『일제하 전시체제기 정책사료총서 제37권』,

성주현이 활용한 「조선 언론기관의 통제지도책」(이하 「지도책」으로 줄임)이다.[30] 이 두 자료는 조선총독부의 언론통제 의도와 구체적 실행 방안을 잘 알려 주지만 작성 시점을 밝히지 않았다.[31] 기존 연구에서도 두 문건의 작성 시기를 특정하지 않았다.[32] 작성 시점을 분명히 하지 않으면 통제 계획의 선후 관계가 불분명해지고, 그에 따라 계획의 수정과 집행의 일치 여부를 확인하기 어렵다.

「통제안」의 작성 시점을 추정할 수 있는 단서는 두 가지다. 첫째는 목차 2장 4절 「『매일신보』의 강화 철저」에 나오는 "(『매일신보』는) 작년의 개조 전에는"이란 부분이다.[33] 여기서 '개조'가 1938년 4월의 주식회사 전환을 뜻한다면, 「통제안」의 작성 시점은 1939년이다. 둘째는 2장 7절 「신문용 자재의 절약」에서 "작년도(自十三年七月之十四年六月)" 부분이다. '自十三年七月之十四年六月'은 1938년(쇼와昭和 13년) 7월부터 1939년(쇼와 14년) 6월이다. 이로부터 「통제안」은 1939년 6월 이후에 작성되었음을

한국학술정보, 2000, 257~285쪽. 「통제안」 뒤에 붙은 「諺文新聞統制ノ必要性」과 「東亞日報廢刊二對スル關屋氏ノ質疑要領」은 「통제안」과 다른 문서다. 뒤의 문서는 1940년 1월 20일 중앙조선협회 세키야 데자부로關屋貞三郎 전무이사의 질의이고, 전자는 질의에 대한 답변 자료로서 「통제안」을 요약한 것 같다.

30 이 자료도 숭실대학교 한국기독교박물관에 소장되어 있다. 윤지현, 「조선 언론기관의 통제지도책」, 『한국기독교박물관 소장 민족운동 자료 해제』, 숭실대학교 한국기독교박물관, 2012, 378~380쪽.

31 최유리는 「통제안」의 작성 시점을 1939년 무렵으로 추정하였다. 최유리, 「일제 말기 언론정책의 성격─동아·조선일보의 폐간을 중심으로」, 198쪽(『日帝 末期 植民地 支配政策研究』, 국학자료원, 1997, 48쪽).

32 박용규는 「통제안」 다음에 「지도책」으로, 성주현은 「지도책」 이후 「통제안」의 순서로 작성 시점을 정리하였다.

33 민족문제연구소 편, 『일제하 전시체제기 정책사료총서 제37권』, 265쪽.

알 수 있다.

「지도책」의 작성 시점을 알 수 있는 단서도 둘이다. 이 문서의 본문에 언문신문 대책의 두 번째로 『매일신보』 강화 방안들이 제시되었는데, 그중에 '사진특보寫眞特報의 확장'과 '간이국어신문의 발행'이 있다. 『매신사진특보每新寫眞特報』는 1938년 11월 4일 창간하여 주 3회 격일간으로 매주 화·목·토에 발행한 '사진신문'이다.[34] 이것을 1940년 3월 1일부터 열흘마다 내는 순보旬報로 발행하고 이름도 『매신사진순보每新寫眞旬報』로 바꾸었다.[35] 이로 미루어 「지도책」이 1938년 11월 4일 이후에 작성되었음을 알 수 있다. 두 번째는 문건 끝에 있는 '언론의 통제계획 소요 경비와 연차 구분'으로, 1939년부터 1941년까지 3년간의 예산안이다. 이 중에서 언문신문 통제대금 130만 엔은 1939년에만 편성되었다. 일본의 회계연도가 4월부터 시작된다는 점을 감안하면 「지도책」은 늦어도 1939년 4월 이전에 작성되었다. 정리하면, 「지도책」이 먼저 만들어지고 그 다음 「통제안」이 작성되었음을 알 수 있다.

「지도책」은 크게 제1 총칙, 제2 신문사의 경영 통제, 제3 언론보도 통제, 제4 언론통제 계획 소요 경비와 연차 구분 등으로 구성되었다. 총독부는 총칙에서 일반 시사를 게재하는 약 30여 종의 일간신문과 통신을 언론통제의 대상으로 보았다. 온건·공정한 주의와 주장으로 당국의 지도에 따르고, 국책에 협력하고, 총독정치를 보좌(翼贊)하여 조선 문화의 향상과 발전에 기여하는 점이 적지 않다고 총독부는 통제 대상 언론들을

---

34 「每日新報寫眞特報」, 『매일신보』 1938. 11. 4(2).

35 『國民新報』 제51호, 1940. 3. 17, 32면 광고.

높이 평가하였다. 그렇지만 "미력하고 무책임한 군소 신문의 존립과 극단적으로 자유주의 사조의 지배를 받는 몇 종의 폐해" 때문에 통제하지 않을 수 없다고 하였다.

언론통제는 신문사의 경영과 언론보도에 대한 통제인데, 총독부는 신문사를 일원적으로 통제하기도 어렵고 바람직하지도 않다고 보았다. 일원적 통제를 실시하고 있는 곳의 경험으로 볼 때, 경쟁심과 영리 의욕이 떨어져 획일적 기사만 생산되고 신문의 질적 저하를 가져와 조선에서는 오히려 대중의 동원·계몽·선전이 미약해질 우려가 있다고 「지도책」은 판단했다. 게다가 일원적 통제를 할 경우 최소한 1천만 원 이상의 매수자금 외에 상당한 액수의 정비비와 보조금이 필요하였다. 따라서 조선의 실정에 조응하는 특수한 통제가 필요하고, 그 구체안은 〈표 6-2〉와 같았다.

총독부는 신문사의 경영 통제를 ①국문신문 대책, ②언문신문 대책, ③특수신문 대책, ④수이입輸移入신문 대책 등으로 구분하였다. 곧 언론통제는 일본에서 전개된 신문사의 통폐합과 맞물려 조선에서도 일본어신문과 언문신문의 두 계통으로 계획되고 집행되었다.[36] 총독부는 언문신문 통제를 세 단계로 계획하였다. 첫 단계는 『매일신보』의 동아일보·조선일보 매수였다. 두 번째는 두 신문을 인수한 『매일신보』의 강화였다. 세 번째는 『경성일보』와의 합병을 통한 『매일신보』의 폐간이었다. 곧 장기적으로 조선에서 한글신문을 모두 폐간시키고, 일본어 기관지인 『경성일보』를 정점으로 언론통제의 목적을 달성하겠다는 계획이었다.

---

36 국문, 곧 일본어신문의 통제 계획과 시행에 대해서는 다음 논문을 참고. 박용규, 「일제 말기(1937~1945)의 언론통제정책과 언론구조변동」, 213~217쪽.

제1	총칙		
제2	신문사의 경영 통제	일원적 통제의 실행난實行難과 불리不利	
		국문신문國文新聞 대책	지방신문 통제,『경성일보』강화, 새 신문의 불인가
		언문신문諺文新聞 대책	『매일신보』의 두 신문 인수,『매일신보』강화,『경성일보』와 합병
		특수신문 대책	
		수이입신문輸移入新聞 대책	수이입출판물취체규칙輸移入出版物取締規則 제정, 내지內地 유력 신문의 조선 내 발행권 불인정
제3	언론보도 통제	홍보국弘報局의 설치에 따른 보도선전과 단속 강화	
		동맹통신사同盟通信社의 강화	
		제국통신사帝國通信社, 동아전보통신사東亞電報通信社, 대륙통신사大陸通信社의 정리	
		신문기자법新聞記者法 제정	
		기타 사항	
제4	언론통제 계획 소요 경비와 연차 구분		

　　총독부는 두 신문의 매수 가능성을 일곱 가지로 정리하였다. 첫째 『매일신보』의 비약적 발전에 반비례한 독자의[37] 격감, 둘째 신문용지의 가격 등귀와 공급 제한, 셋째 물가 앙등에 따른 제작원가 상승, 넷째 광

---

37 동아일보와 조선일보의 독자다.

고 수입의 전면적 감소, 다섯째 중일전쟁 이후 조선인의 사상적 격변에 따른 민족주의적 기축신문의 존재 이유 상실, 여섯째 국어(일본어—인용자) 장려로 인한 비관적 장래, 일곱째 준엄한 단속과 통제방침의 위협 등이었다.

총독부는 매수 비용으로 조선일보 80만 원, 동아일보 50만 원 등 총 130만 원이면 충분하다고 기대하였다. 다만 동아일보가 예전의 태도를 견지하면서 총독부나 『매일신보』의 교섭에 응하지 않을 수도 있음을 지적하였다. 이 경우 동아일보가 발행권만 반납하여 소요자금이 줄어들 것으로 총독부는 예상하였다. 총독부는 조선일보의 매수 거부는 있을 수 없는 일이라 생각했다.

통제의 두 번째 단계는 『매일신보』의 강화였다. 1938년 『매일신보』가 주식회사로 독립할 때 수립했던 쇄신강화계획의 실행은 물론, 사진특보의 확장, 간이국어신문의 발행, 주요 도시에서 호외 발행 등을 그 방법으로 제시하였다. 세 번째 단계는 『경성일보』와 합병을 통한 『매일신보』의 폐간이었다. 총독부는 조선인의 교화를 위해 당분간은 '언문신문'이 필요하지만 국어란의 설치, 국어간이신문과 국어간행물의 발행 등을 통해 국어신문으로 전화할 여지를 만들고, 장래 국어 보급이 확실해지면 적당한 시기를 봐서 『경성일보』와 합병한다는 계획이었다.

「지도책」보다 뒤에 만들어진 「통제안」은 언문신문만 특화해서 구체안을 만들었다. 총독부는 다섯 신문 중에서 『대동신보大東新報』, 『동광신문東光新聞』, 『동아경제신문東亞經濟新聞』을 반드시 매수하여 폐간시킨다는 방침을 세웠다. 단, 상당한 반발이 예상되는 조선일보와 동아일보의 통제 방법으로 다음의 다섯 가지를 들고, 5번안을 추천하였다.

1) 모든 언문신문들을 정리, 통합하여 『매일신보』 하나만 남기는 것.

2) 조선일보를 평양으로, 동아일보를 대전으로 이전하여 모두 지방지로 만들고 『매일신보』를 중앙지로 하는 것.

3) 조선일보와 동아일보를 합병하여 새로 민간지를 발행하고 『매일신보』와 함께 일반 시사를 보도하는 보통신문으로 병존시키는 것.

4) 동아일보를 산업·경제·시사를 보도하는 특수신문으로, 조선일보를 일간 국문신문(일본신문 — 인용자)으로 변형하여 『매일신보』 하나만 보통신문으로 하는 것.

5) 조선일보와 동아일보를 매수·합병하여 새로 산업·경제·시사를 보도하는 특수신문으로 만들고 『매일신보』의 자회사로 삼는 것.

「지도책」에서 조선총독부의 계획은 1번안이었지만, 신문사의 반발에 따른 부작용을 우려하여 「통제안」에서는 5번안으로 바꾸었다.[38] 실패를 염두에 두지 않고 무조건 관철해야 하는 안이었다. 5번안이라도 매수 대상에 따라 예상되는 소요 경비는 31만 5,000원에서 151만 5,000원으로 큰 차이를 보였다. 매수 대상은 크게 신문사의 영업권과 유체재산有體財産(설비와 건물 등)이었다. 「지도책」에 비해 「통제안」은 동아일보의 매수 비용을 20만 원 늘린 70만 원으로 올렸다.

〈표 6-3〉에서 보듯이 네 가지 상황에 따라 특수신문의 출범도 유동

---

38 성주현은 가장 현실적인 방안으로 1번안을 들고, 실제로 그렇게 되었다고 주장했다(성주현, 「1930년대 이후 한글신문의 구조적 변화와 기자들의 동향 — 『동아일보』와 『조선일보』를 중심으로」, 58쪽). 그러나 「통제안」에서는 5번안으로 정리하였고, 뒤에 보듯이 경무국은 실제로 5번안으로 추진하였다.

〈표 6-3〉경무국의 동아일보 등 신문 매수 예상 비용

(단위: 원)

	매수 대상	매수 금액			
		조선일보	동아일보	기타 신문	계
1	각 신문 영업권	160,000	140,000	15,000	315,000
2	조선·동아일보 영업권과 유체재산, 기타 신문 영업권	800,000	700,000	15,000	1,515,000
3	조선일보 영업권과 유체재산, 기타 신문 영업권	800,000	–	15,000	815,000
4	동아일보 영업권과 유체재산, 기타 신문 영업권	–	700,000	15,000	715,000

비고: 유체재산 매수 비용은 조선일보 640,000원, 동아일보 560,000원

적이었다. 첫 번째로 각 신문사가 영업권만 팔고 설비 매수에 응하지 않을 경우 비용은 31만 5,000원밖에 들지 않았다. 하지만 이 경우에는 설비를 하나도 갖추지 못하기 때문에 특수신문의 발행은 보류될 수밖에 없다. 두 번째는 모든 신문이 조선총독부의 언론통제에 적극 협조하는 경우였다. 이 경우 특수신문을 발행하는 데는 조선일보의 건물과 기계 일부만으로 충분하기 때문에 남는 설비는 매각 또는 대여하는 방안이었다. 세 번째도 조선일보의 설비만으로 특수신문 발행에 지장이 없어서 넘치는 재산은 대부貸付에 사용하기로 계획하였다. 네 번째의 경우 동아일보의 설비만으로는 특수신문을 발행하기에 부족하다고 예상하였다.[39]

---

39 이 외에도 경우의 수가 몇 가지 더 있다. 5번안이 매수 후 특수신문의 발행을 목적으로 했기 때문에 영업권보다 설비를 포함한 유체재산의 인수 여부가 중요했다. 각 신문의 발행권과 유체재산을 교차로 매수하는 안이 빠진 이유다.

4. 경무국과 조선일보·동아일보의 폐간 협상[40]

조선일보의 폐간 동의와 협상

언론통제를 위한 1년여의 준비를 거쳐 경무국은 조선일보와 먼저 협상을 시작하였다. 특수신문 발행을 위해서는 조선일보 건물과 집기, 윤전기 등의 설비가 반드시 필요했다. 또 1937년 7월 7일 중일전쟁이 발발했을 때 조선일보가 자진해서 총독부의 언론방침에 적극 협력했던 사정도 고려했을 것이다.[41]

1939년 12월 22일 미쓰하시 경무국장은 조선일보 사장 방응모를 관사로 불러들였다. 이 자리에서 미쓰하시는 조선일보의 경영 상황을 먼저 물었다.[42] 방응모는 "신문사업을 경영한 지 6년이 되었는데 그 실비失費가 많아 매우 곤란하다. 차라리 교육이나 기타 사회사업 등의 문화사업으로 전환할 희망을 가지고 있다"라고 이야기하였다. 미쓰하시는 당국의 통제방침을 설명하면서 조선일보가 이 방침에 응하면 방응모의 희망을 상당히 고려하겠다는 뜻을 전달하였다. 이에 방응모는 당국의 방침에

---

40 특별한 언급이 없는 한 4절에서 서술하는 내용은 숭실대학교 한국기독교박물관에 소장된 다음 자료에 근거하였다. 자료 열람에 도움을 주신 박물관 측에 감사드린다. 警務局長 → 政務總監(1940. 2. 15), 「諺文新聞統制二關スル件」.

41 이 책의 「5장: 1930년대 언론의 상업화와 조선·동아일보의 선택」 참조.

42 경무국장의 언론통제 방침 설명과 방응모의 의견 진술 중 어느 것이 먼저였느냐는 매우 중요하다. 정황상 경무국장이 단도직입적으로 이야기를 꺼냈다기보다 방응모가 신문사의 경영 상황과 애로점을 이야기하자, 미쓰하시가 자연스럽게 당국의 입장을 설명했다고 보는 게 타당하다. 또 경무국장이 정무총감에게 언론통제의 진행 상황을 보고한 문서였으며, 제출 시점은 언론통제가 계획대로 진행되지 않던 시점이라 순서를 일부러 바꿀 필요가 없었다.

순응하겠다는 취지로 답을 하였다. 그러면서 조선일보가 폐간할 때 사원 구제에 충분히 고려해 줄 것을 요청하는 한편, 건물도 경우에 따라서는 양도할 수 있다고 밝혔다. 다만 숙고가 필요하니 다음에 구체적 협의를 할 것을 약속하였다.

신문사업을 접고 문화사업으로 전환하겠다는 방응모의 이야기를 얼마큼 신뢰할 수 있을지 의문이 든다. 밖에서 보는 것보다 경영 상황이 좋지 않다는 경영자의 의례적인 투정일 수도 있다. 그렇지만 경무국장의 언론통제방침을 들은 뒤 내린 결정은 방응모다웠다. 방응모는 1936년 동아일보 정간 사태 때처럼 총독부의 방침이 변하지 않고 반드시 실행될 것임을 간파하였다. 뒷날의 협의 사항을 보면 이날 경무국장은 당국의 통제 방안을 비교적 자세하게 설명하였던 듯하다.

첫 만남이 있은 지 이틀 뒤인 12월 24일 경무국 도서과장과 방응모가 만나 폐간에 따른 구체적 협의를 진행하였다. 방응모는 모두 여섯 항목의 요구 조건을 내걸었고, 28일에 총독부는 이 조건을 반영한 '각서'를 작성하여 방응모와 협상에 나섰다. 각서에는 〈표 6-4〉의 내용 외에 "위는 쇼와昭和 14년 12월 23일 경무국장 관사 기타 장소에서 절충하여 협정하였지만 후일을 위해 본 각서를 작성한다"라고 하여 나중에 다른 말이 나오지 않도록 하였다. 별도 양식의 폐간계에는 각서와 달리 폐간일을 1940년 2월 11일로 못 박았다.

방응모는 총독부와 협상을 하면서 명분과 이익 모두를 얻고자 하였다. 무엇보다 동아일보도 함께 폐간시킬 것을 첫 번째 조건으로 내걸었다. 총독부도 동아일보를 폐간시킨다는 계획이 있었지만 다가올 상황을 예측할 수 없었기에 조선일보 폐간 전에 교섭에 들어간다는 방안을 제시

방응모의 요구 조건(24일)	총독부 작성 각서(28일)
1) 동아일보도 함께 처분할 것.	4) 조선일보 폐간일까지의 사이에 동아일보의 정리 교섭을 개시하는 것으로 함.
2) 본사 발행의 3종(『조광』, 『여성』, 『소년』) 출판물은 계속 간행할 수 있게 할 것.	3) 잡지 『조광』, 『여성』, 『소년』의 3종은 계속 발행토록 함.
3) 폐간 당일까지 본 협의에 응했다는 것을 외부에 극비로 부칠 것.	—
4) 종업원의 취직, 전직轉職 알선과 수당 지급에 유감없도록 약속할 것.	5) 종업원에게는 조선일보사에서 퇴직자금과 해산수당을 지급하는 것 외에 전직 희망자에게는 당국도 가능한 한 그 알선을 위해 유감이 없도록 함.
5) 건물을 포함하여 약 100만 원 정도로 양도하는 데 차질 없을 것.	2) 전항의 대가로서 조선일보 발행을 위해 현재 사용 중인 유체재산(토지, 건물, 기계, 집기와 기타)과 발행권을 매수하는 것으로 하여 매일신보사로 하여금 금 100만 원을 지불하도록 함. 지불 방법은 따로 정함.
6) 장래 교육 또는 사회사업 방면에 활동하고 싶은 희망을 원조해 줄 것.	—
—	1) 조선일보는 국책적 견지에서 조선총독부의 통제방침에 따라 1940년 1월 ○일을(○는 빈칸임—역주) 끝으로 일간신문 조선일보의 간행을 폐지하며 미리 폐간계를 제출함.

비고: 숫자는 조건 순서

하였다. 방응모는 폐간 당일까지 협의 자체를 비밀에 부칠 것을 세 번째 조건으로 제시하였다. 반면에 총독부가 내건 조건은 지정된 날짜에 조선일보의 폐간계를 제출하는 것 외에 없었다. 나머지는 방응모의 요구 조건에 대한 답이었다.

방응모의 두 번째 요구는 조선일보사 출판부에서 발행하던 세 종의 잡지를 살려 줄 것이었다. 총독부도 일간신문의 통제가 목적이었으므로 이 조건에는 이의를 달지 않았다. 방응모는 경영주로서 종업원들의 장래를 고민했는데, 총독부가 원래 계획했던 만큼 종업원의 취직, 전직 등도 큰 문제가 되지 않았다.

총독부는 가능한 한 방응모의 요구를 들어주었지만 방응모가 각서에 도장을 찍기에 주저할 부분도 없지 않았다. 방응모는 건물을 포함하여 양도 조건으로 100만 원을 요구했다. 총독부의 원래 계획은 영업권 16만 원과 유체재산 64만 원을 포함한 80만 원이었지만, 20만 원의 추가 지출을 승인하였다. 대신에 총독부는 대가의 대상을 유체재산과 발행권으로 분명히 하였다.

각서에 포함되지 않은 요구 조건은, 방응모가 신문사업을 그만두었을 때 장차 하려는 교육 또는 사회사업에 총독부가 적극 지원해 준다는 부분이었다. 방응모는 그전부터 고계학원高啓學院 이사로 참여하고 장학사업을 벌이는 등 교육사업에 남다른 관심을 보였다. 경무국장과 첫 회합을 가졌을 때도 문화사업으로 전환할 희망을 내비친 바 있다. 그런데 이 문제는 경무국이 답할 사항이 아닌 학무국의 소관 업무였다. 언론통제에 협조만 한다면 총독의 결재를 얻기 어렵지 않겠지만 아직 일이 진행 중인 상태에서 경무국이 섣불리 장담할 수 없었다.

일사천리로 진행되던 조선일보 폐간 협상은 건물 가격을 놓고 난항에 부딪혔다. 방응모는 경무국의 협상안에 동의하지 않았다. 아마도 그는 100만 원이라는 금액을 총독부 측이 받아들이지 못할 것으로 생각했는데, 총독부가 그 금액을 받아들이자 가격을 더 높이 부른 듯하다.[43] 그

---

43 폐간 무렵 조선일보사의 재산 가치를 200만 원으로 추정한 보도도 있다. "朝鮮日報

것이 아니라면 방응모는 조선일보와 동아일보를 폐간시키고 그 설비를 이용해서 특수신문을 발간한다는 계획을 듣고,[44] 그 일에 주도적으로 참여하겠다는 생각을 했을 가능성도 있다.

12월 29일 경무국장, 보안과장[45]이 방응모와 협상하였지만 결론에 이르지 못했다. 전날 준비했던 각서와 폐간계는 보류되었다. 숨 고르기를 한 폐간 협상은 1940년 1월 12일에 합의를 보았다. 쟁점이었던 건물 양수讓受 논의는 중단하고, 그 대신 폐간에 따른 해산수당 20만 원을 교부하는 것으로 결론을 내렸다.

1월 13일에 방응모와 경무국장이 5개 항의 각서에 날인하고,[46] 방응모는 2월 11일을 기한으로 하는 폐간계를 조선총독 앞으로 제출하였다.

의 現有財産評價―남들은 2백萬圓이라 한다. 즉 太平通에다 昭和 8年(1933년)에 30萬圓을 넣어 5層 延坪 600여 평의 사옥을 건축한 것과 또 李王職으로부터 社屋 앉힌 基地 1,200평을 평당 72圓式 買入하였으며, 또 輪轉機, 활자, 기타 비품 등 총평가하여 그 財産이 그러한데.”「朝鮮日報 東亞日報 自進慶刊의 眞相과 今後」,『三千里』제12권 제8호, 1940. 9, 12쪽.

44 방응모는 총독부의 특수신문 출범 계획을 알았다고 볼 수 있다. 1940년 2월 1일에 열린 조선일보 중역회의 내용을 2월 2일 방응모가 총독부에 전달한 데서 근거를 찾을 수 있다.

45 원래 협상에 참여했던 후루카와古川 도서과장은 12월 28일자로 보안과장으로 발령을 받았다.

46 ① 조선일보는 국책적 견지에서 조선총독부의 통제방침에 따라 쇼와 15년 2월 11일을 기한으로 일간신문 조선일보의 발행을 폐지할 것으로 미리 폐간계를 제출한다. ② 전항의 경우에 해산수당으로서 당국이 금 20만 원을 지불하는 것으로 한다. ③ 동아일보에 대해서는 조선일보 폐간계 제출 직후에 이의 정리에 대해 교섭을 개시하는 것으로 한다. ④ 잡지 『조광』, 『여성』, 『소년』은 계속 출판을 인정한다. ⑤ 종업원에 대해서는 조선일보사에서 퇴직상여금 및 해산수당을 지급하는 외에 전직 희망자에 대해서 당국도 될 수 있는 한 이의 알선 등을 강구한다.

1월 13일의 각서는 전달 28일의 각서와 비교할 때 두 개의 항목이 달라졌다. 유체재산과 발행권 양도 조건이 삭제되고, 전날 합의한 "해산수당으로 당국이 금 20만 원을 지불"하는 조항이 들어갔다. 또 조선일보 폐간 전에 동아일보와 폐간 교섭에 들어가기로 했던 내용 대신 "조선일보 폐간계 제출 직후에 동아일보의 정리 교섭을 개시"하기로 하였다. 이전보다 약화되었지만 방응모는 끝까지 동아일보와 함께 폐간되기를 원하였다.

동아일보의 폐간 거부와 저항

조선일보에게 폐간계를 받아 낸 경무국장은 1940년 1월 16일 관사로 동아일보 사장 백관수와 전 사장이자 고문인 송진우를 불렀다. 이 자리에서 경무국장은 조선일보에게 했던 것처럼 당국의 통제방침을 전달하였다. 동아일보의 대답은 "어쨌든 국책이라면 따라야 하지만 후일에 대답하겠다"고 약속한 뒤 돌아갔다.

주목할 사실은 두 신문의 사사에 기록된 것과 달리 경무국과 동아일보의 첫 회합은 1월 15일이 아닌 16일이었다는 점이다. 15일의 근거였던 백관수의 기억이 잘못되었다. 장소도 방응모 때처럼 경무국장 관사였다. 또 이때 방응모는 동석하지 않았으며, 동아일보도 즉석에서 거절하지 않았다. 같이 모이지 않았기에 두 신문이 공동 투쟁을 다짐할 수는 없었다.

이튿날 송진우는 중앙조선협회의 나카지마 쓰카사中島司 주사에게 2월 11일까지 신문을 폐간하라는 미쓰하시 경무국장의 압박을 전보로 알렸다. 중앙조선협회는 전 조선총독부 관료들을 주축으로 하고 다방면의 조선 관계자들이 모여 1926년 1월에 도쿄에서 조직한 조선총독부 지원

단체였다.[47] 중앙조선협회는 즉각 회의를 열어 대응책을 논의하고, 1월 20일 세키야 데자부로關屋貞三郎 전무이사는 미나미 총독에게 동아일보의 폐간 통고에 자중할 것을 구하는 편지를 보냈다. 이에 1월 23일 미나미 총독은 편지에 써 있는 내용은 사실무근이라는 답장을 보냈다.[48]

한편 1월 22일에 동아일보의 백관수 사장은 경무국 보안과장을 방문해서 "당국 방침의 의향을 완전히 이해할 능력이 부족하여 폐간 협의에 응하기 어렵다"라는 취지로 총독부의 제안을 거절하였다. 이틀 뒤인 24일에 경무국장은 관사로 다시 백관수와 송진우를 불렀다. 경무국장은 당국의 태도와 방침을 오해하지 않도록 설명하고, 당국의 '협의'에 신중히 다시 생각할 것을 권유하였다. 완강히 거부하는 동아일보의 태도는 이틀 전과 마찬가지였다. 1월 24일에 경무국장이 동아일보 간부를 부른 까닭은 "동아일보가 당국의 의향을 왜곡하여 도쿄 방면에 마치 일방적으로 폐간을 명하는 것처럼 선전하고 있다"는 정보 때문이었다. 아마도 경무국장은 이 정보를 미나미 총독에게서 들었을 것이다. 1월 23일에 미나미 총독이 동아일보의 로비에 대해 세키야 전무이사에게 회답을 했기 때문이다.

---

47 중앙조선협회는 '조선의 개발'이라는 기치 아래 조선 관련 여러 일들을 조사하여 그 것을 일본에 선전·보급하는 활동, 조선총독부를 원조하는 활동, 조선 사회의 진정과 청원 알선, 내선융화활동 등을 벌였다. 재조선 일본인 지주와 상공업자, 내지연장주의를 표방한 친일 조선인은 조선 문제에 관련된 진정과 청원을 일본 내각과 의회에 알선하는 창구로 중앙조선협회를 활용했다. 조선총독부도 중앙조선협회에 재정 지원을 하면서 내각과 의회의 교섭에 적극적으로 이용하였다. 李炯植, 「戰前期における中央朝鮮協會の軌跡ーその設立から宇垣總督時代まで」, 『朝鮮學報』 204집, 2007, 132쪽.

48 李炯植, 「南次郎總督時代における中央朝鮮協會」, 70쪽.

동아일보는 1월 25일 유억겸을 통해 윤치호에게 미나미 총독을 만나 신문 폐간 결정의 철회를 간청해 달라고 요청하였다. 당일 오후 윤치호 는 총독 비서관을 만나 동아일보의 요청을 전달하였다.[49] 다음 날인 1월 26일에 동아일보는 쐐기를 박았다. 백관수가 보안과장을 만나 "이번에 귀부貴府에서 언문신문 통제방침에 기초하여 본사가 발행하는 동아일보 도 이에 응할 것을 협의하였는바 본사는 이 방침에 응하기 어려움을 양 지하기 바랍니다"라는 각서를 주식회사 동아일보 사장 겸 발행인 백관수 명의로 제출하였다.

이러한 결정과 함께 1월 말 송진우는 직접 일본으로 건너갔다. 그는 사카타니 요시로阪谷芳郎, 우사미 가쓰오宇佐美勝夫, 세키야 데자부로, 마 루야마 쓰루키치 등 중앙조선협회 관계자와 우가키 가즈시게宇垣一成 전 조선총독, 고이소 구니아키小磯國昭 척무대신, 다나카 다케오田中武雄 척 무차관 등과 면회하였다. 송진우는 이 면회에서 조선총독부 당국의 동아 일보 폐간 방침의 부당성을 호소하고, 동아일보의 존속을 진정하였다. 송 진우의 활동을 계기로 하여 중앙조선협회의 수뇌부는 동아일보 강제 폐 간에 반대하는 입장을 보였다.[50]

한편 2월 11일에 폐간하기로 합의했던 방응모는 1월 22일에 조선일 보 중역회의를 열었다. 참석 여부는 알 수 없지만 이 시기의 중역은 취 체역에 방응모, 조만식曺晩植, 방홍석方興奭, 이훈구李勳求, 함상훈咸尙勳과

49 윤치호 지음, 김상태 편역, 『물 수 없다면 짖지도 마라—윤치호 일기로 보는 식민지 시기 역사』, 산처럼, 2013(제2판), 527~528쪽.

50 동아일보사, 『東亞日報社史 卷一』, 383~384쪽; 李炯植, 「南次郎總督時代における中 央朝鮮協會」, 71쪽.

감사역에 오윤선吳胤善, 박용운朴龍雲, 방재윤方在胤 등이었다.[51]

중역회의에서는 첫째로 주필 이훈구를 부사장으로 겸임 발령하고, 둘째로 『조광』, 『여성』, 『소년』의 출판을 담당하던 조선일보출판부를 독립시켜 주식회사 조광사로 발족시키고, 셋째로 동방문화학원의 설립을 논의하였다. '조선일보70년사'는 "관권으로 강제 폐간에 이르게 될 경우를 대비"한 결정으로 보았지만, 폐간을 전제로 총독부와 합의한 내용을 실행에 옮기는 과정이었다. 중역들은 이때까지 방응모와 총독부의 합의를 알지 못했을 가능성이 많다.[52] 아직 동아일보의 최종 태도가 정해지기 전이었고, 동아일보의 도쿄 로비도 은밀하게 진행되었기 때문이다.

2월 11일이 다가옴에도 동아일보와의 동시 폐간이 결정되지 않자 방응모는 다시 중역회의를 열어 정식으로 폐간을 협의하겠다고 경무국에 통보하였다. 경무국장은 중역회의가 열리기 전인 1월 29일에 방응모를 호출하였다. 방응모는 "우리는 국책에 순응할 뜻이 있지만 체면상 동아일보도 동시에 폐간"시켜야 한다는 종래의 입장을 되풀이하였다.

2월 2일 방응모는 약속한 대로 경무국 보안과장과 도서과장을 만나서 전날(2월 1일)에 열린 중역회의의 결정 사항을 전하였다. 중역회의에서는 첫째로 총독부가 장래에 새로 발간하려는 경제신문의 경영을 조선

---

51 1939년 4월 27일자로 함상훈과 방재윤이 취임했고, 다른 중역들은 중임하였다. 이후 1940년 2월의 중역회의 때까지 중역진의 변동은 없었다. 『朝鮮總督府官報』 1939. 7. 17.

52 윤치호의 1940년 2월 17일자 일기에는 조선일보도 2월 말에 조선총독부로부터 신문 발행 중단의 통고를 받았다는 조선일보 부사장 이훈구의 이야기가 적혀 있다. 윤치호 지음, 김상태 편역, 『물 수 없다면 짖지도 마라—윤치호 일기로 보는 식민지 시기 역사』, 529쪽.

일보에게 맡겨 줄 것, 둘째로 2월 11일의 폐간을 3월 31일까지 연기해 줄 것을 요청하였다. 이에 경무국은 전자에 대해 원칙으로는 동아일보·조선일보와 관계없는 제삼자에게 경영을 맡길 생각이었지만 기계나 사옥 등의 문제도 있기 때문에 조선일보가 투자자의 하나로서 참여할 수 있다고 답하였다. 또 후자에 대해 경무국은 폐간을 늦추면 오히려 경제적으로 좋지 못하다고 말하며 다시 중역회의에 자문할 것을 요구하였다.

2월 6일에 다시 보안과장과 도서과장을 만난 방응모는 "폐간에는 찬성하지만 동아일보와 동시 폐간을 원한다"는 중역회의의 결정 사항을 확인하였다. 경무국장은 방응모의 '고집'을 지적하면서 자꾸 그렇게 하면 "약속한 특전"을 줄 수 없다고 협박하고, 다시 의논하여 회답해 줄 것을 지시하였다.

2월 7일에는 방응모의 요청으로 경무국 도서과장실에서 조선일보의 방응모와 동아일보의 백관수, 송진우가 처음으로 한자리에 모였다. 경무국장은 동아일보 측에 "조선일보사는 이미 폐간을 결의했다"는 내용을 전하면서, 이쯤에서 동의할 때 얻을 이익을 상기시켰다. 이미 동아일보에서 확고한 결의를 보여 준 뒤였기 때문인지 이전의 압박과는 다르게 경무국장의 표현대로 "가볍게 재고하는 선"에서 그쳤다. 동아일보는 조선일보와 경무국의 '비밀 합의'를 처음으로 듣는 자리였고, 조선일보는 동아일보와 함께 폐간할 수 없음을 깨닫는 자리였다.[53]

동아일보의 폐간 반대 의지를 확인한 조선일보에게 선택의 여지는

---

53 2월 7일의 회합 역시 '강제 폐간'에 반대하는 두 신문사의 공동 투쟁이 이루어질 수 없었음을 증언한다.

별로 없었다. 최초의 약속 기한인 2월 11일을 넘긴 14일에 방응모가 경무국장을 방문하였다. 그는 예전처럼 "폐간에는 이의 없지만 모든 이해관계를 무시하고 동아일보와 같은 날짜에 폐간하겠다"는 뜻을 정식으로 회답하였다. 이 말을 들은 경무국장은 방응모에게 ①당국의 방침은 장래에도 변하지 않고 반드시 단행하며, ②세상이 신문 폐간에 관한 '협의' 내용을 점차 알게 됨에 따라 더 이상 비밀을 엄수할 수 없으니 이에 따른 사업의 불리함은 감수해야 하고, ③동아일보와 동시에 폐간하면 사원의 구제를 비롯한 여러 면에서 받을 이익의 감소를 각오하라고 경고하였다. 아울러 폐간 기일에 대해 별도로 협의하겠다고 덧붙였다.

이로써 경무국장이 직접 추진했던 신문의 '협의' 폐간은 원점으로 돌아갔다. 오히려 상황은 총독부에게 더 좋지 않게 흘러갔다. 당시 제국의회 출석을 위해 도쿄에 체재 중이던 오노 로쿠이치로大野綠一郎 정무총감은 세키야 전무이사에게 한글신문을 강제 폐간할 뜻이 없음을 밝혔다.[54] 마루야마는 집에 연기가 가득 차면 집주인이 피해를 입는다면서, 동아일보를 조선의 굴뚝에 빗대어 총독부의 강제 폐간 방침을 비판하였다.[55] 마루야마는 3월 9일에 열린 귀족원 예산위원회 제2분과회에서 이 문제를 거론하여 일본 정계에 파문을 일으켰다.[56] 폐간 문제가 호전되었다고 판

---

54 세키야의 1940년 2월 16일자 일기 내용이다. 李炯植, 「南次郞總督時代における中央朝鮮協會」, 72쪽.

55 Hyung Gu Lynn, 「中央朝鮮協會と政策決定過程 — 東亞日報·朝鮮日報強制廢刊事件を中心に」, 326쪽.

56 李炯植, 「南次郞總督時代における中央朝鮮協會」, 71쪽.

단한 송진우는 4월 상순에 조선으로 돌아왔다.[57]

경무국의 압박과 폐간 전후

매수 협상은 실패로 끝났다. 총독부는 특수신문을 발행할 설비를 하나도 확보하지 못했다. 5번안은 자동으로 폐기되었다. "모든 언문신문들을 정리·통합하여 『매일신보』 하나만 남긴다"는 1번안 외에 선택지가 없었다.

총독부는 외곽에서 동아일보를 압박하였다.[58] 5월 중순[59] 총독부는 요릿집인 명월관에서 발견한 신문 파지의 출처를 찾다가 동아일보에서 구입했음을 확인하였다. 당시 신문용지는 물자 통제 때문에 배급제로 공급되었다. 총독부는 동아일보가 배급받은 신문지를 임의로 처분하여 물자 통제를 위한 「경제통제령」을 위반했다면서 경리 장부를 압수하고 경리부장 김동섭金東燮을 구속하였다. 또 동아일보가 탈세와 배임을 저질렀다는 '경리 부정' 사건을 터뜨렸다. 동아일보가 이익금을 해동은행에 송진우의 명의로 예금하고, 보성전문학교에 유휴자금 2만 원을 대여했다는 혐의였

---

57 동아일보사, 『東亞日報社史 卷一』, 384쪽.

58 조선일보는 '조선70년사'부터 탄압의 내용을 서술하였다. "조선일보에 대해서는 전국의 면사무소에까지 신문 구독을 거절하게 만들며, 한국말을 쓰면 일을 처리해 주지도 아니하도록 사정이 달라진다." 朝鮮日報70年史편찬위원회, 『朝鮮日報70年史 1』, 1-371쪽; "조선일보사에 대한 탄압에선, 연행과 문초 그리고 협박이 있었으나 구속은 없었다." 조선일보80년社史편찬실, 『朝鮮日報80年史 上』, 507쪽.

59 '동아50년사'는 6월 초순이라고 썼다. 세키야와 미나미 총독이 동아일보 간부의 「경제통제령」 위반 문제로 전보를 주고받은 때가 5월 15일과 16일이었다. 李炯植, 「南次郎總督時代における中央朝鮮協會」, 72쪽.

다. 이 문제로 영업 담당 상무이사 임정엽林正燁과 영업국장 국태일鞠泰一이 구속되었다.

총독부는 송진우 명의로 된 예금을 독립운동과 결부하여 수사에 착수했다. 동아일보 간부들이 김성수 집에 모여 비밀결사를 조직하려 했으며, 저금은 동아일보사의 지국과 분국을 통해 독립운동 자금을 모집한 돈이고 이를 임시정부로 보냈다는 조작극이었다. 이 혐의로 송진우와 영업국 차장 김승문金勝文이 구속되었다. 사태 전환을 위해 도쿄에 연락을 취하던 사장 백관수도 7월 중순에 구속되었다.[60]

경무국장은 동아일보의 "경제통제령 위반, 탈세, 배임 등의 부정 사건"을 언론통제와 연결시키는 세간의 시선을 '오해'라고[61] 공개적으로 부정하였다. 하지만 누가 보아도 강제 폐간을 위한 억지였다. 폐간에 강력히 반발했던 동아일보의 저항은 안팎으로 모두 제압되었다. 총독부는 두 신문에게 폐간 일자를 통보했다. 동아일보는 7월 26일 중역회의를 열어 폐간을 추인하였다. 조선일보와 동아일보는 1940년 8월 10일 '자발적'으로 폐간했다. 경무국장의 담화는 그간의 사정을 잘 보여 준다.

本府(본부)는 時局(시국)의 趨勢(추세)에 鑑(감)하야 言論(언론)의 指導(지도) 物資(물자)의 節減(절감) 其他(기타) 各般(각반)의 國策的(국책적) 見地(견지)로부터 言論機關(언론기관) 統制(통제)의 緊要(긴요)함을 認定(인정)

---

60 백관수, 송진우, 임정엽, 국태일은 8월 초순에, 김승문과 김동섭 등은 9월 초순에 석방되었다. 「朝鮮日報, 東亞日報 自進廢刊 眞相과 今後」, 『三千里』 제12권 제8호, 1940. 9, 15쪽; 동아일보사, 『東亞日報社史 卷一』, 384~388쪽.

61 「言論界에 一新時期─諺文新聞統制와 三橋警務局長談」, 『每日新報』 1940. 8. 11석(1).

하고 愼重考究(신중고구)한 結果(결과) 먼저 諺文新聞(언문신문)의 統制
(통제)를 斷行(단행)하기로 決定(결정)하여 舊臘以來(구랍이래) 朝鮮日報
社(조선일보사)와 懇談協議(간담협의)하얏든바 同社(동사)는 잘 時局(시국)
의 大勢(대세)를 諒解(양해)하고 自進(자진)하야 國策(국책)에 順應(순응)
하려는 態度(태도)로 나와 一切(일체)의 社情(사정)을 抛擲(포척)하고 東
亞日報(동아일보)와 同時廢刊(동시 폐간)을 希望(희망)하고 諾意(낙의)를
表(표)하였다. 이어서 東亞日報社(동아일보사)에 對(대)하야 折衝(절충)을
거듭햇스나 同社(동사) 幹部中(간부중)에 當局(당국)의 眞意(진의)를 誤解
(오해)한 者(자)가 잇서서 協議(협의)가 進陟(진척)되지 못하야 其後(기후)
多少(다소)의 迂餘曲折(우여곡절)이 있섯스나 今回(금회) 마츰내 釋然(석
연)히 當局(당국)의 方針(방침)을 諒得(양득)하고 自發的(자발적)으로 廢刊
(폐간)하기로 된 것은 統治上(통치상) 實(실)로 同慶(동경)에 不堪(불감)하
는 바이다.[62]

총독부는 "자발적으로 폐간"한 조선일보와 동아일보에게 각각 20만
원과 15만 원을 『매일신보』를 통해 전달하였다. 『삼천리』는 이 돈의 성
격을 폐간 후 "실직 사원의 생활을 보장"하기 위한 자금, 혹은 두 신문
의 "독자망讀者網과 광고 지반廣告地盤이 자연히 매신每新으로 유입하야,
그 수익이 많아질 것이므로 일종一種 수익세 또는 취득세 격格"으로 보았
다.[63] 이에 성주현은 전자를 따라 생활보조비와 사원위로금으로, 박용규

62 위의 기사.

63 「朝鮮日報, 東亞日報 自進廢刊 眞相과 今後」, 14~16쪽.

는 후자를 따라서 "영업권에 대한 보상금" 지불로 해석하였다.[64] 그런데 경무국장은 폐간 담화에서 "양사兩社 사원과 종업원의 처우에 관하야 가능한 한의 선의善意의 고려"를 하겠다고 분명히 밝혔다. 또 1940년 1월 12일 합의를 본 자리에서 경무국이 방응모에게 "폐간에 따른 사원 구제금으로 20만 원을 교부"하기로 약속했다. 이 두 가지를 감안하면 두 신문사에게 지급된 35만 원은 해직 사원들의 생활을 보조하기 위한 '해산수당' 또는 '해산위로금'이었다.

일찍이 최준은 총독부가 윤전기 등 시설 인수비용으로 동아일보에 50만 원, 조선일보에 80만 원을 주었다고 경무국의 '소관사무수첩所管事務手帖'을 인용하였다.[65] 동아일보는 '동아50년사'에서 같은 명목으로 총독부로부터 51만 원을 받았다고 하였다.[66] 50만 원과 80만 원은 「지도책」에서 제시된 매수 비용이었다. 두 신문 모두 폐간에 동의했을 뿐 영업권의 양도나 유체재산 매수에 응하지 않았다.

"당국의 진의를 오해"했던 동아일보는 폐간 이후에도 총독부의 뜻에 따르지 않았다. 총독부는 고속도 윤전기를 『매일신보』에 팔도록 압력을 넣었지만, 동아일보는 오사카의 『공업신문工業新聞』에 16만 원에 팔았다.[67] 사옥도 팔지 않았다. 1943년 1월 16일 주식회사 동아일보사를 부

---

64 성주현, 「1930년대 이후 한글신문의 구조적 변화와 기자들의 동향」, 185쪽; 박용규, 「일제 말기(1937~1945)의 언론통제정책과 언론구조변동」, 212쪽.

65 崔埈, 『增補版 韓國新聞史』, 一潮閣, 1997(초판은 1960년), 300쪽. 박용규(위의 글, 212~213쪽)와 정진석(『언론조선총독부』, 184쪽)도 최준의 주장을 수용하였다.

66 동아일보사, 『東亞日報社史 卷一』, 393쪽.

67 위의 책, 393쪽.

동산임대차 및 그 관련 사업을 목적으로 하는 동본사東本社로 상호를 변경하였다.[68]

조선일보도 사옥을 그대로 유지하였다. 1941년 1월 6일 주식회사 조선일보사는 토지 개량·조림造林 및 그 사업의 위탁 경영과 건축물 대부 사업의 경영을 목적으로 하는 동방흥업東方興業주식회사로 상호를 바꾸었다.[69] 조선일보 공장에 있던 3대의 윤전기 중 초대형 고속 윤전기는 경성일보사에, 마리노 윤전기 2대는 각각 대만과 만선일보사에 팔렸다.[70]

총독부는 비록 중간에 애를 먹었지만 "시국의 대세를 양해하고 자진하야 국책國策에 순응하려는 태도"를 보인 조선일보에 약속했던 보상을 하였다. 1940년 8월 29일 자산 총액 105만 3,932원 10전의 재단법인 동방문화학원東方文化學院이 설립되었다.[71] 또한 1941년 6월 13일에 자본금 총액 5만 원으로 잡지와 도서의 간행과 그 부대사업을 목적으로 하는 주식회사 조광사가 출범했다.[72] 두 건 모두 1939년 12월 28일 협상에서 합

---

68 『朝鮮總督府官報』 1943. 5. 8; 동아일보사, 위의 책, 394쪽.

69 『朝鮮總督府官報』 1941. 4. 9.

70 조선일보80년社史편찬실, 『朝鮮日報80年史 上』, 522쪽.

71 설립 목적은 두 가지였다. 첫째, 고등학교와 전문학교 이상의 재학자로서 학자금을 지불할 능력이 없는 사람에게 학자금을 지급하여 유위有爲한 인물을 양성하는 것, 둘째, 학술 연구와 장려를 위해 필요한 사업을 수행하거나 장려하는 것이었다. 이사진은 다음과 같다. 이사 방응모(경성부 죽첨정 3정목 4번지), 이훈구(경성부 죽첨정 2정목 65번지 31), 방상진方商鎭(경성부 성북정 53번지 1), 신태악辛泰嶽(경성부 무교정 89번지), 이갑섭李甲燮(경성부 명륜정 1정목 27번지 46), 최용진崔鎔振(경성부 청운정 57번지 2), 방종현方鍾鉉(경기도 양주군 노해면 창동리 279번지). 『朝鮮總督府官報』 1940. 11. 8;「東方文化學院 設立正式認可」, 『每日新報』 1940. 8. 31(3).

72 주식회사 조광사의 중역은 다음과 같다. 취체역 방응모(경성부 죽첨정 3정목 4번지),

의한 내용이었고, 또 1940년 1월 22일에 열린 조선일보 중역회의에서 결정한 사항이었다. 폐간이 늦어지면서 보류되었을 뿐 약속은 이행되었다.

5. 명분과 실리, 그리고 역사

동아일보와 조선일보가 폐간계를 제출한 다음 날인 1940년 8월 11일 『매일신보』는 사설로 그간의 과정을 설명하였다. 조선총독부는 "언론의 통일적 지도와 물자 절약의 필요"에서 두 신문사와 "간담의 형식"으로 협의를 진행하였고, "우여곡절" 끝에 두 신문사가 "국책의 정신과 당국의 방침을 양해"하여 "자발적으로 폐간"하였다는 내용이었다.[73] 경무국장의 담화나 『매일신보』의 사설 모두 '협의'와 '자발'을 강조하였다. 하지만 종래의 연구와 두 신문사의 사사는 그것을 부정하였다.

문제의 열쇠는 "우여곡절"에 있었다. 조선총독부는 「지도책」과 「통제안」에서 서술한 대로 동아일보와 조선일보를 폐간시키고, 그 대신 특수신문을 창간하여 『매일신보』의 자회사로 둔다는 방침을 확정하였다. 사설에서 언급한 대로 1939년 12월 22일 총독부는 먼저 조선일보와 폐간을 협의하였다. 특수신문을 운영하기 위해서는 조선일보의 설비가 꼭 필

최용진(경성부 청운정 52번지 46), 이갑섭(경성부 명륜정 1정목 27번지 46), 원택연 元澤淵(경성부 명륜정 383번지 201), 방종현(경기도 양주군 노해면 창동리 279번지). 대표취체역 방응모. 감사역 문동표文東彪(경성부 신교정 60번지), 박치우朴致祐(경성부 제기정 137번지 126). 『朝鮮總督府官報』1941. 8. 4.

73 「朝鮮東亞兩紙의 廢刊」, 『매일신보』1940. 8. 11(1).

요했고, 1937년 7월 7일 중일전쟁 발발 이후 총독부의 통제에 조선일보가 동아일보보다 모범적으로 순응한 까닭이었다. 총독부의 예상대로 조선일보 사장 방응모는 폐간에 응했다.

처음에 폐간 협상은 순조롭게 진행되었다. 방응모는 폐간 이후 조선일보의 방향을 고민했다. 잡지 출판의 허가와 독립, 언론사업에서 교육사업으로의 전환, 퇴직하는 사원의 생계 보장 등을 요구하고, 총독부는 이를 흔쾌히 수용했다. 총독부의 제안을 덥석 받아들였다는 조선 사회의 여론을 의식하여 방응모는 동아일보도 함께 폐간시킬 것과 자신이 폐간에 합의한 사실을 비밀로 할 것을 요구하였다. 우여곡절의 시작이었다.

방응모는 사업가였다. 언론통제에 관한 총독부의 강한 의지를 확인하고 대들기보다 실리를 얻는 방안을 선택하였다. 그는 건물 가격을 놓고 총독부와 재협상을 벌였다. 총독부는 특수신문 발행을 위해 조선일보의 건물과 설비가 필요했고, 방응모는 그 틈을 놓치지 않았다. 건물 가격을 더 받거나, 조선일보 대신에 특수신문의 발행권을 얻으려고 하였다. 그러면서 명분도 잃지 않으려고 했다. 폐간계를 제출하되, 동아일보가 함께 폐간하지 않으면 유효하지 않았다.

1940년 1월 16일 총독부는 동아일보와 협의하였다. 총독부의 예상대로 쉽지 않았다. 이후 동아일보는 총독부의 제안을 거부하고 일본 정계에 동아일보 구명을 위한 로비에 나섰다. 중앙조선협회와 그 소속 의원들은 제국의회에서 총독부의 언론통제 방침을 비판하였다. 전직 조선총독부 고위 관리들로 조직된 중앙조선협회는 1936년 8월에 취임한 미나미 조선총독의 황국신민화 정책에 비판적이었다. 1920년 한글신문의 허용은 이른바 '문화정치'의 최대 성과 중 하나였기 때문이다. 일본 정계의 여론을 의식해 총독부는 폐간 압박을 하지 않았으며, 그럴 계획도 없다고 둘러대면서 한 발짝 물러섰다.

2월 7일 총독부는 동아일보를 만나는 자리에 조선일보를 불렀다. 이미 조선일보가 폐간에 동의했으니 동아일보도 뜻을 굽히라는 신호였다. 이미 로비를 하던 동아일보는 폐간에 반대한다는 강경한 뜻을 총독부에 전달하였다. 조선일보는 중역회의에서 동아일보와 함께 폐간을 원한다는 사장의 뜻을 추인했던 터라 선택의 여지가 없었다. 총독부는 조선일보만이라도 폐간을 확정하려고 했지만, 신문사의 체면을 고려하지 않을 수 없었던 조선일보는 단독 폐간을 거절하였다.

여론을 의식해 숨 고르기에 들어갔던 총독부는 5월부터 폐간을 압박했다. 탄압은 정계 로비로 총독부를 불편하게 만들었던 동아일보에 집중되었다. 무리하게 사건을 만들어서 동아일보 간부들을 구속시키고 회사 운영을 어렵게 만들었다. 폐간을 말하지 않지만 폐간에 동의하라는 압박이었다. 동아일보도 알고, 조선의 여론 역시 그렇게 알았다. 오직 총독부만 아니라고 잡아뗄 뿐이었다. 결국 일장기 말소 사건 때처럼 동아일보는 혼자 저항하다 탄압을 받고 총독부의 뜻에 따랐다. 동아일보가 굴복하면서 조선일보의 폐간계는 다시 유효해졌다. 우여곡절의 실상이었다.

총독부는 논공행상을 확실하게 했다. 동아일보는 사실상 전부인 신문을 잃었다. 총독부는 윤전기를 『매일신보』에 팔기를 원했지만, 동아일보는 다른 곳에 매각함으로써 마지막으로 저항했다. 이로써 동아일보는 명분을 얻었다. 애를 먹였지만 총독부의 진의를 잘 이해하고 저항하지 않았던 조선일보에게는 합의했던 전부를 주었다. 조선일보는 명분과 실리를 얻었을 뿐 아니라 관련 인물이 모두 사망하면서 역사도 챙겼다.

자료 소개

부록 1 : 동아일보사의 『취체역회결의록』
부록 2 : 조선 언론기관의 통제지도책
부록 3 : 언문신문통제에 관한 건

자료 소개

논문을 쓰면서 발굴한 자료가 여럿 있다. 그중 일부는 각 기관의 디지털아
카이브나 단행본에서 원문과 번역본을 볼 수 있다. 이 책에는 아직 원본을 보
기 여의치 않은 자료를 원문 그대로 입력하거나 번역해서 수록하였다. 부록
에 실은 자료는 세 개다.

첫 번째 자료는 동아일보사의 『취체역회결의록』이다. 제목은 취체역회이지
만 본문에서는 대부분 중역회로 썼다. 요즘의 용어로는 임원회의가 적당하다.
이 자료는 현재 동아일보사가 운영하는 신문박물관 PRESSEUM에서 소장하
고 있다.

문서철의 첫 회의록은 1921년 9월 15일이다. 1920년 4월 1일에 창간하고
발기인총회까지 열었지만 주식회사 동아일보사의 설립은 1921년 9월 14일이
었다. 9월 15일은 주식회사 설립 후의 첫 중역회의였다. 중역, 곧 취체역의 자
격은 100주 이상을 소유한 주주이고, 감사역은 50주 이상 소유자였다. 마지막
회의 날짜는 1945년 1월 7일이다. 이 『취체역회결의록』은 총 76회의 회의록
을 수록하였다.

주주총회를 앞두고 열린 10월의 회의록이 매년 꾸준하다. 1940년 8월 폐
간 이후 주식회사 동아일보사는 폐업하고 자산을 관리하는 동본사東本社를 설
립하였다. 1943년부터 1945년까지 매년 1월에 주주총회를 대비한 중역회의

1921~1945년 동아일보사의 중역회의

연도\월	1	2	3	4	5	6	7	8	9	10	11	12	계
1921									2			1	3
1922										3	1		4
1923	1		1	1			2		1	1		2	9
1924	1		1	1	6	1	1	1	2	2	1	1	18
1925	1	1	1										3
1926										1	2		3
1927									1	1			2
1928							1			1			2
1929									1	1			2
1930										2			2
1931							1			1			2
1932										1	1		2
1933								1		2			3
1934										1			1
1935		2								1			3
1936										2	1		3
1937					1	2				1			4
1938										1			1
1939										2			2
1940					1		1	2					4
1941													0
1942													0
1943	1												1
1944	1												1
1945	1												1
계	6	3	3	2	8	3	6	4	7	24	6	4	76

가 열렸다. 참고로 폐간 이전에는 국한문으로 회의록을 작성했지만 폐간 이후에는 일본어로 작성하였다.

연도별로는 1923년과 1924년에 자주 중역회의가 열렸다. 특히 1924년은 동아일보 개혁운동의 여파로 기존의 중역이 모두 물갈이되던 때여서 중역회의가 빈번히 열렸다. 특히 5월은 이승훈과 홍명희를 중심으로 동아일보 개혁을 완수하기 위한 방향 설정과 인사 때문에 6회나 개최되었다. 일장기 말소 사건으로 정간과 해제의 길목에 섰던 1936년과 1937년, 폐간 압박에 몰렸던 1940년에도 평소와 다른 때에 중역회의가 열린 것을 확인할 수 있다. 중역회의의 주된 내용은 영업상황 보고와 결산보고서, 그리고 인사에 관련된 내용이 다수이다. 회의록의 상당 부분은 1970년에 간행된 『東亞日報社史 卷一』에 인용되었다.

정자로 기록한 회의록도 있지만 1920년대 초반의 회의록에는 휘갈겨 쓴 글씨가 많아서 판독하기 어려운 글자가 적지 않다. 마지막까지 확인하지 못한 글자는 ●으로 표기하였다. 원본에는 출석 중역의 이름 뒤에 도장을 찍었지만 자료를 복사한 지 오랜 시간이 지난 까닭에 여기서는 따로 표시하지 않았다.

두 번째 자료는 「조선 언론기관의 통제지도책」이다. 문서의 작성 주체는 언론통제를 담당했던 조선총독부 경무국으로 추정된다. 작성 시기도 명시되지 않았지만 문서의 내용을 통해 추정하면 1938년 11월 5일부터 1939년 4월 이전으로 보인다.

이 문건은 크게 총칙, 신문사의 경영 통제, 언론보도 통제, 언론통제 계획 소요 경비 개산과 연차 구분 등으로 구성되었다. 총칙에서는 언론통제정책 수립의 목적을 밝혔다. 신문사의 경영 통제는 『경성일보』 등 국문신문(일본어신문—필자) 대책과 동아일보·조선일보 등 언문신문(한글신문—필자) 대책, 특수신문 대책, 일본에서 들고나는 이수입신문輪移入新聞 대책 등으로 나누었다. 「조선 언론기관의 통제지도책」은 국문신문 대책만 비교적 원안대로 실행되었을 뿐 나머지 대책은 수정에 수정을 거듭하였고, 아예 실행되지 못한 계획도 있었다. 이런 사정으로 이 문서 이후 「언문신문통제안」이 새로 만들어졌다. 「언문신문통제안」은 민족문제연구소 편찬의 『일제하 전시체제기 정책사료총서 37』에 수록된 까닭에 따로 번역하지 않았다. 「조선 언론기관의 통제지도책」은 숭실대학교 한국기독교박물관이 소장한 자료를 번역하였다.

세 번째 자료는 「언문신문통제에 관한 건」이다. 1940년 2월 15일 미쓰하시 고이치로三橋孝一郎 경무국장이 오노 로쿠이치로大野綠一郎 정무총감에게 보고한 문서이다. 앞서 언급한 「언문신문통제안」에 따라 경무국장이 조선일보와 동아일보 두 신문사에 폐간을 종용하면서 협의한 전말을 담은 문서이다. 조선일보와 동아일보로 구분하여 날짜별로 진행 상황을 기록하였다. 조선총독부의 한글 언론 '강제 폐간' 계획의 실행 과정을 보여주는 문서이자 조선일보와 동아일보의 대응을 자세하게 서술하였다. 기존 두 신문의 사사社史와 비교하면 많은 부분에서 사실이 다르다. 이 자료 역시 숭실대학교 한국기독교박물관이 소장한 자료를 번역하였다. 원래 별지는 문서의 마지막에 순서대로 수록되어 있지만 독자의 편의를 위해 해당 날짜 뒤에 붙였다. 숭실대학교 소장 두 자료는 가독성을 위해 일부 의역을 하였다.

株式會社 東亞日報社,『取締役會決議錄』

重役會決議錄

大正 十年 九月 十五日 下午 三時에 京城府 桂洞 百三十番地 金性洙氏家에서 第一回 取締役會를 開하니 取締役 李雲 張德秀 金瓚永 宋鎭禹 李相協 成元慶 張斗鉉 愼九範 金性洙 九人이 出席하고 監査役 許憲 一人쑨 參席하다 臨時議長 成元慶 司會下에 左記 事項을 議決하다

記

一. 社長, 副社長, 專務取締役, 常務取締役 各 一人을 互選한 結果 社長에 宋鎭禹, 副社長에 張德秀, 專務取締役에 愼九範, 常務取締役에 李相協이 被選되다

一. 勤務手當은 左와 如히 定함

社長	年額	一千八百円
副社長	年額	一千四百四十円
專務取締役	年額	一千四百四十円
常務取締役	年額	一千二百円

一. 日刊新聞 東亞日報를 引繼하기로 하고 引繼事務에난 社長 副社長 專務取締役 常務取締役 以外에 取締役 張斗鉉 李雲 監査役 許憲도 參加하기로 하다

一. 副社長 張德秀는 主筆을 兼務하고 常務取締役 李相協은 編輯局長을 兼務하기로 하되 前者에는 兼務手當 年額 三百六十円 後者에는 兼務手當 年額 二百四十円을 支給與하기로 決定되다

一. 內規制定은 社長, 副社長 專務取締役 常務取締役에게 一任하다

一. 東亞日報를 引繼하난 同時에 一般 舊社員에 對하야 慰勞金을 給與하기로 하다

一. 李雲氏 動議와 張德秀氏 再請으로 閉會議하니 下午 六時더라

取締役　宋鎭禹

取締役　張德秀

第二回　重役會決議錄

大正 十年 九月 十九日 下午 七時에 京城府 敦義洞 明月館에서 重役會를 開催하니
出席人員은 取締役 宋鎭禹 張德秀 愼九範 李相協 李雲 金瓚永 金性洙 監査役 朴容
喜 許憲 合 九人이러라

社長 宋鎭禹氏 司會下에 張德秀氏가 元 東亞日報 社員과 其間 ●●한 結果 相互 圓
滿妥協되여 將來 事務를 一層 發展케 하기로 되엿다 報告를 하다

一. 張德秀氏가 提議하기를 元 東亞日報社의 制度中 二局一工場制를 三局一工場制
　　로 改定하야 編輯局 營業局 庶務局 工場으로 分함이 可하다 하야 一致可決되다

一. 張德秀氏가 提議하기를 營業局은 社運에 重要한 地位가 되엿스니 그 繁雜事務
　　를 處理하기 爲하야 局長代理란 席次를 置함이 業務進行上 良案이라 함에 對하
　　야 異議가 無히 一致可決되다

一. 張德秀氏 提議에 庶務局長 梁源模, 營業局長 洪璔植, 營業局長代理 韓重銓으로
　　推薦하매 滿場이 異議가 無희 一致可決되다

一. 張德秀氏 提議하기를 常務取締役 李相協氏난 現今 重任에 在하니 編輯兼 發行
　　人은 他編輯局員으로 改定하고 印刷人 李容久氏도 現役 工場員 中 變更함이 可
　　하다 함에 就하야 一致可決되다

　　編輯兼 發行人과 印刷人 變更에 對하야난 社長에게 一任하기로 決定되다

一. 張德秀氏가 提議하기를 世界新聞記者大會에서 招請狀이 왓스니 次는 朝鮮에
　　未曾有한 事인즉 本社記者 金東成氏를 派遣하도록 하되 其 旅費난 或 千円을
　　●切하야 爲先 支給함이 可하다 함애 異議가 無히 一致可決되다

一. 營業局長 庶務局長 及 營業局長代理의 俸給額 決定은 執行機關에 一任키로 張
　　德秀氏 提議하야 一致可決되다

一. 元 東亞日報社 社員 慰勞金은 五千円 以內로 支給하기로 金瓚永氏가 提議하야
　　一致可決되다
會長 宋鎭禹氏가 閉會의 辭를 宣하니 時間은 下午 九時러라.

取締役　宋鎭禹

仝　　　張德秀

仝　　　愼九範

仝　　　金性洙

仝　　　李雲

監査役　許憲

第三回　重役會議

大正 十年 十二月 二十五日 下午 一時 本社 重役室에서 重役會를 開催하니 其 出
席 重役數은 左와 如하더라

　　　取締役　　宋鎭禹　愼九範　張德秀　李相協　金性洙　李雲　張斗鉉

　　　監査役　　朴容喜

一. 張德秀氏가 提議하기를 社內 重要書類 及 出納金錢 保管上 容量 四●의 金庫
　　一基를 不可不 備置치 아니치 못할 者이라 함에 對하야 滿場이 一致可決되다
一. 張德秀氏가 提議하기를 社員 及 諸從業員에 對하야 年末賞與金을 社의 關係上
　　優●히난 給與치 못할지나 一般 本俸에 五割의 比例난 不可不 賞與치 아니치
　　못할 者이라 함에 就하야 一致可決되다
一. 李相協氏가 提議하기를 記者 中 創刊以來 三個年에 至今까지 昇級치 아니한 者
　　에 對하야 同年부터난 不可不 昇級이라 함에 就하야 滿場이 一致可決되다
一. 張德秀氏가 提議하기를 萬國記者大會에 特派한 記者 金東成君에게 旅費 二千
　　円을 追送치 아니치 못할 者이라 함에 就하야 滿場이 一致可決되다
一. 張德秀氏가 提議하기를 事務進行上 重役會議를 每月 一回로 定例會議를 招集

함이 得策이라 함에 就하야 滿場이 一致可決되다

一. 議長이 定例會議日 ●定에 對하야 議場에 諮하니 李相協氏가 提議하기를 每月 十日 下午 四時로 定함이 可하겠다 하야 一致可決되다

....

第四回

大正 十一年 十月 十日 下午 四時에 本社 重役室에서 重役會議를 開한 바 其 出席 重役은 取締役 宋鎭禹 張德秀 愼九範 李相協 金性洙 張斗鉉氏와 監査役 許憲 李忠 健氏 八人이러라

決議事項

一. 大正 十一年度 決算報告書를 專務取締役 愼九範氏가 浪讀함에 對하야 異議가 無히 一致可決되다.

一. 大正 九年 九月 二十五日 本報의 無期停刊命令을 當한 後로 各 支分局에서 被 損이 不勘함으로 同年 九月 以前에 納入치 못한 新聞代 及 廣告料에 對하야는 各 個人의 事情을 參酌하야 全額辦●이 事實上 不能한 者의게는 幾許의 減損處 分을 決行치 아니하면 到底히 帳簿上 淸勘할 일이 無하겠다 함을 張德秀氏 提 議함에 對하야 張斗鉉氏 贊成으로 一致可決되여 其 銓衡의 方法은 常務重役에 게 一任하다

一. 常務重役의 日常交際에 機密費가 無하야 事務進行上 困難함으로 第一期 決算 中에서 金 二千円을 支給하자 張斗鉉氏가 提議함애 金性洙氏 贊成으로 可決되 다

一. 各 重役 中 重役會議에 出席키 爲하야 登社할 時나 其他 事務로 因하야 使用하 난 車馬의 費用은 本社에서 每 重役에게 年 一百円을 支拂함이 可하다난 張德 秀氏의 提議에 對하야 張斗鉉氏 贊成으로 一致可決되다

一. 論說班 記者 缺員의 代에 金良洙君을 採用하고 月給 九十円 支給함이 可하다난 張德秀氏의 提議에 對하야 一致로 同意하다

一. 定期株主總會의 日字를 十月 二十五日로 定하고 各 株主에게 通知를 ●할 旨로

愼九範氏가 提議함애 一致可決되다

一. 新潟縣事件 調査 及 日本人 廣告主 交涉에 關하야 李相協氏가 八月 五日에 東京에 出張하엿난바 其 旅費 及 交際費 幷 一千五百八十二円 九十九錢에 對하야 其 用途가 相當하다 함을 張德秀氏가 提議함애 一致可決되다

一. 金性洙氏 動議와 許憲氏 再請으로 閉會하니 下午 六時 三十分이러라

第五回

大正 十一年 十月 二十三日 下午 二時에 本社 重役室에서 重役會議를 開하니 其 出席 重役은 取締役 宋鎭禹 張德秀 愼九範 李相協 張斗鉉 金性洙 李雲氏와 監査役 許憲 朴容熙 張熙鳳氏의 十人이러라

決議事項

一. 社員 方漢昇君이 自己私情에 依하야 辭職願書를 提出한 바 此에 承認의 件을 議決하다

一. 第一回 決算報告書를 監査役에게 提供하야 檢査承認을 受하다

一. 張斗鉉氏 動議와 朴容喜[1]氏 再請으로 閉會하니 下午 五時러라

書記　梁源模

大正 十一年 十月 二十八日 下午 二時에 本社 重役室에서 常務重役會議를 開하고 左記 事項을 決議하다

一. 豫算編成案 作成委員을 社長의 自薦으로 常務取締役 李相協氏로 定하다

一. 本社 事業進行上 關係이나 其他 一ケ月間 營業狀況 等을 報告키 爲하야 重役會

---

1 출석명단의 '희熙' 자와 다름.

議를 每月 一回式 定例 決定하고 其 日字은 每月 十日로 定하다

書記　梁源模

....

大正 十一年 十一月 十日 下午 二時에 本社 重役室에서 重役會議를 開하니 其 出席員과 決議事項은 左와 如하다

一. 出席 重役은 取締役 宋鎭禹 張德秀 愼九範 李相協 金性洙 張斗鉉 監査役 許憲
一. 決議事項은 豫算案報告 通過되다
一. 張斗鉉氏 動議와 金性洙氏 再請으로 閉會하니 下午 五時러라

書記　梁源模

....

大正 十二年 一月 十日 下午 二時에 本社 重役室에서 定例重役會議를 開하니 其 出席員과 決議事項은 左와 如하다

一. 出席 重役은 取締役 宋鎭禹 張德秀 李相協 金性洙 張斗鉉 監査役 許憲 諸氏러라
一. 決議事項은 大正 十一年 十二月 中 營業狀況을 報告通過하다
一. 金性洙氏 動議와 張德秀氏 再請으로 閉會하니 下午 五時러라

書記　梁源模

....

大正 十二年 三月 十日 下午 二時에 本社 重役室에서 定例重役會議를 開하니 其 出席員 及 決議事項은 左와 如하다

一. 出席 重役은 取締役 宋鎭禹 張德秀 愼九範 李相協 張斗鉉 金性洙 監査役 許憲

諸氏러라

一. 決議事項은 一月 二月 兩個朔 營業狀況을 報告~~通過~~하다[2]

一. 張斗鉉氏 動議와 金性洙氏 再請으로 閉會하니 下午 五時러라

書記　梁源模

....

大正 十二年 四月 十日 下午 三時에 本社 重役室에서 定例重役會議를 開하니 其 出席員 及 決議事項은 左와 如하다

一. 出席 重役은 取締役 宋鎭禹 張德秀 愼九範 李相協 張斗鉉 金性洙 監查役 許憲 諸氏러라

一. 決議事項은 三月分 營業狀況을 報告~~通過~~하며[3] 副社長 張德秀氏를 米國特派員 에 社會部長 金炯元氏를 日本 東京特派員에 記者 柳光烈氏를 中國 上海特派員 으로 任命派送하고 其代에 社會部長은 閔泰瑗氏로 論說班에 崔元淳氏로 採用 하난 것이 事業進行上 缺치 못할 事이라 ~~宋鎭禹~~金性洙氏[4] 動議와 張斗鉉氏 再 請으로 可決되다

一. 張德秀氏 動議와 李相協氏 再請으로 閉會하니 下午 六時러라

書記　梁源模

---

2 원본을 보면 '報告' 다음에 '通過'라는 글자가 있고 그 글자에 두 줄로 그어 삭제 표시
　를 했다.

3 원본 자체에 '報告' 다음의 '通過'라는 글자 위에 두 줄로 삭제 표시가 되어 있다.

4 원본에서 '宋鎭禹'에 두 줄로 삭제 표시가 되어 있다.

大正 十二年 七月 十日 下午 二時에 本社 重役室에서 定例重役會議를 開하니 其
出席 重役 及 決議事項은 左와 如하다

一. 出席 重役은 取締役 宋鎭禹 李相協 愼九範 金性洙 張斗鉉 李雲 監査役 許憲 諸
氏러라

一. 四, 五, 六, 三ケ月分 營業狀況을 報告~~通過~~하다[5]

一. 安昌男 故國訪問飛行 主催에 對하야 其 費用總額 六千八百拾九円 拾八錢 內에
會金 收入이 六百四円 七拾錢에 不過함으로 不足額 金 六千貳百拾四円 四拾錢
은 補充될만한 餘地가 無함에 就하야 李相協氏 動議와 張斗鉉氏 再請으로 本社
經費●에서 ●●支出하기로 決定하다

一. 在外同胞慰問會費金 處分案에 對하야난 諸般의 準備가 不充分함으로 來會까지
留案하다

一. 本社 債權 中 手形으로 受取한 者에 對하야 其 整理方法은 金性洙氏 動議와 李
雲氏 再請으로 常務重役에게 一任하다

一. 張斗鉉氏 特請으로 閉會하니 下午 五時 三十分이러라

書記 梁源模

大正 十二年 七月 二十八日 下午 三時에 本社 重役室에서 臨時重役會議를 開하니
出席 重役과 決議事項은 左와 如하다

一. 出席 重役은 取締役 宋鎭禹 愼九範 李相協 金性洙 張斗鉉 監査役 許憲 諸氏러
라

一. 在外同胞慰問會費 金 參萬五百円의 處分方法은 左의 配定과 如히 使用하되 可
及的 教育事業이나 文化事業에 配用하며 萬一 各地方形便에 係하야 加減이 生
할진딕 其 諸般의 具體的 實行方針은 本社 常務重役에게 一任하기로 金性洙氏

---

5 원본 자체에 '報告' 다음의 '通過'라는 글자 위에 두 줄로 삭제 표시가 되어 있다.

動議와 李雲氏 再請으로 可決되다

> 一金壹萬貳千円也　　　南北滿洲 及 間島
>
> 一金七千円也　　　　　露領
>
> 一金貳千五百円也　　　布哇
>
> 一金參千円也　　　　　日本
>
> 一金貳千五百円也　　　加洲 及 墨國
>
> 一金壹千參百円也　　　中國本土
>
> 一金貳百円也　　　　　歐洲
>
> 一金貳百円也　　　　　慰問使派遣 其他事業實行費

共計 參萬五百円也

一. 左記事項은 常務重役의 提案으로 無事히 通過되다

一. 印刷機械 買入資本金은 八千円으로 決定할 事

二. 內規 中 第七十二條 出納手當 五円은 拾円으로 第百十七條 第二項 會計年度所屬의 出納은 翌年 十月 十日이라 함을 九月 三十日로 改正의 件

三. 李相協氏 東京出張旅費 一千七百八十二円 三十六錢 愼九範氏 滿洲出張旅費 七百三十五円 九十錢의 支出의 件

四. 取締役 金瓚泳氏 辭任願書 受理의 件

一. 張斗鉉氏 特請으로 閉會하니 下午 六時러라

書記　梁源模

臨時重役會

大正 十二年 九月 二十二日 下午 三時에 臨時重役會를 開하니 出席 役員은 如左하다

取締役　　宋鎭禹　張斗鉉　愼九範　金性洙　李雲
監査役　　許憲　李忠健

決議事項

一. ●拂金 八百四圓 貳拾錢也(任●●● 七人分)를 消却함

一. 支局 未收入 新聞代金에 關한 消却方法은 常務重役의게 一任하기로 함

一. 未收入 廣告代 壹萬貳仟五百九拾五圓 參拾六錢也를 消却키로 함

一. 支局 未收入 廣告料에 關한 消却은 常務重役의게 一任키로 함

一. 手形에 關한 消却은 常務重役의게 一任함

一. 本會社 內規 第百二十九條 勘定科目에 左記 科目을 添加함

    一. 貸倒

    一. 通知預金

    一. 印刷部

    一. 未拂代金

    一. 材料

        以上 ●●●을 決議함

大正 十二年 九月 二十二日

取締役　宋鎭禹

張斗鉉

金性洙

愼九範

李　雲

監査役　許　憲

李忠健

臨時重役會議

大正 十二年 十月 五日 下午 三時 半 臨時重役會議를 開하고 左記事項을 決議하다

一. 第二期 決算報告書를 通過하다
一. 常務重役 ~~賞與金~~交際手當은[6] 貳阡圓으로 決定하고 其中 三百圓은 張德秀氏의 게 給與키로 하다
一. 重役 報酬는 年 壹萬貳阡圓으로 하야 株主總會에 此를 提出하기로 하다
一. 株主總會는 十月 二十~~五~~三日[7] 下午 二時에 招集하기로 하다

取締役　宋鎭禹

〃　　愼九範

〃　~~李相協~~[8]

〃　　張斗鉉

取締役　金性洙

監査役　許　憲

〃　　張熙鳳

〃　　李忠健

---

6 원본에 '賞與金'을 두 줄로 지운 뒤 '交際手當'으로 정정한 표시가 있다.

7 원본에 '五'를 두 줄로 지운 뒤 '三'으로 정정한 표시가 있다.

8 원본에 '李相協'을 두 줄로 지운 표시가 있다.

大正 十二年 十月 二十七日 下午 二時에 本社 重役室에서 臨時重役會議를 開한 바 其 出席重役과 決議事項은 左와 如하다

一. 出席重役

    取締役　　宋鎭禹　李相協　愼九範　金性洙　張斗鉉

    監査役　　許憲

二. 決議事項

    가 大正 十三年度 豫算案은 別紙 左記와 如히 通過되다

    나 經費節約에 就하야 社員縮小에 關한 件

右와 如함

大正 十三年度 收支豫算書

  收入經常部

一. 金拾八萬四千八拾八円 七拾五錢也　　　　　　新聞代

一. 金九萬一千壹百四円也　　　　　　　　　　　廣告料

一. 金六百円也　　　　　　　　　　　　　　　　諸收入

 計 金貳拾七萬五千七百九拾貳円 七拾五錢也

支出經常部

一. 金八萬五千六百六拾四円 七拾六錢也　　　　事業費

一. 金拾五萬貳千貳百五拾貳円　　　　　　　　諸經費

一. 金七千円也　　　　　　　　　　　　　　　豫備費

一. 金七千円也　　　　　　　　　　　　　　　臨時事業費

 計 金貳拾五萬壹千九百拾六円 七拾六錢也

差引殘金 貳萬參千八百七拾五円 九拾九錢也　　剩餘金

右 收支明細난 別案과 如함

                            取締役　宋鎭禹

　　　　　　　　　　　　　　　　　　　慎九範

　　　　　　　　　　　　　　　　　　　李相協

　　　　　　　　　　　　　　　　　　　金性洙

　　　　　　　　　　　　　　　　　　　張斗鉉

　　　　　　　　　　　　　　　監査役　許　憲

定期重役會議

大正 十二年 十二月 十日 下午 二時 半 定期重役會를 開하고 左記事項을 議決하다

一. 取締役 鄭在院氏 辭任 受理 件

一. 支局規則 承認通過 件

一. 李光洙氏 入社 件

一. 常務重役 報酬 增加 件

　　　社長　　　貳百圓

　　　副社長　　壹百五拾圓(但 手當은 不含함)[9]

　　　專務　　　壹百五拾圓

　　　常務　　　壹百五拾圓(但 手當은 不含함)

　　　　　　　　　　　　　　　取締役　宋鎭禹

　　　　　　　　　　　　　　　取締役　慎九範

　　　　　　　　　　　　　　　取締役　李相協

　　　　　　　　　　　　　　　取締役　張斗鉉

　　　　　　　　　　　　　　　取締役　金性洙

　　　　　　　　　　　　　　　取締役　李　雲

　　　　　　　　　　　　　　　監査役　許　憲

---

9 원본에 '부사장' 항목이 삽입되어 있다.

臨時重役會議

大正 十三年 一月 十一日 午后 二時 本社內에 臨時重役會議를 開하니

出席者　取締役　宋鎭禹　　　同　　愼九範

　　　　同　　　李相協　　　同　　李雲

　　　　同　　　張斗鉉　　　同　　金性洙

　　　　監査役　許憲

左의 決議案을 一致可決하다

社務의 發展에 伴하야 社屋建築의 必要가 緊急함으로 該建築資金을 調達키 爲하야 株主로부터 第二回 株金拂込을 左의 條件으로 徵收할 事

一. 第二回 株金拂込額은 壹株에 就하야 金 拾貳円 五拾錢式

二. 株金拂込의 時期는 大正 十三年 三月 一日로부터 仝年 仝月 拾日까지 拾個日間

三. 拂込場所는 京城에 朝鮮商業銀行 本店, 韓一銀行 本店, 釜山에 慶南銀行, 光州에 湖南銀行, 禮山에 湖西銀行, 咸興에 北鮮商業銀行으로 定함

大正 十三年 一月 二十一日

取締役社長　宋鎭禹

專務取締役　愼九範

常務取締役　李相協

取締役　　　張斗鉉

取締役　　　金性洙

取締役　　　李雲

取締役　　　成元慶

監査役　　　許憲

監査役　　　李忠健

監査役　　　張熙鳳

臨時重役會議

大正 十三年 三月 十七日 下午 二時에 本社 重役室에서 臨時會議를 開하니 其 出席 重役은 左如하다

取締役	宋鎭禹	取締役	愼九範	取締役	李相協
仝	張斗鉉	仝	金性洙		

決議事項

一. 社屋建築場所는 光化門通으로 決定하고 爲先 一部의 地段(光化門通 一四〇番地 壹百四拾四坪)을 代金 參萬參千円에 買受하게 된 바 登錄稅 關係上 契約書와 登記書類에난 貳萬貳千円으로 記載하난 것이 可하겟다난 張斗鉉氏의 發議에 依하야 一致可決되다

一. 取締役社長 宋鎭禹氏가 提議하기를 取締役 李雲氏가 去 二月 二十九日付로써 辭任願書를 提出하엿음으로 屢度의 却下에 達하엿으나 終始 堅執不應함으로 不得已 接受치 아니치 못하겟다 함애 滿場이 一致可決되다

取締役社長	宋鎭禹
專務取締役	愼九範
常務取締役	李相協
取締役	張斗鉉
仝	金性洙

臨時重役會議錄

大正 十三年 四月 二十五日 午后 一時 府內 長橋町 張斗鉉氏 方에서 臨時重役會를 開하니 出席員이 如左하더라

取締役	宋鎭禹 愼九範 李相協 張斗鉉 金性洙
監査役	許憲

一. 取締役 宋鎭禹 愼九範 李相協 諸氏가 事情에 依하야 辭任을 申出하얏슴으로 此를 受理하다

一. 右 三氏의 辭任한 結果 取締役 中 缺員이 生하얏슴으로 取締役 及 監査役의 協議로써 監査役 許憲氏의게 取締役의 職務를 執行케 하고 因하야 社長職務를 執行케 하다

一. 取締役 補選하기 爲하야 ●年 五月 十四日 午后 時[10]에 京城府內 敦義町 明月舘에 臨時株主總會를 招集하기로 하다

一. 取締役 金性洙 張斗鉉 兩氏가 辭任을 申出함으로 此를 受理하다

一. 記者 李光洙氏가 辭任을 申出함으로 此를 受理하다

取締役社長　宋鎭禹
專務取締役　愼九範
常務取締役　李相協
取締役　　　張斗鉉
仝　　　　　金性洙
監査役　　　許　憲

新任取締役會議錄

大正 十三年 五月 十四日 午後 九時에 敦義洞 明月舘에서 重役會를 開하니 出席 取締役 成元慶, 李寅煥, 洪命憙, 梁源模, 許憲, 尹洪烈 監査役 張熙鳳 諸氏인 바 臨時議長 李寅煥氏 社會下에 左記事項을 議決하다

記

一. 社長 選擧에 就하야 各 重役이 互選한 結果 李寅煥氏가 被選되다

一. 專務取締役 及 常務取締役은 來 十月 定期株主總會 時까지 社長 李寅煥씨家 兼

---

10 정확한 시간이 적혀 있지 않다.

任키로 決議하다

一. 編輯局長 李相協氏와 營業局長 洪璔植氏의 辭任願을 受理하난 同時에 其 後補
   난 社長이 自薦하난 것이 業務執行上 適宜하겟다난 許憲氏의 動議와 梁源模氏
   再請으로 可決되여 社長이 自選한 結果 編輯局長 洪命憙氏로 하고 營業局長은
   當分間 庶務局長 梁源模氏가 兼務하게 되다

一. 右와 如히 議事를 進行한 後 社長이 閉會辭를 宣하니 下午 十一時 半이러라

取締役社長	李寅煥
取締役	許 憲
仝	洪命憙
仝	成元慶
仝	梁源模
仝	尹洪烈
監査役	張熙鳳

大正 十三年 五月 十六日 下午 七時에 桂洞 金性洙氏 宅에서 重役會를 開하니 出
席 重役은 左와 如하다

取締役	李寅煥	同	洪命憙	同	許憲
同	梁源模	同	尹洪烈	同	成元慶
監査役	張熙鳳				

決議事項

一. 今般 辭任願을 提出한 記者에게 對하야 極力 勸誘하야 留任하도록 하기로 하고
   勸諭委員은 許憲氏로 定하다

一. 專務取締役 及 常務取締役의 後任은 當分間 保留하기로 하다

取締役社長	李寅煥
取締役	洪命憙

仝	許 憲
仝	梁源模
仝	尹洪烈
仝	成元慶
監査役	張熙鳳

....

大正 十三年 五月 十七日 一時에 本社 重役室에서 取締役會를 開하니 出席 重役은 左와 如하다

　　取締役 李寅煥　　　仝 洪命憙　　　仝 梁源模　　　仝 許憲

決議事項

一. 辭職願을 提出한 記者 中 調査部長 金東成 社會部長 柳光烈 地方部長 金炯元 整理部長 崔榮穆 政治部長 閔泰瑗 記者 李瑞求, 朴八陽 諸氏난 受理하다

一. 右와 如히 辭職願을 受理하난 同時에 其代로 左와 如히 採用하기로 決定하다

　　林元根　李炳穆　趙東祜　具然欽　李昇馥　洪性憙　鄭寅普　金億

一. 編輯兼 發行人의 名義난 金鐵中으로 變更하기로 決定하다

一. 辭職願을 提出한 記者 中 論說部長 金良洙 工場長 崔益進 記者 徐承孝의 分은 保留하기로 하다

取締役社長	李寅煥
仝	洪命憙
仝	梁源模
仝	許 憲

....

大正 十三年 五月 十八日 下午 三時에 本社 重役室에서 取締役會議를 開하니 其 出席 重役은 左와 如하다

　　取締役社長 李寅煥　　　取締役 洪命憙　　　仝 梁源模　　　仝 許憲

決議事項

一. 本社 內規 中 諸條項을 左記와 如히 改正 又난 削除하다

記

第三條 第八項의 內「給料 月額 六十円 以上을 給與함」을 削除함

第六條 第二項의 內 營業局의 下「及 庶務局」을 削除함

第十五條의 內 營業局의 下「庶務局」를 削除함

第十六條의 內 第三項을 削除하고 其後에 左의 各項을 加入함

　　　　政治部　　　政治에 關한 記事 及 外報를 担當함

　　　　經濟部　　　經濟에 關한 記事 及 外報를 担當함

　　　　事業部　　　事業施設에 關한 諸般 事務를 担當함

第十八條 第一項은 削除함

第二十條 第三項의 內 局長 三人을 二人으로 改正함

第二十五條의 內 局員을 指揮監督하며의 下「工場」의 二字를 加入함

第二十六條 削除

第二十七條의 內「庶務局長」을 營業局長으로 改正함

　　　　同條의 內 編輯局의 下「及 營業局」을 削除함

第三十三條의 內 社長이 此를 行하되의 下「月額給料 六十円 以上을 給與하는 者에 關하야는」을 削蹄

第五十八條의 內「庶務局長」을 營業局長으로 改正함

第百條 別表 中 四等旅費欄 內 宿泊料「二円 五十錢」을 三円으로 改正함

第百八條 第三項의「庶務局長」營業局長으로 改正함

第百四十條의 內「庶務局長」을 營業局長으로 改正함

第百四十二條의 內「庶務局長」을 營業局長으로 改正함

　　　　　　　　　　　　　　　　取締役社長　李寅煥

　　　　　　　　　　　　　　　　取締役　　　洪命憙

　　　　　　　　　　　　　　　　仝　　　　　梁源模

　　　　　　　　　　　　　　　　仝　　　　　許　憲

大正 十三年 五月 十九日 下午 二時에 本社 重役室에서 取締役會議를 開하니 其 出席 重役은 左와 如하다

取締役社長 李寅煥　　取締役 洪命憙　　同 梁源模　　同 許憲

決議事項

一. 營業局 書記 朴敦緒君의 辭任願을 受理하며 其代에 菊泰一君을 採用하기로 決定하다

一. 前 平壤支局長 金瀅植君은 本報를 爲하야 多年 勤勞한 者인즉 退職慰勞金으로 一個年間만 每朔 三十円式 在學地로 付送하기로 決定하다

取締役社長　李寅煥

取締役　　　洪命憙

取締役　　　梁源模

仝　　　　　許憲

大正 十三年 五月 二十六日 下午 三時에 本社 重役室에서 取締役會議를 開하니 出席 重役은 左와 如하다

取締役 李寅煥　　同 洪命憙　　同 梁源模　　同 許憲

決議事項

一. 記者 及 書記를 左와 如히 增員하다

記者 菊錡烈　　同 李相喆　　書記 朴範緖

一. 編輯局 及 營業局 各 部署난 左와 如히 定하다

(編輯局) 局長 洪命憙

論說班　尹洪烈 鄭寅普

政治部長 崔元淳　　　部員 徐承孝 金億(月曜欄 主任) 李相喆

經濟部長 韓基岳　　　部員 李鳳洙 李炳穆

社會部長 洪命憙　　　部員 柳光烈 薛義植(地方部 兼務) 朴八陽

金東進 林元根 鞠琦烈

地方部長　具然欽　　　　　部員　張日泰

整理部長　崔榮穆　　　　　部員　趙東祜(論說班 兼務) 吳炳根 張慶範

調査部長　李昇馥

寫眞班　　山墹芳潔 韓沽式 尹興學

囑託記者　鮮于全 李灌鎔

(營業局)　局長　梁源模

庶務部長　金鐵中　　　　　部員　扈命煥

經理事務主任　金箕範　　　部員　鞠泰一

財●事務主任　金錫中　　　部員　李泰魯 朴憲永 韓貞河

　　　　　　　●●　金有權 李周鎬 崔禧錫 李弼憲

廣告部長　黃致英　　　　　部員　梁在洪 河熙源 李駿儀 朴範緒 趙鍾憲

事業部長　洪性熹

客員　　　菊島三石

一. 日本廣告主 訪問 及 新히 募集하기 爲하야 營業局長 梁源模氏에게 日本出張을
命하기로 決定하다

一. 記者 盧子泳 辭職願을 受理하다

一. 本月 十七日 會議에 受理된 辭職願書 中 左記 諸氏난 更히 取下하기로 決定하다
　　　柳光烈 崔榮穆 朴八陽

一. 前 平壤支局長 金瀅植君에 對한 ●●은 左와 如히 整理하다

　　　　　　　　　　　　　　　　　　取締役　李寅煥

　　　　　　　　　　　　　　　　　　　　　　洪命憙

　　　　　　　　　　　　　　　　　　　　　　梁源模

　　　　　　　　　　　　　　　　　　　　　　許　憲

大正 十三年 六月 二日 下午 二時에 本社 重役室에서 取締役會議를 開하니 出席
取締役은 左와 如하다

　　　　取締役　　李寅煥　洪命憙　梁源模　尹洪烈　許憲

決議事項

一. 成樂崇君을 東京通信員으로 尹致英君을 米國通信員으로 採用하기로 決定하다
一. 囑託記者 鮮于全의 手當은 六月分부터 五十円式 支拂하기로 決定하다
一. 卞榮泰君을 客員記者로 採用하고 月手當 二十円式 支拂하기로 決定하다
一. 記者 中 左記와 如히 昇給하기로 決定하다

　　　　徐承孝 五円　　　　金東進 五円　　　　薛義植 十円

　　　　　　　　　　　　　　　　　取締役　李寅煥
　　　　　　　　　　　　　　　　　　　　洪命憙
　　　　　　　　　　　　　　　　　　　　梁源模
　　　　　　　　　　　　　　　　　　　　尹洪烈
　　　　　　　　　　　　　　　　　　　　許　憲

大正 十三年 七月 二十九日 下午 四時에 本社 重役室에서 重役會議를 開하니 出席
取締役은 左와 如하다

　　　　取締役　　李寅煥　洪命憙　梁源模　許憲

決議事項

一. 露領에 案配된 在外同胞慰問會金은 機械 及 物品으로 寄贈할 事로 決定하다
一. 辭任된 常務重役의 退職慰勞金은 退任 當時의 年俸額의 四割月給額의 三倍로
　　決定하다
一. 今後 假拂은 重役 社員을 勿論하고 假拂總額이 一介月 俸給額 以上의 超過함을
　　絶對不許하기로 決定하다

取締役　李寅煥
洪命熹
梁源模
許　憲

大正 十三年 八月 十六日 下午 四時에 本社 重役室에서 重役會議를 開하니 出席 取締役은 左와 如하다

　　　取締役　　李昇薰寅煥[11]　洪命熹　尹洪烈　梁源模　許憲

決議事項

一. 尹洪烈氏를 日本 東京에 特派見學케 할 事
一. 仁川支局 整理에 對하야 廣告料金 中 千円을 貸倒로 減除하다
一. 閔泰瑗君의 譯述한「무쇠탈」發行에 對하야난 其 譯述權의 手數料로 무쇠탈 二百五十卷을 閔君에게 交付하기로 決定하다
一. 李相喆君의 辭任願을 受理하기로 決定하다

取締役　李昇薰寅煥
洪命熹
尹洪烈
梁源模
許　憲

大正 十三年 九月 十日 下午 四時에 本社 重役室에서 重役會議를 開하니 出席 取締役은 左와 如하다

　　　取締役　　李昇薰寅煥　洪命熹　許憲　梁源模

---

11 '昇薰'을 두 줄로 지운 뒤 '寅煥'으로 정정한 표시가 있다.

決議事項

一. 金性洙氏를 本社 顧問으로 推薦하다

取締役　李昇薰寅煥

洪命憙

梁源模

許　憲

重役會

大正 十三年 九月 二十六日 下午 五時에 重役會를 桂洞 金性洙氏 宅에서 開하니 出席人員은 如左하다

取締役社長　李昇薰寅煥　　　　取締役　洪命憙　梁源模　許憲

決議事項

一. 本社 建築場所로 光化門通 三十九番地 垈 壹百七拾七坪을 代金 四萬五百六拾
　三圓 九錢也(壹坪에 貳百二拾九円 拾七錢)에 買入키로 決定하다

取締役　李昇薰寅煥

洪命憙

梁源模

許　憲

大正 十三年 十月 四日 下午 四時 本社 重役室에서 重役會를 開하고 左記事項을 議決하다

一. 營業報告書 承認의 件

一. 株主總會는 大正 十三年 十月 二十一日 下午 三時에 京城府 敦義洞 明月舘에서
　　開할 件
一. 社員의 任免에 關하야 末尾와 如히 承認[12]
一. 本社 定款 第六條를 左와 如히 改正할 件
　　現定款 第六條　　本會社의 資本金은 金 七十萬円으로 하고 此를 壹萬四千株
　　　　　　　　　　에 分하야 一株의 金額을 金 五十円으로 함
　　改正할 第六條　　本會社의 資本金은 金 七十萬円으로 하고 此를 壹萬四千株
　　　　　　　　　　에 分하야 一株의 金額을 金 五十円으로 하되 株主는 朝鮮人
　　　　　　　　　　에 限함
一. 前 社長, 專務取締役, 常務取締役 退職慰勞金 給與에 關한 件(退職 當時의 月給
　　與의 三倍)

　　　　　　　　　　　　　　　　　　　　　　取締役　李寅煥
　　　　　　　　　　　　　　　　　　　　　　取締役　洪命憙
　　　　　　　　　　　　　　　　　　　　　　取締役　梁源模
　　　　　　　　　　　　　　　　　　　　　　取締役　許　憲

一. 工場長 崔益進 整理部長 崔榮穆 記者 徐承孝 同 山墻芳潔君은 九月 十八日付로
　　써 解任하다
一. 韓基岳君을 社會部長에 李鳳洙君을 經濟部長에 九月 二十一日付로 任命辭令을
　　交付하다
一. 洪璔植君에게 退仕慰勞金으로 三百円을 賞與하다(九月 三十日付로)
一. 趙宜淳君을 工場長에 李揆晋君을 整版課長에 十月 三日付로 任命하다
一. 南薰君을[13] 書記로 十月 七日에 任命하고 記者 柳光烈君과 書記 河熙源君은 願
　　에 依하여 解任辭令을 十月 四日付로 交付하다

---

12 1행을 삽입했다.

13 동아일보社史(425)에는 南薰橿 또는 南薰益으로 나온다.

新任取締役會議錄

大正 十三年 十月 二十一日 午後 七時에 敦義洞 明月館에서 重役會議를 開하니 出席 取締役 金性洙, 洪命憙, 許憲, 梁源模 四氏인 바 臨時議長 金性洙氏 司會下에 左記 事項을 議決하다

記

一. 社長 選擧에 就하야 各 重役이 互選한 結果 金性洙氏가 被選되다

一. 專務取締役, 常務取締役은 當分間 社長이 兼任하기로 決定하다

一. 取締役 洪命憙氏로 編輯局長에 取締役 梁源模氏로 營業局長에 從前과 如히 選任되다

右와 如히 議事를 進行한 後 社長이 閉會辭를 宣하니 下午 八時러라

取締役社長　李寅煥

取締役　　　洪命憙

仝　　　　　許　憲

仝　　　　　梁源模

大正 十三年 十一月 一日 下午 四時에 本社 重役室에서 重役會議를 開하니 其 出席 取締役 及 決議事項은 如左하다

一. 出席 重役

　　金性洙　洪命憙　許憲　梁源模

一. 決議事項

　　今般에 退社하야 朝鮮日報社에 在勤하게 된 諸君은 內規 第七十九條에 依하야 第七十七條의 退社慰勞金을 支拂치 아니 할 件

大正 十三年 十二月 二十日 下午 三時에 本社 重役室에서 重役會議를 開하니 其 出席 重役 及 決議事項은 左와 如하다

一. 出席 重役

金性洙　洪命憙　梁源模　許憲

一. 決議事項

左記와 如히 社員의 任免黜陟을 承認하다

一. 記者 張日泰君은 十月 二十八日附로 解任

一. 書記 金錫中君을 販賣部長代理에 書記 金箕範君을 經理部長代理에 書記 李泰魯君을 廣告部長代理에 李元春君을 鉛版課長에 十一月 一日附로 各其 任命辭令을 交付하다

一. 記者 鞠琦烈君을 整理部長으로 十二月 九日附로 任命

一. 社會部長 韓基岳君은 編輯局長代理에 陞任하고 記者 薛義植君 社會部長으로 十二月 十五日附로 任命

一. 各 社員에게 年末賞與金 交付의 件

取締役社長　金性洙

取締役　　　洪命憙

仝　　　　　許　憲

仝　　　　　梁源模

大正 十四年 一月 三十一日 下午 四時에 本社 重役室에서 取締役會議를 開하니 其 出席 取締役 及 決議事項은 如左하다

一. 出席取締役

金性洙　洪命憙　許憲　梁源模

一. 決議事項

一. 編輯局長手當 二十円을 本俸으로 改正하야 月 壹百五十円式 支拂할 件

一. 營業局長의 俸給은 壹百五十円으로 決定支拂케 할 件
一. 顧問 宋鎭禹氏의 手當은 月 貳百圓으로 定할 件
右 諸事項을 決議하다

取締役社長　金性洙
取締役　　　洪命憙
仝　　　　　許　憲
仝　　　　　梁源模

大正 十四年 二月 五日 下午 三時에 本社 重役室에서 取締役會議를 開하니 其 出席 重役 及 決議事項은 左와 如하다

一. 出席 重役
金性洙　洪命憙　梁源模　許憲

一. 決議事項
第二回 拂込株金을 大正 十四年 二月 二十七日(陰 二月 五日) 以內로 拂込할 旨로 第二次 催告書를 未拂込株主에게 發送하기로 決定하다

取締役社長　金性洙
取締役　　　洪命憙
仝　　　　　梁源模
仝　　　　　許　憲

大正 十四年 三月 十五日 下午 四時에 本社 重役室에서 取締役會를 開하니 其 出席 取締役 及 決議事項은 如左하다

一. 出席 取締役

金性洙　梁源模　許憲

一. 決議事項

　　各 支分局에 新聞代金 割引 變更의 件(新聞紙 壹枚에 對하야 壹錢 七厘 五毛式 本社에 納入하던 것을 壹錢 六厘로 變更)

一. 第二回 拂込株金을 大正 十四年 四月 二十一(陰 三月 二十八日) 以內에 拂込할 旨로 第三次 催告書를 未拂込株主에게 發送하기로 決定하다

　　　　　　　　　　　　　　　　　　　　　取締役社長　金性洙
　　　　　　　　　　　　　　　　　　　　　取締役　　　梁源模
　　　　　　　　　　　　　　　　　　　　　取締役　　　許　憲

....

大正 十五年 十月 十一日 下午 三時에 本社 重役室에서 重役會를 開하니 出席 重役 及 決議事項은 左여 如하다

一. 出席 重役

　　金性洙　宋鎭禹　梁源模　張鉉軾[14]

一. 決議事項

　　第五回 營業報告書 承認의 件

一. 定期株主總會는 大正 十五年 十月 三十日에 本社 社屋 大會議室에서 開할 件

　　　　　　　　　　　　　　　　　　　　　取締役社長　金性洙
　　　　　　　　　　　　　　　　　　　　　取締役　　　宋鎭禹
　　　　　　　　　　　　　　　　　　　　　取締役　　　梁源模
　　　　　　　　　　　　　　　　　　　　　取締役　　　許　憲
　　　　　　　　　　　　　　　　　　　　　取締役　　　張德秀

---

14 회의록에 장현식은 참석한 것으로 나와 있으나 인감으로 날인하지 않았다. 반면에 참석자 명단에 없는 허헌과 장덕수의 인감은 날인되어 있다.

大正 十五年 十一月 十一日 午后 三時에 重役會를 開하니 出席 重役 及 決議事項은 左와 如하다

一. 出席 重役
　　金性洙　宋鎭禹　梁源模　張鉉軾
一. 決議事項
　　支配人 選擧에 關한 件
　　尹洪烈君의 取締役 辭任에 關한 件
一. 支配人은 梁源模君으로 選擧하고 尹洪烈君의 辭職은 受理하기로 決議하다

　　　　　　　　　　　　　　　　　　取締役社長　金性洙
　　　　　　　　　　　　　　　　　　取締役　　　宋鎭禹
　　　　　　　　　　　　　　　　　　取締役　　　梁源模
　　　　　　　　　　　　　　　　　　取締役　　　許　憲
　　　　　　　　　　　　　　　　　　取締役　　　張德秀

大正 十五年 十一月 十二日 午后 三時에 本社 重役室에서 重役會를 開하니 出席 重役과 決議事項은 左와 如하다

一. 出席 重役
　　金性洙　宋鎭禹　梁源模　張鉉軾
一. 決議事項
　　編輯人 兼 發行人 變更에 關한 件
一. 發行人은 梁源模君으로 變更하고
一. 編輯人은 鞠琦烈君으로 變更하기로 決定하다

　　　　　　　　　　　　　　　　　　取締役社長　金性洙
　　　　　　　　　　　　　　　　　　取締役　　　宋鎭禹

```
                                    取締役      梁源模
                                    取締役      張德秀
                                    取締役      許 憲
```

昭和 貳年 九月 九日 午后 二時에 本社 重役室에서 取締役會를 開하고 左記事項을
議決하다

一. 東京, 大阪支局을 本社에서 直營하기로 하고 梁源模君을 東京支局長으로, 李泰
　　魯君을 大阪支局長으로 任命轉職하다
一. 營業局 事業部는 廢止키로 하고 事業部長 金錫中君을 廣告部長으로 任命하다
一. 宋鎭禹, 金鐵中 兩君의게 在監慰勞金으로 左記 金額을 贈與키로 하다
　　宋鎭禹 前 金八百圓也
　　金鐵中 前 金貳百圓也

```
                                    取締役社長    金性洙
                                    取締役副社長   張德秀
                                    取締役      宋鎭禹
                                    取締役      許 憲
                                    取締役      梁源模
```

昭和 二年 十月 二十二日 下午 五時 半에 本社 重役室에서 取締役會를 開하고 左
記事項을 議決하다

一. 代表取締役을 宋鎭禹氏로 選擧하다
一. 出席 重役
　　取締役   金性洙　宋鎭禹　許憲　張德秀　梁源模
　　監査役   張鉉軾

一. 編輯局長 李光洙君 辭任을 受理하게 되난 同時에 其 後任은 金俊淵君으로 決定하다

取締役社長　宋鎭禹

取締役　　　金性洙

仝　　　　　許　憲

仝　　　　　梁源模

仝　　　　　張德秀

....

昭和 三年 七月 一日 上午 十一時에 本社 重役室에서 取締役會를 開하고 左記事項을 決議하다

一. 第二回 拂込金에 對하야 昭和 三年 七月 三十一日까지 拂込할 旨를 催告하되 萬一 該期日까지 拂込치 못한 株主의게 對하야는 商法 第一百五十條 同 一百五十三條에 依하야 失權處分하기로 決議함

昭和 三年 七月 一日

取締役社長　　宋鎭禹

取締役副社長　張德秀

取締役　　　　許　憲

仝　　　　　　金性洙

仝　　　　　　梁源模

仝　　　　　　林正燁

....

昭和 三年 十月 六日 下午 三時에 本社 重役室에서 重役會를 開하고 左記事項을 議決하다

一. 出席 重役
　　宋鎭禹　金性洙　許憲　梁源模

決議事項

一. 株主總會(第七期 定期株主總會)를 來 二十七日(土) 下午 三時에 本社 會議室에서 開催할 件
一. 第七期 營業報告書 貸借對照表, 財産目錄 及 損益計算書, 同期 利益金處分 等의 承認의 件

昭和 三年 十月 六日

取締役社長	宋鎭禹
取締役副社長	張德秀
取締役	金性洙
取締役	許 憲
取締役	梁源模
取締役	林正爀

昭和 四年 九月 二十一日 下午 三時에 本社 重役室에서 臨時重役會를 開하고 左記事項을 議決하다

　　出席 重役　　宋鎭禹　金性洙　梁源模　張鉉植

一. 本報 六頁을 昭和 四年 九月 二十四日付부터 定時 八頁으로 增頁할 件

昭和 四年 九月 二十一日

取締役社長　宋鎭禹

取締役　　　金性洙

取締役　　　許　憲

取締役　　　梁源模

監査役　　　張鉉植

昭和 四年 抬月 六日 下午 三時에 本社 重役室에서 重役會를 開하고 左記事項을 議決하다

一. 出席 重役

　　宋鎭禹　金性洙　許憲　梁源模　林正燁

一. 決算報告

　　貸借對照表 財産目錄 承認의 件

　　利益金處分의 件

　　營業報告書

一. 定時株主總會 開催에 關한 件

昭和 四年 抬月 六日

取締役社長　宋鎭禹

取締役　　　金性洙

仝　　　　　許　憲

仝　　　　　梁源模

仝　　　　　林正燁

昭和 五年 十月 六日 下午 四時 半에 本社 重役室에서 重役會를 開하고 左와 如히
事項을 議決하다

一. 出席 重役
　　宋鎭禹　梁源模　林正燁　張鉉植
一. 決算報告
　　貸借對照表 財産目錄 承認의 件
　　利益金處分의 件
　　營業報告書
一. 第九回 定期株主總會를 來 十月 二十六日 下午 二時 半에 開催의 件

　　　　　　　　　　　　　　　　　　　取締役　宋鎭禹
　　　　　　　　　　　　　　　　　　　仝　　　梁源模
　　　　　　　　　　　　　　　　　　　仝　　　林正燁
　　　　　　　　　　　　　　　　　　　監査役　張鉉植

昭和 五年 十月 二十六日 下午 八時에 敦義洞 明月舘에서 取締役會를 開하고 左記
事項을 決議하다

一. 出席 重役
　　取締役　　　宋鎭禹　梁源模　林正燁　李光洙　金用茂
一. 決議事項
一. 代表取締役을 宋鎭禹氏로 選擧하다

　　　　　　　　　　　　　　　　取締役社長　宋鎭禹
　　　　　　　　　　　　　　　　取締役　　　梁源模
　　　　　　　　　　　　　　　　　　　　　　林正燁
　　　　　　　　　　　　　　　　　　　　　　李光洙
　　　　　　　　　　　　　　　　　　　　　　金用茂

昭和 六年 七月 十日 下午 三時에 本社 重役室에서 取締役會를 開하니 出席 重役 及 決議事項은 左와 如하다

一. 出席 重役
　　宋鎭禹　梁源模　李光洙　林正燁　金用茂
一. 決議事項
　　甲. 本報 附帶事業으로 月刊雜誌『新東亞』를 發行할 것(編輯人 發行人의 決定은 代表取締役에게 一任함)
　　乙. 鐘路 一丁目 一番地의 一 垈地 參拾八坪 九合 及 同 地上建物
　　　　煉瓦造瓦葺 貳階建本家 一棟
　　　　坊建坪 拾壹坪 七合 五勺
　　　　木造瓦葺 平家建 壹棟
　　　　坊建坪 拾四坪 七分
　　右 代金 七千貳百円에 買受할 것(但 一般 手●費은 本社 負擔으로 함)

　　　　　　　　　　　　　　　　　　　　　取締役　宋鎭禹
　　　　　　　　　　　　　　　　　　　　　仝　　　梁源模
　　　　　　　　　　　　　　　　　　　　　仝　　　李光洙
　　　　　　　　　　　　　　　　　　　　　仝　　　林正燁
　　　　　　　　　　　　　　　　　　　　　仝　　　金用茂

昭和 六年 十月 六日 下午 三時에 本社 重役室에서 重役會를 開하니 出席 重役 及 其 決議事項은 左와 如하다

一. 出席 重役
　　取締役　　　宋鎭禹　金性洙　梁源模　李光洙　林正燁　金用茂
一. 決議 事項
　　(甲) 決算報告

貸借對照表, 財產目錄 承認의 件

利益金處分案, 營業報告書

(乙) 第十回 定期株主總會는 來 十月 二十五日 下午 二時 半으로 決定하다

                                     取締役　宋鎭禹

                                     仝　　　金性洙

                                     仝　　　梁源模

                                     取締役　李光洙

                                     仝　　　林正燁

                                     仝　　　金用茂

昭和 七年 十月 七日 下午 二時에 本社 重役室에서 重役會를 開하니 出席 重役 及 其 決議事項은 左와 如하다

一. 出席 重役

    取締役　　宋鎭禹　梁源模　林正燁

一. 決議事項

    (甲) 決算報告

        貸借對照表, 財產目錄 承認의 件

        利益金處分案, 營業報告書

    (乙) 第十一期 定期株主總會는 來 十月 二十二日 下午 二時 半으로 決定하다

                                     取締役　宋鎭禹

                                        梁源模

                                        林正燁

                                        金性洙

昭和 七年 十一月 十六日 下午 三時에 本社 重役室에서 取締役會를 開하고 左記事
項을 決議하다

一. 昭和 八年 十一月 二十一日부터 朝夕刊 發行의 件

取締役　宋鎭禹

梁源模

李光洙

金用茂

金性洙

林正燁

昭和 八年 八月 二十日 下午 二時에 本社 重役室에서 取締役會를 開하고 左記事項
을 決議하다

記

昭和 八年 九月 一日부터 從來 八面의 新聞을 二面을 增加하야 十面으로 發行할 것

取締役　宋鎭禹

梁源模

金性洙

林正燁

金用茂

昭和 八年 十月 七日 下午 三時에 本社 重役室에서 重役會議를 開하니 出席 重役
及 其 決議事項은 左와 如하다

一. 出席 重役

　　取締役　　　宋鎭禹　金性洙　梁源模　林正燁

　　監査役　　　玄相允

一. 決議事項

　　(甲) 決算報告

　　　　貸借對照表 財産目錄 承認의 件

　　　　利益金處分案 營業報告書

　　(乙) 第十貳期 定期株主總會는 來 十月 二十九日 下午 一時 半으로 決定하다

　　(丙) 左記 地所 及 建物買收에 對한 承認의 件

　　　　一. 京城府 瑞麟洞 一六四番地 垈 四拾八坪

　　　　　　同 地上建物 木造瓦葺의 平家建本家 壹棟 建坪 貳拾貳坪 五合

　　　　　　此 代金 參千壹百円也

　　　　一. 平壤府 水玉里 參壹四番地 垈 四拾坪

　　　　　　同所　　　　參壹參番地ノ貳 垈 九坪

　　　　　　同 地上建物 煉瓦造スレート葺의 貳階建本家 壹棟

　　　　　　建坪 貳拾四坪 五合 外階上 貳拾四坪 五合

　　　　　　總延坪 四十九坪 此 代金 四千七百円也

　　　　一. 京城府 社稷洞 貳六貳番地의 參 垈 壹百坪

　　　　　　同 地上建物 木造瓦葺 貳階建本家 一棟 建坪 參拾

　　　　　　附屬建物 木造瓦葺 平家建 壹棟 建坪 參坪 壹合

　　　　　　總延坪　　此 代金

　　　　　　　　　　　　　　　　　　　　　取締役　宋鎭禹

　　　　　　　　　　　　　　　　　　　　　　　　　金性洙

　　　　　　　　　　　　　　　　　　　　　　　　　梁源模

　　　　　　　　　　　　　　　　　　　　　　　　　林正燁

　　　　　　　　　　　　　　　　　　　　　　　　　金用茂

　　　　　　　　　　　　　　　　　　　　　監査役　玄相允

　　　　　　　　　　　　　　　　　　　　　　　　　張鉉植

昭和 八年 十月 二十九日 下午 二時 半에 重役會를 開하고 代表取締役社長을 選擧한 結果 宋鎭禹氏가 當選되고 副社長은 張德秀氏가 當選되다

取締役　金性洙

梁源模

金用茂

林正燁

宋鎭禹

昭和 九年 十月 十日 下午 二時에 本社 重役室에서 重役會議를 開하고 左의 事項을 議決하다

一. 出席 重役

宋鎭禹　梁源模　林正燁　金用茂　金性洙　玄相允

一. 決算報告

貸借對照表, 財産目錄 承認의 件

利益金處分의 件, 營業報告書

一. 第十三期 株主總會 日字를 來 十月 二十五日 下午 二時에 開催의 件

取締役　宋鎭禹

仝　　　梁源模

仝　　　林正燁

仝　　　金用茂

取締役　金性洙

監査役　玄相允

昭和 十年 二月 十五日 下午 三時에 本社 重役室에서 重役會議를 開하고 左記事項
을 決議하다

一. 決議事項
一. 本報 主筆를 編輯顧問 金俊淵君으로 任命의 件
一. 編輯局長을 編輯局 次長 薛義植君으로 任命의 件

以上

取締役社長　宋鎭禹

取締役　　　梁源模

同　　　　　金性洙

同　　　　　林正燁

同　　　　　金用茂

昭和 十年 二月 二十六日 下午 二時에 本社 重役室에서 重役會議를 開하고 左記事
項을 決議하다

決議事項

一. 內規 第九章에 左記 條項을 加入의 件
　　第九章　休暇欄上에 休職을 添加함
　　第四十七條　　社員이 身病 其他 服務키 不能한 事故가 發生하야 繼續 缺勤
　　　　　　　　九十日 以上에 亘할 時는 休職을 命함 休職은 命한 日부터 繼續
　　　　　　　　缺勤 九十日 以上에 亘할 時는 自然 解職으로 認함
　　　　　　　　但 四十七條 以下 各條는 順次 修條함

取締役　宋鎭禹

同　　　梁源模

同　　　金性洙

取締役　林正燁

同　　　金用茂

....

昭和 十年 十月 七日 下午 三時에 本社 重役室에서 重役會議를 開하고 左記事項을
決議하다

出席 重役

宋鎭禹　梁源模　金用茂　林正燁

一. 決算報告

　　貸借對照表, 財産目錄 承認의 件

　　利益金處分의 件, 營業報告書

一. 第十四期 株主總會 日字를 來 十月 二十七日 下午 三時에 開催의 件

取締役　宋鎭禹

同　　　梁源模

同　　　金用茂

取締役　林正燁

....

昭和 十一年 十月 十二日 午後 三時 本社 重役室에서 重役會議를 開하고 左記事項
을 決議하다

決議事項

一. 決算報告

　　貸借對照表, 財産目錄 承認의 件

　　利益金處分의 件, 營業報告書

一. 第十五期 株主總會 日字를 來 十月 二十八日 午后 三時에 開催의 件

取締役　宋鎭禹

〃　　梁源模

〃　　金用茂

〃　　林正燁

〃　　金性洙

昭和 十一年 十一月 十一日 上午 十一時에 本社 重役室에서 取締役會를 開하고 左 記事項을 決議하다

一. 決議事項

甲. 宋鎭禹氏의 社長 辭任願을 通過하다

乙. 取締役 梁源模氏를 專務取締役으로 決定하는 同時에 社長事務代理案을 通 過하다

取締役　梁源模

同　　金用茂

同　　林正燁

昭和 十一年 十一月 十九日 上午 十一時에 本社 重役室에서 取締役會를 開하고 左 記事項을 決議하다

一. 決議事項

一. 取締役 金性洙氏의 取締役 辭任案을 通過하다

取締役　梁源模

同　　金用茂

同　　林正燁

昭和 十二年 五月 三十一日 下午 三時에 重役室에서 重役會議를 開하고 左記事項
을 決議하다

一. 決議事項
    一. 東亞日報社 社長은 代表取締役 白寬洙로 推薦하다
    二. 編輯局長은 社長이 兼任하기로 決定하다

代表取締役　白寬洙
取締役　　　張德秀
同　　　　　梁源模
同　　　　　林正燁

昭和 十二年 六月 五日 上午 十一時에 本社 重役室에서 重役會議를 開하고 左記事
項을 決議하다

記

一. 支配人 兼 營業局長 梁源模氏 辭任願 受理에 對하야 其 後任을 取締役 林正燁
    氏로 選定하다

代表取締役　白寬洙
取締役　　　張德秀
同　　　　　金用茂

昭和 十二年 六月 九日 上午 十時에 本社 重役室에서 重役會를 開하고 左記事項을
決議하다

一. 決議事項

一. 社長 俸給은 貳百円으로 決定하다
一. 宋鎭禹氏로 顧問에 月手當 貳百五十円을 決定하다

代表取締役	白寬洙
取締役	張德秀
同	梁源模
同	林正燁
同	金用茂
同	玄俊鎬

昭和 十二年 十月 十一日 午後 三時에 本社 重役室에서 重役會議를 開하고 左記事項을 決議하다

決議事項

一. 決算報告

貸借對照表, 財産目錄 承認의 件

損益金處分의 件, 營業報告書

一. 第十六期 株主總會 日字를 來 十月 二十八日 下午 三時에 開催의 件

取締役	白寬洙
仝	林正燁
仝	張德秀
仝	梁源模
~~仝 玄俊鎬~~[15]	
監査役	玄相允

---

15 원본의 '仝 玄俊鎬'에 두 줄로 삭제한 표시가 있다.

昭和 十三年 十月 六日 午后 三時에 本社 重役室에서 重役會를 開하고 左記事項을 決議하다

決議事項

一. 決算報告

　　貸借對照表, 財産目錄 承認의 件

　　損益金處分의 件, 營業報告書

一. 來期부터 社員退職基金을 利益金 中에서 設定할 事

一. 第十七期 株主總會의 日字를 來 十月 二十五日 下午 三時에 開催의 件

取締役　白寬洙

仝　　　林正燁

仝　　　梁源模

仝　　　張德秀

監査役　玄相允

仝　　　張鉉重

昭和 十四年 十月 十二日 午後 三時, 本社 重役室에서 重役會를 開하고 左記事項을 決議하다

決議事項

一. 決算報告

　　貸借對照表, 財産目錄 承認의 件

　　損益金處分의 件, 營業報告書

一. 第十八期 株主總會의 日字를 來 十月 二十七日 下午 三時에 開催의 件

取締役　白寬洙

仝　　　林正燁

仝　　張德秀
仝　　梁源模
監査役　玄相允

....

昭和 十四年 十月 二十七日 午後 三時 半에 本社 重役室에서 重役會議를 開하고
左記事項을 決議하다

決議事項

一. 支配人 兼 營業局長 林正燁氏를 常務取締役으로 決定하고 그 後任은 營業局 次
　　長 菊泰一氏로 選定하다
一. 編輯局 次長 高在旭氏를 編輯局長으로 選定하다

代表取締役　白寬洙
取締役　　　林正燁
金用茂
張德秀
玄俊鎬
梁源模

....

昭和 十五年 五月 三十一日 午後 三時 本社 重役室에서 重役會議를 開하고 左記事
項을 決議하다

決議事項

一. 當初 當局의 諒解 下에서 宋鎭禹氏를 顧問으로 囑託한 것이므로 本社는 當局에
　　對한 誓約의 違反이 無하므로 認함

代表取締役　白寬洙

	取締役	金用茂
		梁源模
		張德秀
		張鉉重
		玄相允

昭和 十五年 七月 二十六日 午後 二時 本社 重役室에서 重役會議를 開하고 <u>社長 白寬洙氏가 有故함으로 常務取締役 林正爀氏가 議長으로서</u>[16] 左記事項을 決議하다

決議事項

一. 東亞日報의 發行人 白寬洙로부터 右 <u>編輯兼</u>[17] 發行人 名義를 林正爀에게 變更한 事를 追認함

二. 東亞日報의 編輯兼 發行人 林正爀으로부터 當局에 廢刊屆 提出한 事를 追認함

三. 本會社의 定款變更 及 其와 關聯한 重要事項

四. 昭和 十五年 八月 十日 午前 十一時 臨時株主總會를 招集할 事

	取締役	林正爀
		金用茂
		張德秀
		梁源模
	監査役	玄相允
		張鉉重

---

16 회의록을 작성한 뒤 참석자들의 동의와 날인으로 밑줄 친 부분의 27자를 삽입함.

17 회의록을 작성한 뒤 참석자들의 동의와 날인으로 밑줄 친 부분의 3자를 삽입함.

昭和 十五年 八月 九日 下午 二時 本社 重役室에 重役會를 開하고 滿場一致로 左 記事項을 決議하야 來 八月 十日의 臨時株主總會에 付議하기로 하다

決議事項

一. 株式會社 東亞日報社의 發行하는 新聞은 此를 廢刊하고 本社는 此를 解散하는 件

二. 右 解散에 依하야 本社 社員, 工場員, 配達夫, 給仕 等에 對한 失業救濟金으로 拾五萬五千円을 支給하는 件
   但 支給期日은 一週 以內로 함

三. 本社 廢刊에 基하야 當局으로부터 給與하는 金額은 各 社員, 工場員, 配達夫 及 給仕 等에 對한 失業救濟費임으로 右 金額은 社員 中 代表者를 定하야 此를 公 正分配케 할 것

四. 淸算費用의 金額을 定하는 件

五. 本社 解散에 依하야 現在 顧問 及 各 重役에 對한 退職慰勞金 又는 紀念品을 支給하는 件

取締役　白寬洙

林正燁

金用茂

張德秀

梁源模

監査役　玄相允

張鉉重

昭和 十五年 八月 十一日 午后 二時 本社 重役室에서 重役會를 開하고 左記事項을 決議하다

決議事項

一. 代表取締役을 宋鎭禹로 推薦하다

代表取締役　宋鎭禹

取締役　　　白寬洙

〃　　　　金用茂

〃　　　　林正燁

監査役　　　張德秀

〃　　　　梁源模

昭和拾八年壹月拾六日(土曜)午后三時半二京城府敦義町百四拾五番地明月舘二開カレタル臨時株主總會中二暫ケ總會ノ議事ヲ中止シ同四時半取締役會ヲ開キ取締役宋鎭禹同玄俊鎬同林正燁出席シ左記事項ヲ議決シ臨時株主總會二報告ス

左記

一. 取締役ノ互選ヲ以テ 取締役社長二宋鎭禹ヲ選任ス

一. 取締役社長ノ報酬八年額六千圓也二定ム

~~一. 内規ノ制定ハ社長二二任ス~~[18]

取締役社長　宋鎭禹

取締役　　玄俊鎬

取締役　　林正燁

---

18 원본에 두 줄로 지운 표시가 되어 있다.

昭和拾九年壹月六日午后參時當社ニ於テ重役會ヲ開キ左記事項ヲ決議ス

決議事項

一. 營業報告書, 貸借對照表, 損益計算書及財産目錄承認ノ件

　　損益金處分ノ件

一. 第壹期定期株主總會ノ時日ヲ壹月貳拾參日午後參時ニ開催ノ件

取締役　宋鎭禹

仝　　　林正燁

仝　　　玄俊鎬

監査役　金在洙

仝　　　高光表

昭和貳拾年壹月七日午后參時京城府鍾路區苑西町七拾四番地社長自宅ニ於テ重役會ヲ開キ左記事項ヲ決議ス

決議事項

一. 營業報告書, 貸借對照表, 損益計算書及財産目錄承認ノ件

一. 損益金處分ノ件

一. 第二期定期株主總會ノ時日ヲ壹月參拾壹日午后參時ニ開催ノ件

取締役　宋鎭禹

取締役　玄俊鎬

取締役　林正燁

監査役　金在洙

監査役　高光表

조선 언론기관의 통제지도책

목차

제1 총칙

제2 신문사의 경영 통제

---

1 일본어로 발행되는 신문

4. 판매망 개선

　　5. 등기공고 독점

　　6. 재정 정리

　(3) 새로운 신문의 불인가

3. 언문신문諺文新聞[2] 대책

　(1) 『매일신보』의 두 신문 매수

　(2) 『매일신보』 강화

　(3) 『경성일보』와 합동, 언문지 폐지

4. 특수신문 대책

5. 수이입신문輸移入新聞 대책

　(1) 수이입출판물 단속 규칙의 제정

　(2) 조선 밖에 발행소를 둔 신문의 조선 진출 방지

제3 언론보도 통제(소위 보도원報道源 통제)

1. 홍보국 설치에 따른 보도·선전과 단속 강화

2. 동맹통신사 강화

3. 동맹 이외 통신사의 정리

4. 신문기자법 제정

5. 기타 사항

제4 언론통제 계획 소요경비 개산槪算과 연차 구분

---

2 한글로 발행되는 신문

제1 총칙

조선에서는 신문, 잡지 및 통신의 발행에 대해 허가제도를 채용하고 있으므로 그 수가 매우 적다. 현재 「신문지규칙」과 「신문지법」에 따라 일본인과 조선인이 발행하고 있는 68종 중에서 주로 언론통제의 대상으로 될 만한 것, 즉 일간신문·통신으로서 일반 시사를 게재하는 것은 불과 30종에 그친다. 더구나 그것들은 그 주의·주장이 대개 온건 공정하여 당국의 지도에 따라 국책에 잘 협력하고 총독정치를 지지하여 조선 문화의 향상·발전에 기여하는 바가 적지 않다. 따라서 조선에서는 이미 언론통제의 실적을 거두었다고 하겠다. 단지 미력하고 무책임한 군소 신문의 존립과 극단적인 자유주의적 사조의 지배와 이에 동반된 여러 폐해를 감안하여 한층 지도 단속을 강화함과 더불어 적극적으로 온건한 신문(穩健紙)의 기능 확충을 도모함으로써 신문과 통신으로 하여금 공공시설 또는 국가기관의 영역에 이를 수 있도록 대체로 3년 계획으로 통제 지도 체계를 완성하고자 한다.

제2 신문사의 경영 통제

1. 일원적 통제의 실행난과 불리

신문사의 합동은 각종 교통사업 또는 전기사업 등의 경우와 현저히 달라서 합병에 비교적 다액多額의 비타산적 비용이 필요하다. 게다가 완전한 독점적 지위를 점하지 못하고 불과 2할 내외의 독자를 획득하는 데 그치는 것이 보통이라고 한다면, 특수한 경우에만 채택해야 할 방법이라 하겠다. 또 독일, 이탈리아, 소련과 같은 독재국에서 극단의 통제 또는 국가 관리, 만주국 같은 다수 민족의 집합국가에서 전면적 일원화 정책들은 모든 신문통신을 완전한 국가의사國家意思의 전달기관으로 삼아 하나의 여론, 하나의 국민 완성을 위한 가장 유효한 수단으로 인정되지만, 이것을 지금 바로 조선에 적용하기에는 우리나라(我國)의 실정에 맞지 않다. 법률적으로도 경제적으로도 실행하기 곤란할 뿐만 아니라 각국의 경험에 비추어 보면 경쟁심의 쇠퇴 또는 영리심營利心의 소멸로 인해 기사의 생경함과 획일을 가져와 신문의 질적 저하를 초래함으로써 조선에서는 오히려 대중의 동원·계발·선전에 대해 박력迫力이 미약할 우려가 있으므로 잠시 이를 두고, 위의 독재정치의 여러 국가와 영·미 등 자유주의 여러 국가들의 상이相異한 신문정책에서 장점을 취하고 단점을 보완함으로써 조선의 현실에 즉응卽應하는 특수한 통제를 하고자 한다.

〈참고〉
① 대만에서는 만주국 홍보협회를 사례로 삼아 자본금 2천만 원으로 통제기구를 설치하고 그 밑에 통신사를 두어 『대만일일臺灣日日』, 『대만일보臺灣日報』, 『대만신문臺灣新聞』, 『고웅신보高雄新報』 등의 일간신문을 종속시켜 언론의 일원화를 행하고, 그 자금 염출 방법은 총독부에서 산림 또는 토지를 불하하여 1천만 원을 출자하고 남은 1천만 원은 각 신문사의 현물 출자에 의한 안案을 수립하려고 조사 연구 중이라 하며
② 조선 내 신문사·통신사의 자산과 부채 상황을 조사하니 동맹통신同盟通信을 제외한 32사의 부채 3,589,167원, 자산 5,283,847원(건물, 토지, 기계기구, 미수금), 권리금 3,848,290원(발행부수 1부당 10원 평균)에 이른다. 이를 일원적으로 통제하려면 최소한도 약 1천만 원의 매수자금 외에 상당히 다액의 정비비整備費와 경상비 보조금이 필요하다.

2. 국문신문 대책
  (1) 지방신문 통제
    1. 지방신문은 모두를 주식회사 조직으로 재편하게 하고 공공기관으로 그 실질을 갖도록 함.
    2. 지방신문의 통제는 『경성일보』에게 통제기관의 기능을 대행시켜 자본적 연쇄를 갖도록 함.

3. 중앙지는 기관지 『경성일보』 하나 외에 민간지인 『조선신문朝鮮新聞』과 『조선일일신문朝鮮日日新聞』을 합병하여 두 신문을 서로 견제시키고, 지방지는 원칙으로서 한 도에 한 신문(一道一紙)을 표준으로 하되 대도시가 있는 도에서는 예외적으로 두 신문을 인정함.

이상의 결과 폐합·정리할 신문은 다음과 같다.

전라북도: 『전북일보全北日報』 『동광신문東光新聞』

경상북도: 『조선민보朝鮮民報』 『대구일보大邱日報』

경상남도: 『부산일보釜山日報』 『조선시보朝鮮時報』 『남선일보南鮮日報』

평안남도: 『평양매일신문平壤每日新聞』 『서선일보西鮮日報』

함경북도: 『북선일보北鮮日報』 『북선일일신문北鮮日日新聞』

4. 폐합의 원칙은 자발적으로 행하도록 종용하고 해결하기 곤란한 신문사에 대해서는 정리를 위해 상당한 액수의 자금을 지급하고 도청 지도하에 주로 『경성일보』에게 매수나 합병 참가의 중임을 맡기도록 함.

5. 정리에 응하지 않으면 『경성일보』의 진출, 재정 압박, 용지 공급 제한 등으로 자멸책을 강구하여 적당한 시기에 폐간을 종용하거나 명령함.

6. 통제자금은 국비, 도비 지불 또는 경성일보사의 출자를 받는 것으로 해서 국고 부담의 총액은 약 120원[3]을 예상.

7. 폐합 정리 후의 신문 정리는 『황해일보黃海日報』의 사례대로 도청 기관지로 만든 것처럼 내면지도內面指導를 강구함.

8. 통제 후의 지방신문은 반포구역을 제한하여 지방신문의 본질로 환원시킴.

반포구역은 대개 인접한 도까지로 함.

---

3 120만 원의 오기인 듯하다.

9. 도내에 신문이 없는 강원도는 『경성일보』 지방판으로, 충청북도는 『중선일보中鮮日報』와 『경성일보』 지방판으로 지방지의 기능을 부과함.

(2) 『경성일보』 강화

1. 기구 개혁

(1) 주식회사 조직으로 변경하고 자본금을 200만 원으로 한다. 출자 방법은 현재의 자산평가액 111만 원의 현물 출자 외에 총독부와 특별·특수은행, 회사의 현금 출자에 의하며, 자금의 용도는 앞서 기록한 지방신문의 통제와 설비 충실에 충당하는 것으로 한다.

(2) 간부의 신분 보장

종래 사장은 총독의 경질에 따라 진퇴를 같이하고, 나아가 간부의 이동도 자주 행해지는 게 보통이어서 성의를 갖고 사무社務에 힘쓰는 분위기가 결핍되고 사원 역시 불안에 쫓겨 장래 희망 없이 향상심이 결핍된 것은 움직일 수 없는 사실이었다. 따라서 언론통제를 완성하고 주식회사 조직으로 개편된 이후에는 적어도 사장을 제외한 간부의 신분 보장을 확립해야 한다.

2. 지방신문의 연쇄적 경영

앞의 「지방신문 통제」의 항목 참조.

3. 지방판 증설과 호외 발행권 인가

현재는 지방 5판제이지만 우선 9 내지 10 지방판으로 고쳐서 적어도 지방신문의 반포구역 제한을 실시할 때는 각도판各道版을 설치하게 하고, 통신망의 충실과 함께 지방통신을 풍부하게 만들고, 덧붙여 조선 내 주요 지방 지국에 호외 발행권을 부여하여 속보에 유감이 없도록 하여 독자 획득에 노력하게 함.

4. 판매망 개선

현재의 판매점은 여러 신문을 동시에 취급하기 때문에 『경성일보』
의 판로 확장에 유감스러운 점이 많으므로 판매를 직영으로 하거
나 지난번 평양에 설치한 전매점제도로 고치는 것이 필요하다.

5. 등기공고 독점

등기공고료는 신문사의 가장 확실한 재원인데 신문사별 분포 상황
을 보면, 발행부수가 적은 신문이 오히려 단가가 높고 지정법원指
定法院 수를 많이 차지한다. 또 관할 밖의 지방신문을 지정해 광고
가치가 있는 중앙지를 지정하지 못하는 바와 같이, 자못 공평하지
도 경제적이지도 않다고 보이는 점도 있다. 『경성일보』는 발행부수
에서 다른 신문과 상대가 되지 않으며, 게다가 총독부 기관지라는
특수 관계임에도 불구하고 전 조선 11개의 법원 중에서 불과 5개
법원의 지정을 받은 데 불과하다. 『조선신문』의 6개 법원보다 적은
기현상을 보이므로 종래의 행태 등을 없애고 속히 이를 통제하여
각 법원은 공히 국문지는 중앙에 하나(『경성일보』), 지방에 하나, 언
문지 하나(『매일신보』)의 세 신문주의(三紙主義)를 원칙으로 확립하는
것이 가장 필요하다.

6. 재정 정리

경성일보사의 경리 상태를 보면 매년 거액의 수입을 거두는데도
불구하고 다년의 방만한 회계 경리로 누적된 장기차입금 17만 원
을 갚지 못할 뿐 아니라 운영자금에 허덕이고 거의 항상 당좌차월
이 10만 원에 이르러 적자결산을 반복하여 올해 적자는 8만 원에
이를 예상이다. 더구나 건물, 기계 등의 감가상각 적립은 물론, 퇴
직급여 등의 적립금도 설치하지 않았다. 적극적 시설施設 활동의
원동력이 거의 없는데, 맡겨진 중대한 사명을 생각하니 진정으로

우려하지 않을 수 없는 상황이다. 따라서 현재 재정적 기초를 다시 세울 수 있도록 예의銳意 노력시키고 있는데, 속히 이를 정리하여 완성시킬 필요가 있다.

(3) 새로운 신문의 불인가

3. 언문신문 대책

(1) 『매일신보』의 두 신문 매수

조선일보와 동아일보는 모두 『매일신보』의 비약적 발전에 반비례하는 독자의 격감, 신문용지의 가격 등귀와 공급 제한, 여러 물가 앙등으로 인한 제작원가의 상승, 광고 수입의 전면적 점감漸減 등에 허덕이며 바로 숨이 끊어질 듯한 상태. 게다가 사변(중일전쟁—역자) 후의 반도 민중의 사상적 격변에 따라 민족주의적 기관신문으로서의 존재 이유 상실, 국어 장려로 인한 장래의 비관적 전망, 단속의 준엄함과 통제방침의 위협 등에 비추어 그 경영 양도를 결의함이 필요하다. 그리고 이 틈을 타서 박흥식朴興植 일파는 여러 동기로 야심가들을 규합하고 두 신문사를 매수 합병하여 이상협李相協을 사장으로 영입하고 재야지在野紙로써 『매일신보』에 대항하는 일전一戰을 시도하려고 기도하고 있다.

이러한 기도는 단순히 『매일신보』의 일대 적국敵國이 되어, 종국에는 이를 압도할 우려가 있을 뿐 아니라 반도 민중의 황국신민화와 언문지 폐지 방침에 관한 커다란 장해가 될 것이므로 단번에 『매일신보』에게 매수시켜 후환을 배제할 필요가 있다.

매수비는 조선일보 80만 원, 동아일보 50만 원, 합계 130만 원이면 충분할 것으로 보지만, 혹 동아일보만 종래의 태도에 비추어 총독부 또는 『매일신보』의 매수 교섭에 응하지 않고 오히려 발행권을 반납하는 움직임을 보일지도 모른다. 이 경우 소요자산은 감소한다.

(2) 『매일신보』 강화

　　본지가 독립할 때 대립하여 현재 실행 중인 쇄신강화계획의 수행을 실행하는 것 외에 사진특보寫眞特報의 확장, 간이국어신문簡易國語新聞의 발행, 중요 도시에서 호외 발행 등으로 한층 이의 강화를 도모하고 대중의 계발 선전과 내선일체의 심화를 진전시켜 황국신민화에 한결같이 공헌토록 함.

(3) 장래 『경성일보』와 합병하여 언문지를 폐지한다. 조선 현하의 민도에 비추어 상당 기간 언문신문의 보급에 의한 대중의 교화를 도모할 필요가 있으나, 동시에 국어 보급의 여러 시설과 서로 호응하여 국어란國語欄의 설치, 국어간이신문과 국어간행물의 발행 등으로 국어신문으로 전화轉化의 소지素地를 만들어 장래 국어 보급을 철저히 하며 적당한 시기에 『경성일보』와 합병시킴.

4. 특수신문 대책

일반 정치 시사에 관한 신문 이외의 상업, 금융, 주식, 공업, 교통, 수산, 농사, 종교, 교육, 군사, 청년, 학생, 가정, 사진, 영화 등에 관한 특수신문은 대개 한 종(一種)에 한정하여 존치시키되 가급적 개인을 피하여 관청, 공공단체 또는 공익단체의 기관지로서 발행을 인가하도록 한다.

5. 수이입신문 대책

(1) 수이입출판물 단속 규칙의 제정

　　불량 신문 또는 탈법적인 신문의 조선 내 진출을 저지하면서 조선 내 신문의 건전한 발달을 육성하기 위해 내외지에서 수이입하는 간행물에 대한 단행본령單行本令을 제정하고 허가제도를 만드는 것이 필요하다.

(2) 내지 유력 신문의 조선 내 발행권의 불인가

　　『오사카아사히신문大阪朝日新聞』, 『오사카마이니치신문大阪每日新聞』

두 신문사에서는 종전부터 조선 내의 본지本紙 발행권 또는 호외 발행권 획득을 희망했는데, 이를 인가하게 되면 조선 내 신문에 대타격을 줄 뿐만 아니라 이들 내지에 본사를 둔 대신문사에게 총독부의 단속감독권이 충분히 행해지지 않을 염려가 있으므로 절대로 이를 용인하지 않을 것.

제3 언론보도 통제(소위 보도원報道源 통제)

1. 홍보국(가칭) 설치에 따른 보도·선전과 단속 강화

(1) 조선총독부에 홍보국 또는 정보선전국을 신설하여 정보과, 검열과, 선전과로 나눈다.

(2) 선전과는 종래 각 국부局部에서 관장하던 계발선전 사무의 전부를 하나로 합쳐서 이의 강화를 도모하며 각종 수단 방법으로 조선 내외에 널리 통치방침과 시설의 실정을 보도·선전하여 공정한 여론 형성에 힘씀.

(3) 검열과는 종래 도서과에서 관장하던 신문지, 출판물, 영화, 축음기·레코드 검열 사무 이외에 라디오, 연극, 로쿄쿠浪曲,[4] 강연, 회화 기타 광범위한 검열을 통제·실시하여 언론 단속을 한층 강화한다.

(4) 본건 실시에 필요한 경비는 증원增員, 경찰전용 전화 가설, 무전 설치, 필름현상실과 수배사진 제작실의 신축 등 소요경비와 기밀비를 합하여 2,580,254원이 필요하다.

자세한 것은 별책 『정보선전국 신설예산서 및 전시 또는 사변에 즉응하기 위한 단속계획서』를 참조.

---

4 나니와부시浪花節라고도 하며, 샤미센三味線 반주에 맞춰 의리와 인정을 주제로 한 일본의 대중적 예능 및 창唱.

2. 동맹통신사 강화

사단법인 동맹통신사는 국가적 대표 통신사로서 가장 합리적인 조직으로 제국정부의 알선하에 설립되어 현재 그 사명 달성에 매진하고 있으며, 날이 갈수록 기능을 충실히 함으로써 조선의 통신통제 계획도 본사를 중심으로 고려할 필요가 있다. 내외지를 통한 통신사의 기능 통일성을 유지하면서 동사의 조선 내 보도망을 강화하고, 여기에 경제적 원조, 통신상의 특권 부여, 기타 제반의 조성進成 및 지도를 부여함으로써 통치의 완전한 실행(完行)에 참획參劃할 수 있다.

(1) 경성지국의 지사支社 승격을 실행함.

(2) 청진지국의 설치를 실행함.

(3) 통신원을 새로 주요 지역 10개소에 파견함.

(4) 내지-만주 간의 직통전용 전화를 경성과 부산에서 받게 함(受話).

(5) 방송무전을 설비함.

(6) 사진전송기를 체신국에 설치하여 동맹 지사에 전용시킴(경성-후쿠오카 福岡 사이).

(7) 조선총독부에서 동맹통신의 구독료를 증액함.

(8) 지방신문을 동맹통신의 예약전화 가입 또는 회수回數를 증가시킴.

(9) 예약전화요금을 특별히 인하함.

(10) 동맹통신사 이외의 통신을 인가하지 않음.

3. 제국통신사, 동아전보통신사, 대륙통신사의 정리

위의 대륙통신사는 명의 변경을 허가할 때 허가 조건이 엄중하여 경영 곤란에 빠졌으므로 총독부가 약간의 위로금을 지급하고, 『매일신보』의 가정신문 (가칭)으로 바꾸기로 내정하여 가까운 시일 내에 폐간으로 진행하며, 기타 다른 두 통신사도 정리방침으로 추진함.

4. 신문기자법 제정

(1) 제정 취지

국운의 진전에 중대한 관계가 있는 신문지를 만드는 편집인, 발행인, 경영자, 기자는 항상 성실한 봉공奉公의 정신 아래 취재와 편집에 종사할 의무를 갖는다. 그러나 현재 그들로 한정한 관념과 그 지위는 직책의 중요함에도 불구하고 성질이 불량한 자가 많고 너무나 스스로 타락하여 보호시설도 역시 충분치 않다. 그러므로 자격, 의무, 보호를 규정하여 언론의 실질적 통제를 완전히 하는 것이 매우 중요하다.

독일에서는 이미 신문 관여자에 대한 자격제도를 만들었고 이탈리아도 책임관리자제도, 지주持主등록제도와 기자등록제도를 채용하고 있다. 우리 내지에서도 지난번에 신문기자의 등록제도와 신문기자회新聞記者會의 설치를 입안 중이다.

(2) 본법의 적용을 받는 신문지는 조선 내에서 발행하고 시사 문제를 취급하며 7일 이내의 기간에 정기 또는 부정기로 발행하는 신문지로서 관청이 발행하는 것을 제외한 것으로 한다.

(3) 본법의 적용을 받는 신문기자는 앞 호에 정한 신문사의 기사 작성에 대해 문장, 통신 또는 도서로 협력함을 직업으로 삼는 자에 한정함.

(4) 신문기자의 자격은 성년에 이른 제국신민으로서 중등학교 졸업 또는 이와 동등 정도의 자격을 가지고 1년 이상 신문기자의 실무에 종사한 경력이 있어야 한다.

단, 금고 이상의 형을 받은 자, 금치산자, 준금치산자, 파산자, 본법에 따라 기자회에서 제명된 후 2년을 경과하지 않은 자는 자격이 없는 것으로 한다.

(5) 신문기자는 신문기자명부에 등록하는 것이 필요하다.

신문기자회는 결격자 또는 부적당하다고 인정되는 자의 등록이나 등록환登錄換을 거절하거나 등록을 취소할 수 있다. 등록에 관한 사항은 명령으로 별도로 정함.

(6) 신문기자회는 각 도마다 설립하는 법인으로 하고 회원의 직책 수행을 감시하고, 회원의 취직 알선, 질병, 노년, 실업 등으로 인한 경제적 원조, 기타 이익 증진을 도모하는 것으로 한다.

(7) 조선총독은 신문기자회의 설립을 인가하고 이를 감독한다.

(8) 신문기자의 징계규정을 만들고 총독의 신청으로 징계재판소에서 이를 집행한다. 징계는 견책, 과료, 정직, 제명의 4종으로 한다.

5. 기타 사항

(1) 춘추회春秋會의 이용

(2) 편집책임자의 회동·간담

(3) 출판경찰계관出版警察係官의 교양

제4 언론통제 계획 소요경비 및 연차 구분[5]

연차	연차 구분			계
	1939년도	1940년도	1941년도	
1. 지방신문 통제자금(『경성일보』으로의 출자 포함)	700,000원	300,000원	200,000원	1,200,000원
2. 언문신문 통제자금(조선일보·동아일보 매수)	1,300,000원	–	–	1,300,000원
3. 홍보국 신설비	330,833원	2,275,321원	–	2,616,154원
(1) 출판경찰 확충비	50,968원	367,749원	–	412,717원
(2) 경찰전용 전화 가설비	238,640원	–	–	238,640원

---

5 앞의 목차는 "언론통제 계획 소요경비 개산槪算과 연차 구분"인데, 목차와 달리 '개산'이 빠졌다.

(3) 현상실 및 사진제작실 신축비	21,225원	–	–	21,225원
(4) 정보과·선전과 신설비	–	907,572원	–	907,572원
(5) 기밀비	–	1,000,000원	–	1,000,000원
4. 동맹통신사 보조	7,000원	–	–	7,000원
(1) 통신원 설비 보조(1인당 월 50원, 10인분)	6,000원	–	–	6,000원
(2) 구독료 증액	1,000원	–	–	1,000원

편자 비고: 액수는 원문대로임.[6]

---

6 홍보국 신설비의 합계가 잘못되었다. 틀린 부분만 바로잡아 표시하면 아래와 같다.

3. 홍보국 신설비	310,833원			2,586,154원
(1) 출판경찰 확충비				418,717원

1940년 2월 15일

경무국장

정무총감 귀하

언문신문통제에 관한 건

제목의 건에 대하여 조선일보·동아일보 두 신문사와 협의한 처음부터의 경과 개요를 다음과 같이 보고함.

···· 記 ····

一. 조선일보

1. (1939년) 12월 22일

조선일보 사장 방응모를 소관小官의 관사로 불러 경영 상황을 들으니 "신문사업을 경영한 지 6년 남짓, 그 실비失費가 여러모로 많아서 곤란한 지경이니 차라리 교육 기타 사회사업 등의 문화사업으로 전환하고 싶은 희망이 있다"는 취지로 말한 것에 대해, 당국의 통제방침을 설명하고 이에 응한다면 그 희망을 상당히 고려할 수 있다고 하자, 그 취지에 크게 움직여 당국의 방침에 순응할 취지로 응하며 단지 사원의 구제를 충분히 고려해 줄 것과 건물도 경우에 따라서는 양도에 지장이 없도록 하겠다고 답하여, 모두 숙고한 뒤 다시 구체적 협의를 하기로 약속하고 떠났습니다.

2. 12월 24일

22일 소관의 협의에 기초하여 도서과장은 사장 방응모를 회견하여 폐간에 따른 구체적 조건을 협의하였는데, 사장은 다음의 희망을 말하였습니다.

(1) 동아일보도 함께 처분할 것.

(2) 본사 발행의 3종(『조광』, 『여성』, 『소년』) 출판물은 계속 간행할 수 있게 할
것.

(3) 폐간 당일까지 본 협의에 응했다는 것을 외부에 극비로 부칠 것.

(4) 종업원의 취직, 전직轉職 알선과 수당 지급에 유감없도록 약속할 것.

(5) 건물을 포함하여 약 100만 원 정도로 양도하는 데 차질 없을 것.

(6) 장래 교육 또는 사회사업 방면에 활동하고 싶은 희망을 원조해 줄 것.

3. 12월 28일

도서과장이 방응모와 회견하여 별지 1호의 「각서」와 별지 2호의 「폐간계廢
刊届」를 제시, 날인하여 제출하겠다는 뜻을 전했습니다.

별지 제1호

각서

일. 조선일보는 국책적 견지에서 조선총독부의 통제방침에 따라
1940년 1월 ○일을(이하 ○는 빈칸임 — 역주) 끝으로 일간신문 조
선일보의 간행을 폐지하며 미리 폐간계를 제출함.

일. 전항의 대가로서 조선일보 발행을 위해 현재 사용 중인 유체재
산(토지, 건물, 기계, 집기와 기타)과 발행권을 매수하는 것으로 하
여 매일신보사로 하여금 금 100만 원을 지불하도록 함.
지불 방법은 따로 정함.

일. 잡지 『조광』, 『여성』, 『소년』의 3종은 계속 발행토록 함.

일. 조선일보 폐간일까지의 사이에 동아일보의 정리 교섭을 개시하
는 것으로 함.

일. 종업원에게는 조선일보사에서 퇴직자금과 해산수당을 지급하는
  것 외에 전직 희망자에게는 당국도 가능한 한 그 알선을 위해
  유감이 없도록 함.

이상은 1939년 12월 23일 경무국장 관사와 기타 장소에서 절충하
여 협정하였지만 후일을 위해 본 각서를 작성하였음.

1939년 12월 28일

조선일보 사장 方應謨(방응모)

총독부 경무국장 三橋孝一郎(미쓰하시 고이치로)

별지 제2호

폐간계

1920년 1월 6일부로 인가를 받은 조선일보는 이번의 사정으로 폐간
하고자 이에 신고함.

1940년 2월 11일

경성부 태평통 1정목 61

  조선일보 발행인 방응모

조선총독 南次郎(미나미 지로) 귀하

4. 12월 29일

소관이 보안과장(후루카와ㅁ川 도서과장은 28일부로 보안과장으로 전임)과 함께 방응모와 회견하였으나 건물 가격의 협의가 끝나지 않았기 때문에 전날의 각서와 폐간계도 제출되지 못하여서 다시 신년이 되면 협의하기로 약속하고 헤어졌습니다.

5. (1940년) 1월 12일

보안과장과 방응모의 회견 결과 건물 등 양수讓受에 관한 협의를 중단하고 폐간에 대해 사원 구제금으로 20만 원을 교부하기로 약속하여 협의의 성립을 보았습니다.

6. 1월 13일

방응모로부터 별지 3호 「각서」에 조인하고 별지 4호의 「폐간계」가 제출되었습니다.

별지 제3호

각서

일. 조선일보는 국책적 견지에서 조선총독부의 통제방침에 따라 1940년 2월 11일을 끝으로 일간신문 조선일보의 발행을 폐지할 것이며 미리 폐간계를 제출함.

일. 전항의 경우에 대해서 해산수당으로 당국이 금 20만 원을 지불함.

일. 동아일보에 대해서는 조선일보 폐간계 제출 직후 그 정리 교섭을 개시하기로 함.

일. 잡지 『조광』, 『여성』, 『소년』은 계속 출판을 허가함.

일. 조선일보에서 종업원에게 퇴직자금과 해산수당을 지급하는 것
   외에 전직 희망자에게는 당국으로서도 가능한 한 알선에 힘쓸
   것.

이상 후일을 위해 본 각서를 작성하여 각 1통씩 소지함.

1940년 1월 ○일

조선일보 사장 방응모

경무국장 三橋孝一郎

별지 제4호

폐간계

1920년 1월 6일부로 인가를 받은 조선일보는 이번의 국책으로 폐간
하고자 이에 신고함.

1940년 ○월 ○일

경성부 태평통 1정목 61
   조선일보 발행인 방응모

조선총독 南次郎 귀하

7. 1월 29일

방응모가 중역회의 소집 사정도 있으니 정식으로 폐간 방법 협의의 형식을 채택하고 싶다는 뜻을 전해 와서 소관실로 방응모를 부르니 방응모 자신은 국책에 순응할 뜻이지만 면목상 동아일보와 동시에 폐간하고 싶다는 희망을 말하며 2월 1일 중역회의를 소집하여 정식 결정 후 회답할 것을 기약하고 물러갔습니다.

8. 2월 2일

방 사장, 보안과장, 도서과장과 회견하고, 계속 진행 중인 중역회의의 의향으로서 장래 새로 간행될 경제신문을 조선일보에 맡겨 주고, 폐간을 3월 31일까지 연기해 줄 것을 말하였습니다. 이에 대하여 전자는 원칙으로서 두 신문사와 관계없는 제3자에게 경영시킬 생각이지만 사실상 기계, 사옥 등의 관계도 있어 투자자의 하나로 참가토록 하고, 또한 후자는 경제적으로 오히려 불리함을 설명하여 다시 중역회의에 상의하도록 설득하였습니다.

9. 2월 6일

방 사장이 청사를 방문하여 보안과장, 도서과장과 회견하고, 중역회의의 결정으로서 폐간을 찬성하지만 어디까지나 동아일보와 동시 폐간을 고집하므로 이에 대해 그렇게 하면 여러 특혜를 주지 못하는 불리한 점을 설명하고 재고하여 회답하도록 지시하였습니다.

10. 2월 14일

방 사장이 국장실로 소관을 방문하여 폐간에는 이의 없지만 모든 이해관계를 무시하고 동아일보와 같은 날짜에 폐간하고 싶다는 뜻을 정식으로 회답함에 따라 소관은 다음의 점을 특히 말하였습니다.

(1) 당국 방침은 앞으로도 불변하며 반드시 단행할 것.
(2) 세간 일반에서 점차 협의의 내용을 미루어 알게 됨에 따라 지금 같은

비밀 엄수의 협정은 지키기 어렵다는 것. 즉 당국은 사태의 추이에 따라 방침을 공개 발표하거나 경과를 발표하게 될 것이며, 따라서 이로 인해 사업에 불리함이 초래되어도 어쩔 수 없다는 것.

(3) 동아일보와 동시에 폐간된다면 사원 구제 기타 점에서 받게 될 이익은 당연히 감소한다는 것을 각오해야 할 것.

(4) 폐간 기일에 대해서는 별도로 이를 협의할 것.

二. 동아일보

1. (1940년) 1월 16일

소관의 관사로 사장 백관수와 전 사장 송진우를 불러 대체로 조선일보 사장과 회견했을 때처럼 마찬가지의 요령으로 당국의 통제방침을 말하고 협의하였는데, 누구라도 국책이라면 따를 것이나 후일 회답하기로 약속하고 돌아갔습니다.

또한 본 협의 개시에 즈음하여 지난번의 정간 해제(解停) 조건의 관계도 고려하고 특히 "송진우는 회사의 정식 관계자는 아니지만 항상 사장실에 있으면서 사실상 업무를 하고 있다고 들었으므로 편의상 참석을 요구한 것"이라고 진술하였습니다.

2. 1월 22일

백 사장이 보안과장을 방문했지만 당국의 의향에 대해 전혀 이해할 능력을 결핍한 채 오직 폐간 협의에 응하기 어렵다는 뜻을 회답하고 돌아갔습니다.

3. 1월 24일

동아일보는 당국의 의향을 왜곡해서 도쿄 방면에 대하여 마치 일방적 폐간을 명령한 것처럼 선전하고 있다는 정보가 있으므로 다시 소관 관사로 백관수와 송진우를 불러 당국의 태도와 방침에 대해 오해가 없도록 설명하고 아울러 우리 쪽의 협의에 응하여 신중히 재고할 것을 설득했지만 완고하게 응할 기색 없이 물러났습니다.

4. 1월 26일
백 사장이 청사로 와서 보안과장에게 별지 제5의 「각서」를 제출하였습니다.

별지 제5호

> 이번에 조선총독부에서 언문신문 통제방침에 기초하여 본사가 발행하는 동아일보에게도 이에 응하도록 협의하였던바 본사는 이러한 방침에 응하기 어렵기에 양해를 바람.
>
> 1940년 1월 26일
>
> 주식회사 동아일보 사장·동아일보 발행인 백관수
>
> 경무국장 三橋孝一郞 귀하

5. 2월 7일
조선일보 사장의 희망도 있어 백관수와 송진우 두 명을 도서과장실로 부르고 보안과장도 동석하여 조선일보사는 이미 폐간을 결의했다는 뜻을 전하고 이에 동의하는 것의 이익을 들면서 가볍게 재고를 촉구하는 정도에 그쳤습니다.
그 후 아무런 회답이 없습니다.

교섭 경과 개요는 이상과 같으며 금후의 조치에 대해서는 현재 고려 중이므로 각하의 지시를 바랍니다.

참고문헌

1. 1차 자료

1) 문서·단행본

警務局 保安課,『修養同友會(在外興士團)ノ活動狀況』, 1934. 7.

國民協會,『國民協會史 第一』, 1921.

東亞日報社,『株式臺帳』(甲·乙·丙·丁).

東亞日報社,『取締役會決議錄』.

日本電報通信社,『新聞總覽』.

朝鮮總督府 警務局 圖書課,『朝鮮出版警察槪要(昭和十一年)』, 1937.

朝鮮行政編輯總局,『朝鮮統治祕話』, 帝國地方行政學會, 1937.

千葉了,『朝鮮獨立運動祕話』, 帝國地方行政學會, 1925.

拓殖省管理局,『拓殖省所管各地域ニ於ケル思想運動槪觀』, 1931. 3.

2) 자료집

국사편찬위원회 편,『한민족독립운동사자료집 34: 독립군자금포집 3』, 1998.

민족문제연구소 편,『日帝下 戰時體制期 政策史料叢書 37』, 한국학술정보, 2000.

김경일 편,『韓國民族解放運動史資料集 제3권』, 영진문화사, 1993.

이재화·한홍구 편,『韓國民族解放運動史資料叢書 2』, 경원문화사, 1988.

『齋藤實文書 16』, 高麗書林, 1990.

3) 신문

『京城日報』	『大韓每日申報』	『독립신문』(상하이)
『東亞日報』	『每日申報·每日新報』	『時代日報』
『신한민보』	『朝鮮新聞』	『朝鮮日報』

『朝鮮中央日報』　　　　　『中央日報』　　　　　　『中外日報』

4) 잡지

『開闢』　　　　　　　　　『警務彙報』　　　　　　『東光』

『別乾坤』　　　　　　　　『批判』　　　　　　　　『三千里』

『新朝鮮』　　　　　　　　『第一線』　　　　　　　『朝鮮之光』

『朝鮮出版警察月報』　　　『朝鮮總督府官報』　　　『中央』

『鐵筆』

5) 디지털 아카이브

국사편찬위원회 한국사데이터베이스(http://db.history.go.kr)

네이버 뉴스라이브러리(newslibrary.naver.com)

대한민국신문아카이브(www.nl.go.kr/newspaper)

동아디지털아카이브(https://www.donga.com/archive/newslibrary)

조선뉴스라이브러리(newslibrary.chosun.com)

2. 2차 자료

1) 전기·회고록

啓礎傳記刊行會 編, 『啓礎方應謨傳』, 朝鮮日報社, 1980.

古下先生傳記編纂委員會, 『古下宋鎭禹先生傳』, 東亞日報社出版局, 1965.

古下先生傳記編纂委員會 編, 『獨立을 向한 執念: 古下宋鎭禹傳記』, 東亞日報社, 1990.

윤치호 지음, 김상태 편역, 『물 수 없다면 짖지도 마라—윤치호 일기로 보는 식민지 시기
　　　역사』 산처럼, 2013(제2판).

李東旭, 『啓礎 方應謨』, 방일영문화재단, 1996.

이동욱, 『민족 계몽의 초석 방응모』, 지구촌, 1998.

仁村記念會 編, 『仁村金性洙傳』, 인촌기념회, 1976.

정일형, 『오직 한 길로』, 을지서적, 1991.

조병옥, 『나의 回顧錄』, 民敎社, 1959.

平洲李昇馥先生望九頌壽紀念會 編, 『三千百日紅』, 人物研究所, 1974.

韓國新聞研究所 編, 『言論祕話 50篇』 1978.

한익교 정리, 김명수 옮김, 『한상룡을 말한다』, 혜안, 2007.

홍병선 편, 『金八峰文學全集 Ⅱ. 회고와 기록』, 문학과지성사, 1988.

2) 사사(社史)

東亞日報社, 『東亞日報社史 卷一』, 東亞日報社, 1970.

東亞日報社, 『민족과 더불어 80년: 동아일보 1920~2000』, 동아일보사, 2000.

朝鮮日報社史編纂委員會, 『朝鮮日報五十年史』, 朝鮮日報社, 1970.

朝鮮日報60년社史편찬위원회, 『朝鮮日報60年史』, 朝鮮日報社, 1980.

朝鮮日報70年史편찬위원회, 『朝鮮日報70年史 1』, 朝鮮日報社, 1990.

조선일보80년社史편찬실, 『朝鮮日報五80年史 上』, 朝鮮日報社, 2000.

조선일보90년사사편찬실, 『朝鮮日報90年史 上―1920~1964』, 조선일보사, 2010.

조선일보100년사편찬실, 『朝鮮日報100年史―민족과 함께 한 세기』, 조선일보사, 2020.

조선일보사사료연구실, 『조선일보사람들―일제시대편』, 랜덤하우스중앙, 2004.

조선일보사사편찬실, 『조선일보 역사 단숨에 읽기 1920~』 2004.

조선일보90년사사편찬실, 『신문 그 이상의 미디어, 조선일보―간추린 조선일보 90년사』, 朝鮮日報社, 2010.

조선일보100년사편찬실, 『민족과 함께 한 세기 1920~2020: 간추린 조선일보 100년사』, 조선일보, 2020.

3. 연구 논저

1) 단행본

강동진, 『일제의 한국침략정책사』, 한길사, 1980.

강영주, 『벽초 홍명희연구』 창작과비평사, 1999.

김경택, 『1910·1920년대 동아일보 주도층의 정치경제사상 연구』 연세대 사학과 박사학위 논문, 1998.

김기승, 『한국 근현대 사회사상사 연구: 배성룡의 진보적 민족주의론』, 신서원, 1994.

박용규, 『식민지시기 언론과 언론인』, 소명출판, 2015.

安龍植 編, 『韓國行政史 研究(Ⅱ)』, 大永文化社, 1994.

安龍植 編, 『朝鮮總督府下 日本人官僚 研究 Ⅱ』, 연세대학교 사회과학연구소, 2002.

安龍植 編, 『朝鮮總督府下 日本人官僚 研究 Ⅲ』, 연세대학교 사회과학연구소, 2003.

윤춘병, 『한국감리교회 외국인 선교사』, 감리교본부 교육국, 1989.

이연, 『일제강점기 조선언론통제사』, 박영사, 2020(제2판).

정근식·정진성·박명규·정준영·조정우·김미정, 『식민권력과 근대지식: 경성제국대학 연구』, 서울대학교출판문화원, 2011.

정진석, 『한국언론사』 나남출판, 1990.

정진석, 『언론조선총독부』, 커뮤니케이션북스, 2005.

정진석, 『극비 조선총독부의 언론검열과 탄압』, 커뮤니케이션북스, 2007.

채백, 『신문』, 대원사, 2003.

채백, 『한국언론수용자운동사』, 한나래, 2005.

채백, 『사라진 일장기의 진실』, 커뮤니케이션북스, 2008.

崔民之, 『日帝下 民族言論史論』, 일월서각, 1978.

최인진, 『손기정·남승룡 가슴의 일장기를 지우다』, 신구문화사, 2006.

崔埈, 『增補版 韓國新聞史』, 一潮閣, 1997.

2) 논문

金明洙, 「韓末日帝下 韓相龍의 企業活動 硏究」, 『연세경제연구』 제7권 제2호, 2000.

박용규, 「일제 말기(1937~1945)의 언론통제정책과 언론구조변동」, 『韓國言論學報』 제46권 제1호, 2001.

박용규, 「1920년대 중반(1924~1927)의 신문과 민족운동—민족주의 좌파의 활동을 중심으로」, 『언론과학연구』 제9권 제4호, 한국지역언론학회, 2009.

朴贊勝, 「1920년대 중반~1930년대 초 민족주의 좌파의 신간회 운동론」, 『韓國史硏究』 제80호, 1993.

성주현, 「1930년대 이후 한글신문의 구조적 변화와 기자들의 동향—『동아일보』와 『조선일보』를 중심으로」, 『한국민족운동사연구』 제58호, 2009.

안종묵, 「'신조선' 제호 변경 이유—신간회 등 애국활동 관련 '괘씸죄' 추정」, 『주간조선』 1812호, 2004. 7. 15.

윤지현, 「조선 언론기관의 통제지도책」, 『한국기독교박물관 소장 민족운동 자료 해제』, 숭실대학교 한국기독교박물관, 2012.

이정훈, 「한국 언론의 상업화 논의에 관한 비판적 검토」, 『한국언론정보학보』 제62권 제2호, 2013.

이연, 「일제하의 한국 언론의 민족투쟁사—『조선일보』를 중심으로」, 방일영문화재단 편, 『한국언론학술논총 2001』, 커뮤니케이션북스, 2001.

이지원, 「日帝下 安在鴻의 현실인식과 민족해방운동론」, 『역사와 현실』 제6호, 1991.

장문석, 「식민지 출판과 양반—1930년대 신조선사의 고문헌 출판 활동과 전통 지식의 식민지 공공성」, 『민족문학사연구』 55, 민족문학사학회, 2014.

장신, 「1920년대 民族解放運動과 治安維持法」, 『學林』 19, 연세대학교 사학연구회, 1998.

장신, 「일제하의 요시찰과 『왜정시대인물사료』」, 『역사문제연구』 11, 2003.

장신, 「한말·일제초 재인천 일본인의 신문 발행과 조선신문」, 『인천학연구』 6, 2007.

정대철, 「日帝下 新聞의 新聞論에 관한 考察」, 『韓國學論集』 11, 1987.

조배원, 「수양동우회 연구: 조직 변화와 운동론을 중심으로」, 『도산사상연구』 6, 도산사상연구회, 2000.

정진석, 「신조선 발굴의 의미—"신문사가 발행한 첫 잡지 … 언론사 연구 새 자료"」, 『주간
　　조선』 1812호, 2004. 7. 15.

차선혜, 「언문신문통제에 관한 건」, 『한국기독교박물관 소장 민족운동 자료 해제』 숭실대학
　　교 한국기독교박물관, 2012.

최영태, 「조선일보 폐간을 둘러싼 논란과 진실」, 『역사비평』 제66호, 2004.

崔由利, 「日帝末期 言論政策의 性格—東亞・朝鮮日報의 廢刊을 中心으로」, 『梨花史學研究』
　　제20・21합집, 1993.

李炯植, 「戰前期における中央朝鮮協會の軌跡—その設立から宇垣總督時代まで」, 『朝鮮學
　　報』 204집, 2007.

李炯植, 「南次郎總督時代における中央朝鮮協會」, 『日本歷史』 제720호, 2008(「미나미 지로
　　조선총독 시대의 중앙조선협회」, 박상수・송병권 편, 『동아시아, 인식과 역사적 실재—
　　전시기(戰時期)에 대한 조명』, 아연출판부, 2014 재수록).

Hyung Gu Lynn, 「中央朝鮮協會と政策決定過程—東亞日報・朝鮮日報强制廢刊事件を中心
　　に」, 松田利彦 編, 『日本の朝鮮・臺灣支配と植民地官僚』, 國際日本文化研究センター,
　　2008.